◆ 教育部人文社会科学重点研究基地重大项目（06JJD740005）

U0659670

汉语口语测试理论与实践

Hanyu Kouyu Ceshi
Lilun Yu Shijian

王佶旻／著

北京师范大学出版集团
BEIJING NORMAL UNIVERSITY PUBLISHING GROUP
北京师范大学出版社

图书在版编目(CIP)数据

汉语口语测试理论与实践／王佶旻著.—北京：北京师范
大学出版社，2012.5
ISBN 978-7-303-14658-1

Ⅰ．①汉… Ⅱ．①王… Ⅲ．①汉语－口语－测试－研究
Ⅳ．① H193.2

中国版本图书馆 CIP 数据核字（2012）第 126526 号

营 销 中 心 电 话	010-58802181 58805532
北师大出版社高等教育分社网	http://gaojiao.bnup.com.cn
电 子 信 箱	beishida168@126.com

出版发行：北京师范大学出版社 www.bnup.com.cn
　　　　　北京新街口外大街 19 号
　　　　　邮政编码：100875

印　　刷：	北京京师印务有限公司
经　　销：	全国新华书店
开　　本：	155 mm × 235 mm
印　　张：	15.5
字　　数：	250 千字
版　　次：	2012 年 5 月第 1 版
印　　次：	2012 年 5 月第 1 次印刷
定　　价：	39.00 元

策划编辑：杨　帆	责任编辑：杨　帆
美术编辑：毛　佳	装帧设计：天泽润
责任校对：李　菡	责任印制：李　啸

序

　　王佶旻副教授的又一新作《汉语口语测试理论与实践》即将付梓，嘱我为该书写几句。读了这部应该说是代表目前我国汉语口语测试研究前沿的著作，我有很多感触。

　　我与作者相识已有 15 年。佶旻是北京语言大学培养的年轻一代学者中的佼佼者，是在北京语言大学汉语水平考试中心成长起来的，目前对外汉语教学界还为数不多的专门从事汉语测试研究与研发的新一代学者。她在汉语测试领域已经奋斗了十多年。作为北语汉语水平考试中心主持测试研发工作的现任副主任，她除了从事汉语水平考试（HSK）的研制外，还积极组织并参与了我国第一个面试型汉语口语考试—C.TEST 口语考试的研发。佶旻是个爱学习、肯钻研的青年学者。2003年至 2006 年，她在北京师范大学心理学院完成了博士研究生的学习，获得发展与教育心理学博士学位。心理学是语言测试研究的支撑学科之一，在北师大的学习和研究使佶旻获得了更高的起点，逐渐成长为一名专业基础扎实、实践经验丰富的跨学科人才。在长期的研究和实践的基础上，她先后出版了三部（也是目前对外汉语教学界为数不多的）汉语测试著作。

　　我国对外汉语教学界对汉语测试特别是水平考试的研究，相对说来起步较晚。到 20 世纪 70 年代，现代语言测试在西方第二语言教学界早已得到确立，TOEFL(托福)等大规模标准化考试在长期的应用中已树立起权威的地位。我国英语教学界研制的英语水平考试(EPT)，也在国内产生了很大的影响。而年轻的对外汉语教学事业还刚刚从"文革"中挣扎出来，忙于恢复中断了多年的教学活动，无暇顾及现代语言测试的研究。记得 1982 年 12 月，我作为对外汉语教学界的代表，忝列以桂诗春教授为领队的三人代表团，参加在香港大学举行的国际测试会议时，对什么是"水平考试"还刚刚获得一些皮毛知识。1983 年美国汉语教师代表团来访时，提出 13 项双方合作计划，最后一项就是要我们协助他们进一步研发美国的汉语口语考试—当时他们已经研制成了美国的中文能力考试(CPT，即汉语水平考试)。

正是在这样的形势下，我们对外汉语教学工作者深切感到，中国作为汉语的故乡必须研制并拥有自己的汉语水平考试。在 1985 年夏天完成第一份试卷的基础上，经过七八年的努力，北语教师们研发的汉语水平考试(HSK)终于作为国家级考试正式推出，从国内走向海外；并在第二个十年里，发展成为世界最知名的、最有影响的汉语考试品牌。在这一过程中，以北语的汉语水平考试中心为基地，形成了我国汉语教学界第一批汉语测试专家的队伍。十多年来，他们又通过北语的优势学科—以汉语测试为研究方向的对外汉语教学硕士专业，培养了包括王佶旻在内的新一代汉语测试研究者，向各大学和考试机构输送了一批国内较紧缺的研究汉语测试的人才。

王佶旻副教授对汉语测试的研究，特别是对汉语口语测试的开创性的研究，正是在这一背景下展开的。《汉语口语测试理论与实践》一书，我认为至少有以下几个特点：

第一个特点是它的系统性。本书内容全面，涵盖了口语测试领域的所有重要方面：从口语测验的历史发展介绍起，第二章着重论述了语言测试领域的重大理论问题—口语能力问题；接着详细介绍了汉语口语考试本身的问题—口语考试的设计与开发，国内外有哪些主要口语测验，口语测验的任务类型与编写技巧，直到评分方法和评分信度；在上述研究的基础上，进一步探讨口语测试表现的影响因素这一重要的理论问题；全书最后介绍了国内汉语测试方面的最新进展—面试型口语考试。读了这本书，可以对汉语测试特别是口语考试的有关知识，有一个比较全面、深入的了解。

第二个特点是它所体现的前沿性。本书反映了我国汉语测试、特别是口语测试的最新研究成果。新考试的开发促进了新问题的研究，新问题的研究又带来了新方法的运用。研究采用了结构方程模型和概化理论等现代测量理论和技术，某些新方法在汉语测试领域尚属首次应用；有关面试程序、引导技术和面试官培训的研究在我国也属新的探索。

第三个特点是理论与实践的较好结合。本书既涉及口语测试的相关理论探讨，也包括多项实证研究实例，是理论和实践相结合的综合性研究。读者不仅从中获得理论知识，还可以了解到研究过程和研究方法，更能学会汉语口语测验的设计和开发，掌握口语测验任务的类型与编写技巧，掌握评分方法。本书甚至提供了最新的面试型口语考试的面试程序、引导技术和面试官培训等具体实践和操作。因此，对从事测试工作的读者来说，这也是一本非常实用的书。

过了"而立"而奔"不惑"之年的王佶旻副教授，正值学术研究的黄金季节，预祝她在攀登汉语测试研究与开发的高峰中，不断取得新的成果。

刘 珣

2012 年 4 月

于北京语言大学

目　录

第一章　口语测验的历史发展 ……………………………………（ 1 ）

第一节　口语测验发展的历史时期 ……………………………（ 1 ）

第二节　口语测验的发展展望 …………………………………（ 10 ）

第二章　口语能力 ……………………………………………（ 14 ）

第一节　口语能力及其发展 ……………………………………（ 14 ）

第二节　语言能力标准与口语能力 ……………………………（ 29 ）

第三节　口语能力的实证研究 …………………………………（ 55 ）

第三章　口语测验的设计与开发 ……………………………（ 74 ）

第一节　口语测验的开发过程 …………………………………（ 74 ）

第二节　汉语口语考试研发实例 ………………………………（ 83 ）

第四章　口语测验的任务类型与编写技巧 …………………（ 90 ）

第一节　测验任务及其组成元素 ………………………………（ 90 ）

第二节　口语测验的组织形式和任务类型 ……………………（ 93 ）

第三节　几种主要任务类型的编写技巧 ………………………（ 95 ）

第五章　国内外主要口语测验简介 …………………………（101）

第一节　直接式口语测验 ………………………………………（101）

第二节　半直接式口语测验 ……………………………………（106）

第六章　口语测验的评分 ……………………………………（112）

第一节　评分方法及其分类……………………………（112）

第二节　评分量表…………………………………………（121）

第三节　评分方法的探索性研究………………………（131）

第四节　评分信度的实证研究…………………………（161）

第七章　口语测验表现的影响因素…………………………（172）

第一节　影响因素的理论模型…………………………（172）

第二节　测验影响因素的实证研究……………………（176）

第三节　测验影响因素的分析与模型构建……………（193）

第八章　面试型口语测验……………………………………（201）

第一节　面试型口语测验的研发………………………（201）

第二节　面试型口语测验的试题编写…………………（206）

第三节　面试引导技术…………………………………（213）

第四节　面试官培训……………………………………（224）

参考文献………………………………………………………（229）

后　记…………………………………………………………（237）

第一章
口语测验的历史发展

第一节　口语测验发展的历史时期

一、语言测验的历史发展

　　口语测验的历史发展与整个语言测验的历史发展是一脉相承的，因此我们首先谈谈语言测验的发展历史。依 Spolsky(1995)的划分，语言测验可以分为三个时期：前科学时期(传统时期)、心理测量－结构主义时期(现代时期)、心理语言学－社会语言学时期(后现代时期)。前科学时期(传统时期)的语言测验是建立在传统的语法翻译教学法基础上的，测验的编制者并不考虑测验与实际的语言使用有什么相关。这一时期的测验主要考查语言规则，其基本假设是学生如果掌握了语言规则就能够使用语言，这个时期典型的测验方式是写作与翻译，而听和说的能力不受重视。

　　心理测量－结构主义时期的测验深受心理测量学、行为主义心理学和结构主义语言学的影响，认为语言是一套行为习惯系统，这套系统可以被分割成听、说、读、写四种语言技能以及音位/拼写、形态学、句法和词汇等语言要素。在这种思想下，典型的语言测验方式就是分立式测验(discrete-point test)，也就是把语言分成一个个的要素，如语音、语法、词汇等，一次只测一个要素。Aitken(1976)描述了分立式测验的两个特点：(1)以语言要素，如音韵学、语法、语义、词汇为基础，进一步再作细分，如音韵学又分成音素、重音、语调和节奏。这些划分依据的是结构主义语言学理论，在这样的分类系统下，分立式测验的试题就编制出来了；(2)分立式测验的试题都是彼此独立的，因而每一类试题都必须仅仅以一种特征与其他试题区分开来。也就是说如果是考查词汇的题目，就必须只测词汇而不能有诸如语法的要素混淆其中。

分立式测验的优点是测评比较客观，适用于大规模的客观考试，测验的信度比较高。在语言测验界尤其是在语言测验大国——美国，分立式测验占有相当重要的地位。TOEFL(1964)、The Michigan Test of English Language Proficiency(1961)、The MLA Cooperative Tests (1963)都是典型的分立式测验。但分立式测验的不足也是十分明显的。分立式测验只关注语言规则和语言要素，不考虑语言习得过程和语言使用的场景，因此，它虽然能获得很高的信度，但无法预测考生测验外的语言使用能力。正如 Oller(1973)所说的："语言测验要解决的问题并不在于学生知道多少个这样那样的结构或要素，而是要看他是否能用语言进行有效的交际。"

心理语言学－社会语言学时期是在对心理测量－结构主义观点的反驳中诞生的，它发展了语言测验领域综合的－社会语言学的观点。这种观点把语言表现和语言能力联系起来，也考虑到语言在各种不同的交际情景中的使用(Wood，1993)。这一时期的典型测验是整合性测验(integrative test)，其特点是注重整个表达的沟通效果而非分离的语言要素(Carrroll，1961)。Davies(1978)详细描述了整合性测验的三个特征：(1)把语言当做整体的、相关的而非散在的信息片断；(2)关注交际目的，测验的是交际能力而非语言知识；(3)不像分立式测验那样抽象，而是更加具体的，它能反映出人们在使用语言时真正做了什么。整合式语言测验具有更好的外部效度，更加符合语言习得和语言使用的规律，因而越来越受到语言测验界的重视，成为语言测验发展的新趋势。

二、口语测验发展的历史特点

口语能力是语言能力的重要组成部分。如果一个人不会写作，我们通常不会判定他没有掌握这门语言；而如果他不能说或者说不好则会被判定没有掌握(Oller，1979)。因此在语言技能的各项测验中，口语测验的重要性是不言而喻的。但在语言测验的发展历史上，口语测验的发展却是相对滞后的。现代语言测验主要是指 20 世纪发展起来的客观性考试。自从客观性语言测验在西方，特别是在美国确立起地位后，信度就成为了测验的关键词，而口语测验被认为是缺乏信度的测验，人们普遍认为口语测验的评分依赖于评分员，学习者在口语测验中很难得到稳定的分数(Heyden，1920)。在这样的思潮下，口语测验长期得不到重视。

前科学或传统时期测验只注重书面语，不注重口语。虽然口语测验这个名词在这一时期已经出现，但所谓的口语测验并不是真正意义上对说的能力的考查。据 Spolsky(1995)介绍，那时的口语测验是以纸笔测验的方式进行的，主要的考查内容为发音，即在纸上写出单词的发音。因此在前科学或传统时期是没有真正意义上的口语测验的。到了心理测量－结构主义时期，口语测验才成为外语学习评估的一部分。从这一意义上说，只有心理测量－结构主义时期和心理语言学－社会语言学时期才包含了口语测验(文秋芳，1999)。

真正的口语测验诞生于心理测量－结构主义时期。但在这一时期，口语测验并没有得到应有的重视。一些大规模的考试只考查听、读以及语法、词汇等技能，而不去考查口语能力，这使得口语测验的发展比较缓慢。这个时期的口语测验通常比较注重口语表达的准确性，对内容和交际目的考虑得很少。典型的题型包括朗读、完成句子，补全对话等。测试的内容是语言形式某个方面的准确程度，比如语音或词汇。评分方法一般是分项等级评分，比如按发音、语法、词汇、流利性等分项逐项给出等级分数。

心理语言学－社会语言学时期的口语测验突破了只考查语言形式准确性的结构主义观念，转而注重语言表达的有效性，即是否能够成功地完成语言作业任务。典型的题型有面试、讨论、问答等。测试的内容是用语言完成交际任务的能力。评分方法一般为总体等级印象分。可以看出，这一时期的口语测验是整合式的，而非分立式的。

实际上，国外第二语言口语测验是在第二次世界大战之中和之后才逐渐发展起来的，而对所谓"口语能力"的研究则是在 20 世纪 70 年代以后才得到人们的关注。战争打破了口语测验发展的僵局，在"二战"中，军队需要许多外语人才，而口语能力则成为衡量外语水平的重要因素。在此期间，听说教学法登上了历史舞台并迅速得到推广，与之相适应，口语测验也开始受到关注。因此在口语测验的发展历史中，"二战"成为重要的发展契机。我们以"二战"为转折点，可以把现代口语测验的整个发展脉络大致划分为萌芽期、发展期和转变与成熟期三个历史时期。萌芽期主要是指"二战"以前的口语测验，它的特点是测试方式单一、发展缓慢。发展期是指"二战"期间，这一时期口语测验得到了迅猛的发展，面试型口语考试得到了重视。转变与成熟期是指"二战"以后，口语测验的功用从军事领域转变到教育领域，并且获得了进一步的发展，测验形式、评分方法等问题都得到了比较充分的研究。

三、国外口语测验的历史发展——三个时期的口语测验

(一)萌芽期的口语测验

国外和语言测验有关的最早的记载,大概就是《圣经·旧约全书·士师记》里说的一件事,基利德人(Gileadite)在约旦河边巡逻,遇到有人接近,就让他说"shibboleth"这个词,以此鉴别他是不是刚被打败的依弗列姆人(Ephraimite),因为依弗列姆人发不出"sh"这个音。根据这个测验,42000 人当场被杀死。从技术上讲,这是一个只有一个题目的口语语音测验,只是在测验中完全没有教育因素,而是出于急功近利的政治目的。在我们看来,这算不上是什么语言测验(Spolsky,1995)。

而我们所说的萌芽时期的口语测验,即真正意义上的语言测验是"二战"之前在北美和英国出现的口语测验。在北美,"二战"之前的所谓"口语测验"实际上很少涉及"说",而只是停留在纸笔测验上。如对发音的测评,就只要求学习者根据某个词写出其发音的音标。1913 年现代语言教师协会(Association of Modern Language Teachers)就编制过这样的口语测验。

人们回避真正的口语测验实际上出于两个原因:其一是测验分数的可靠性比较低;其二是操作上的困难。一直到 1930 年在北美才开始出现第一个真正意义上的口语测验,即美国大学委员会英语能力考试(The College Board's English Competence Examination),该考试是为考查申请美国大学的海外学生的英语能力而设立的。1927 年,美国大学委员会应美国大学招生联合会(Association of College Registrars)的要求,着手开发能够考查学习者口语表达能力的测验。在 1930 年的美国大学委员会英语能力考试中,真正的口语测验终于问世。表 1-1 说明了该考试的试卷结构:

表 1-1　美国大学委员会英语能力考试试卷结构

考试名称	分测验	内容与要求
美国大学委员会英语能力考试	阅读 I	4 段:第一段为简单叙述文,第二段为历史或其他背景领域的文章,第三段为社会问题议论文,第四段为科技文章;问题均为是非题。
	阅读 II	批评性的或理论性的长篇,考查对主要观点的理解
	听写	第一段是一般的听写,第二段要求全部听完后凭记忆写下来。
	口语	经过准备后就 10 个话题进行对话
	写作	就选定的题目写一篇 250~300 字的文章

在对该考试的口语测验进行评分时，考官根据的是流利性、应答、语速、发音、阐述、组织、连接词的使用、词汇和惯用语八个方面，评分量表为 3 个等级的量表，分别代表熟练、满意和不满意，从评分上看带有明显的结构主义的观念。有趣的是测验要求考官记录下应试者是否害羞，这恐怕是最早关注应试者个体差异对测验效度影响的口语测验。

口语测验在英国的发展情况以及测验目的与北美不尽相同。英国的教育界并没有受到有关口语测验信度和可行性等问题的影响，口语考试在英国也没有受到排挤。这恐怕是因为在英国口语考试的目的很多情况下不是为了选拔，而是为了支持教学大纲以及鼓励教学和学习，因此社会责任和决策风险都比较小(Brereton，1944)。

剑桥大学考试委员会(University of Cambridge Local Examination Syndicate，UCLES) 1913 年开发的英语第一证书考试(Certificate of Proficiency in English)中就包含有口语测验。该口语测验有两部分内容，第一部分是听写，用时半小时；第二部分是阅读并对话，用时也是半小时，但评分时只评价语音。

(二) 发展期的口语测验

"二战"带给口语测验前所未有的发展空间，战争需要士兵具备用外语进行口头交际的能力，因此培养和考查这种能力迫在眉睫。正如 Kaulfer1944 年在"Modern Language Journal"上发表的文章结尾说到的："为全球的战争和全球的和平，我们需要外语！"Kaulfer 认为纸笔测验不能测量出被试在真实生活中的口语表达能力，原先那种以纸笔测验代替口语测验的方法只是建立在相关理论基础上的一种推断，即如果纸笔测验和口语测验存在较高的相关，则可以推断它们测的是同一种能力，他认为这种推断过于想当然。Kaulfer 建议实行一种 5 分钟的表现性测验，这种测验采用面试的形式，包含三个不同的难度水平，每个水平又包括三个题目。测验一共有三个部分，分别为：

第一部分：获得服务

第二部分：询问信息

第三部分：表达信息

Kaulfer 对测验做出了如下建议：面试应当在愉快的气氛中进行，面试官应该友好但职业化，面试应该从非正式的谈话开始以缓解被试的紧张情绪。尽管 Kaulfer 的测验并没有付诸实施，但他为新型的真正意义上的口语测验的开发奠定了基础，他提出的这些建议直到现在仍然是口语面试的经验之谈。

"二战"时期美国口语测验的发展与政府和军队的需求密切相关。

1942 年，美国政府制定了军队特殊训练计划（The Army Specialized Training Program，ASTP），该计划是为解决美国军队及服务人员的语言交流问题而设立的，主要包括一系列的语言课程，特别是工程、医疗等领域的口语课程。军队特殊训练计划是第一个特殊目的语言教学计划，仅 1943 年一年，就有 14 万美国士兵接受了 ASTP 课程。

军队特殊训练计划在很大程度上推动了美国口语测验的发展。1948 年，Agard 和 Dunkel 介绍了他们所开发的一个口语测验，这个测验是为 ASTP 服务的。测验包括三部分内容：

第一部分（看图说话）：被试根据一组图画来进行叙述。

第二部分（根据话题讲话）：被试根据话题来讲一段话，表达前没有准备时间。

第三部分（引导性谈话）：被试根据要求进行对话。

三个部分中，第一和第三部分采用 3 级量表来评分，量表没有具体描述，只是得分越高代表水平越高；第二部分则根据语法、流利度、词汇和发音等方面的表现来评价。

"二战"时期，英国的口语测验也受到以战争需要为核心的特殊目的语言教学的影响，但这种影响并没有促成人们对口语测验的革新。换言之，在战争期间，口语测验仍旧沿袭了 1913 年英语第一证书考试（Certificate of Proficiency in English）中的口语测验形式，只是使用者变成了军队。

（三）转变与成熟期的口语测验

虽然美国口语测验的发展是以"二战"为契机的，但对口语测验的需求很快就发生了转变。1952 年，美国公务员委员会（Civil Service Commission）决定组建一支熟知外语和外国文化的人员队伍，于是人们需要使用口语测验来作为选拔人才的工具。在这样的背景下，负责开发该口语测验的委员会制定了第一个公开发表的并且被大家广泛使用的能力等级量表。该量表共有 6 个等级，等级 1 代表没有外语使用能力，等级 6 代表具备母语者的语言水平，而等级 4 则是作为外交人员的最低标准。这个量表是总体等级量表，量表中没有对语言能力成分进行分项描写的内容。在量表的使用过程中，美国政府部门发现，有些工作人员的外语口语能力达不到工作要求，因此对该口语等级量表提出了质疑。

为了解决这个问题，1956 年，美国外交学院（Foreign Service Institute，FSI）奉命核查美国外交人员的外语水平。在调查过程中，FSI 所面临的最大问题是一些外交官的年龄和地位影响到了面试官和评分员对他们的评价，特别是对于那些年长的地位高的外交官，面试官打分时往往不能做到公正客观。于是，1958 年 FSI 修改了 1952 年的量表，在六等级量表的基础上增加了一个分量表，希望通过分量表来更加客观地评价口语水平。这个分量表包括五个方面的分项能力描写，这五个方面是发音、可理解性、流利度、语法和词汇。这个分量表从属于原先的总量表，评分时只是作为一个检验量表(checklist)。这个分量表的制定在多元特质量表的开发上迈出了第一步。

修订后的 FSI 量表逐渐得到各方的信任。到 1960 年，包括国防语言学院(Defense Language Institute)、中央情报局(Central Intelligence Agency，CIA)以及维和特种部队(Peace Corps.)等多个要害部门使用 FSI 量表。1968 年，在越南战争中，这些部门坐在一起讨论和制定出了一个具备标准程序的口语测验量表，这个量表就是今天大家所熟悉的联邦政府语言协调会(Interagency Language Roundtable，ILR)能力量表。

在 20 世纪 70 年代，FSI 量表被各州和许多大学用作双语教师资格考试，并逐渐开始走入美国教育领域。Barnwell(1987)曾经谈到过 FSI 被广泛应用的三个原因：第一，FSI 口语考试具有很高的表面效度；第二，该考试的评分者间信度较高；第三，70 年代后期，功能－意念法开始占据外语教学领域，而 FSI 口语考试则被认为具有真实的测试环境，因而与功能－意念法相吻合。

为了使 FSI 和 ILR 更加适合在教育领域的应用，美国教育测验服务中心(Educational Testing Service，ETS)和美国外语教学委员会(American Council for the Teaching of Foreign Language，ACTFL)对 ILR 量表进行了修订，修订后的量表就是今天我们非常熟悉的 ACTFL 大纲。1982 年 ACTFL 大纲的初稿完成，1986 年完整的 ACTFL 大纲正式出版，1999 年 ACTFL 大纲又进行了新的修订。ACTFL 大纲是具有很大影响力的能力大纲，它诞生后，成为了美国的国家标准，并且引发了著名的"能力运动"。

这一时期，第一个正式公开出版的口语测验是美国外交学院(Foreign Service Institute，FSI)的口语考试 OPI(Oral Proficiency Interview)。OPI 的评价量表基本参照 ACTFL 大纲，是一个具有广泛用途的口语考试。

四、国内口语测验的历史发展

(一)英语口语测试的历史与发展

1. 新中国成立前的英语口语测试

中国是最早使用考试的国家，考试在我国至少有两千年的历史。西周时期就有用考试选拔人才的记载，所以《礼记·射义》说："是故古者天子，以射选诸侯、卿、大夫、士。射者，男子之事也。"西周时期的国学建立了定期考试的制度，隔一年考一次，《礼记·学记》说："一年视离经辨志，三年视敬业乐群，五年视博席亲师，七年视论学取友，是谓小成"，"九年视知类通达，强立而不返，是谓大成"。

汉代取士有"对策"、"射策"之制。对策是以政事、经义等设问，把问题写在简策上，让应试者对答。射策由主试者出试题，写在简策上，分甲乙科，列置案上，应试者随意取答，主试者按题目难易和所答内容定优劣。刘勰《文心雕龙·议对》："又对策者，应诏而陈政也；射策者，探事而献说也。言中理准，譬射侯中的。二名虽殊，即议之别体也……对策者，以第一登庸；射策者，以甲科入仕。"隋炀帝大业二年（606）设进士科，开始用科举选拔官员。从此，科举制度在中国一直延续了1300多年，直到清光绪三十一年（1905）才废止。

在近代教育史上外语考试，特别是英语考试是起步比较早的。1862年，中国最早的新式学校京师同文馆开办时，就只设立了英文馆。在同文馆，随着英语课程的设置，英语测验也应运而生。同文馆的考试分为月考、季考、岁考和大考。在1865年10月举行的第一次大考中就进行了口语考试，考试的方式是"密出汉语条子，让学生口译成英语"（付克，1986）。这次口语考试可以被看做我国英语口语测试的开端（文秋芳，1999）。除了同文馆之外，上海和广州的广方言馆，湖北的自强学堂和译学馆等都开设了英语课，有了英语口语考试的雏形。19世纪末20世纪初，清政府颁布了中国近代史上第一个新学制，新学制使得英语教学成为西学课程中的主流课，而英语口语测试也得到了应有的重视，如清华学校（清华大学前身）在选派留学生时就有英语口语考试，考查的方式是朗读课文。民国时期，建立了新的学制系统，有的地方高小就开设外语课，有的地方还建立了专门的外国语学校。在大学，设立了一些简单的口语考试，比如北京大学、南京金陵大学等就有入系考试。金陵大学外语系的英语口语考试是让学生回答一组互不关联的问题（李良佑、刘犁，1988）。

新中国成立前的英语口语测试的特点是：（1）题型比较单一，一般集中在口头翻译、朗读和回答简单问题这三种形式；（2）考试一般采用类似直接式测试的方式，即考试时考官在场；（3）考试的互动方式既有单向的独白式，也有双向的问答式。

2. 新中国的英语口语测试

新中国成立后，特别是改革开放以来，我国的英语口语测试取得了较快的发展，主要表现在：结合中国国情，建立和完善了英语口语测试和评估体系。形成了完整、科学、可行的口语评分体系。为有效地制定英语口语教学目标和客观地评估学习者的英语口语水平，提供了科学的依据，有力地推动了英语口语教学。

新时期的口语考试有的是我国自行设计研发的（比如高考口语考试、大学英语四、六级口语考试、英语专业四级和八级口语考试、全国外语水平考试口语考试等），有的是与国外的考试机构合作研发的（比如全国公共英语等级考试口语考试和剑桥商务英语口语考试），在这些口语考试的研发过程中，各种测验组织形式、测验任务和评分方法都得到了研究和应用。

在测验组织形式上，高考口语考试、大学英语四、六级考试（CET）口语考试、全国公共英语等级考试（PETS）口语考试和剑桥商务英语（BEC）口语考试采用面试的测验组织形式，英语专业四级和八级口语考试采用录音的形式，而选拔出国人员的英语口试——WSK 口语考试采用录音和面试相结合的形式。在测验任务的选择方面，高考口试使用日常会话、朗读和回答问题三种题型，BEC 口语考试采用回答问题、角色扮演和讨论三种题型。英语专业四级口语考试有复述故事、即席讲话和对话三种题型，英语专业八级口语考试则分为口译（中译英和英译中）和结组讨论两个部分。CET 口语考试主要包括问答和讨论两种形式。在评分方法上，高考口语考试、WSK 口语考试采用总体等级评分，属于综合型的评分方法、BEC 和 PETS 口语考试采用分项等级评分，属于分析型的评分方法。

（二）汉语作为第二语言的口语测试

对外汉语教学真正发展成一项事业，成为一门学科是从新中国成立以后开始的。1950 年 7 月，清华大学成立了新中国第一个对外汉语教学机构——东欧交换生中国语文专修班，从此，对外汉语教学开始了自己的历程（刘珣，2000）。汉语测试是对外汉语教学的重要环节，汉语测试的真正发展始于 1984 年北京语言学院（今北京语言大学）开始研制中国汉语水平考试（HSK）。HSK 考试经过二十几年的发展，已经发展成为国际知名的汉语考试品牌，在海内外享有很高的学术和市场声誉。

在汉语测试领域，大规模标准化的口语测试最早出现在汉语水平考试（HSK）的高等考试中。1993 年，北京语言大学汉语水平考试中心（以下简称"北语汉考中心"）研发的 HSK（高等）考试通过专家鉴定，该考试包括客观卷、作文和口语三项考试。口语考试由两个部分组成，分别为朗读和回答问题，问题共有两个，一个是叙述性话题，另一个是议论性话题，评分采用总体等级评分的形式，把考生分为 5 个基准级（含 12 个小级别）。HSK（高等）口语考试是对外汉语教学界第一个大规模标准化口语考试，标志着我国自主研发的口语汉语测试的开端。

进入 21 世纪以来，随着我国综合国力的进一步增强，汉语学习者的人数在不断增加。我们知道，汉语学习者的分布是呈金字塔形的，即初级水平的汉语学习者最多且国别分布也最广，中级水平的次之，高级水平的相对较少。另一方面，由于汉语文字系统的特殊性，汉语作为第二语言的学习者在学习汉语的初、中级阶段，书面表达能力是有限的，而口头表达能力却能够有长足进步。因此对初、中级学习者口语能力的测评就显得十分重要。在这种情况下，北语汉考中心对 HSK 考试进行了改进，改进后的 HSK 在初、中、高三个级别的考试中都设立了口语考试，使 HSK 口语考试形成了初、中、高三个级别的完善的测试系统。

HSK 系列口语考试都是采用录音方式的半直接式口语测试，适合大规模考试，但是这种测试方式的互动性相对较差。2007 年 6 月，北语汉考中心推出了面试型汉语口语考试——C. TEST 口语考试，这是汉语测试界第一个采用直接式测验组织形式的口语考试。目前，该考试已经在中国、日本和韩国推出，它所采用的面对面谈话的模式受到了考生的认可和欢迎。

在汉语测试领域，除了传统的录音考试和面试型考试外，还出现了采用人机对话的互动形式完成测试的口语考试——汉语口语水平测试（HKC）。这些新型考试的产生说明汉语口语测试在测验组织方式、测验任务等方面有了新的探索与应用。

第二节　口语测验的发展展望

"二战"以后，口语测验得到了快速发展，特别是测验的使用方从军队转变成了教育界，这使测验的功能发生了变化，也使它获得了更加广阔的发展空间。

20 世纪 80 年代以来，口语测验得到了广泛的关注，口语考试的市场也逐步扩大。1978 年，由剑桥大学地方考试委员会开发的雅思考试（International English Language Testing System，IELTS）问世，并且在以后的 30 年里获得了飞速的发展，使老牌的语言测验托福（Test of English as a Foreign Language，TOEFL）受到了前所未有的挑战。这其中一个原因就是社会对雅思口语口试的认可。而托福在 20 世纪 90 年代才推出口语考试 TSE(Test of Spoken English)，并且该考试也只是一个选择性的考试项目。2005 年，美国教育测验服务中心(ETS)为了提高考试效度，挽回考试市场，推出了新版托福，把口语考试列为必考项目。口语考试市场的繁荣在很大程度上促进了测验研究的发展，而测验研究的深入也会使市场更加稳定。我们认为，当代口语测验研究有以下几个方面的发展趋势。

一、注重对口语能力的研究

20 世纪 70 年代后，人们开始关注口语能力问题，并把它当做口语测试研究的核心课题。Bachman(1990)提出定义口语能力的两种方法，一种叫"现实法(real-life approach)"，一种叫"成分法(interactional/ability approach)"。在"现实法"里，口语能力本身并没有被定义，它只是确定了一个由实际语言应用的特例构成的范围(域)，这个范围里的每一个应用特例，被认为是特定语言行为的表现，因而反映特定的语言能力。美国外语教学委员会的 ACTFL 水平等级大纲、欧共体的语言能力共同标准(Common European Framework，CEF)中关于口语水平的定义采取的就是这种方法。而"成分法"是把口语能力定义为由若干子能力组成，采用这种定义方法的例子也有不少，比如 Rivers 和 Temperley(1978)的模型、Littlewood(1981)的模型、Bygate(1987)的观点和Fulcher(2003)的观点等。

实际上，"现实法"采取的是等级量表和"能做"描述相结合的形式，比较适合对被试作出整体评价。"成分法"对口语能力进行了分析和解剖，比较适合分项评分，同时也能够对教学提供更多的帮助。

二、对测验真实性的研究

随着口语测验的不断发展，人们开始越来越重视测验的真实性。所谓"真实性"常常是与"现实生活的表现"联系起来的，包括测验情景的真实性和被试个人特性与测验任务的互动性。在口语测验中，真实性是十分重要的。面试型的口语测验被普遍认为是真实性水平比较高的测验，它的测验任务和情景与非测验环境的目的语使用任务的比较一致，而面试所引发的被试的各种特性(语言能力、交际策略)与测验任务的互动和现实生活中的互动情景也颇为一致。正因为这样，研究者们在开发一些半直接式口语测验时也借鉴面试的测验任务特点，在一定程度上加强测验的真实性。

Bachman(1996)认为测验的真实性是测验的重要特性之一，它将测验任务同分数解释的可推广程度联系在一起。因此真实性是与测验效度相关的一个概念，对于真实性的研究可以成为效度验证的一个方面。在口语测验研究中，对测验任务的真实性研究和对被试个人特性与测验表现的关系研究是两个重要的研究课题。

三、测验组织形式的多样化

当代口语测验彻底摈弃了以纸笔测验来间接考查口语能力的形式，口语测验从组织形式上分主要有直接式和半直接式两种。两种测验形式各有千秋，注重测验真实性的英国语言测验界多采用直接方式，而注重测验客观性和公平性的美国语言测验界则倾向于采用半直接方式。

直接式口语测验的特点是考官和应试者面对面地交流，考官根据应试者的表现当场评分。直接式测验在测验形式上有一对一、多对一和多对多等各种子类型。雅思口语面试和 OPI 考试采取一对一的形式，一个考官与一个考生交流。汉语水平认定考试(C. TEST)口语面试采取多对一的形式，由两个考官来考查一个考生，主考官负责控制面试进程，副考官负责记录考生的表现。剑桥初级证书英语考试(Cambridge First Certificate in English，FCE)、大学英语四、六级考试(CET)和全国英语等级考试(PETS)的口语测验采取多对多的形式，2 名考官考查 2~3 名应试者的形式。其中一名考官不参与交谈，专事评分；另一名主持口试，随时与应试者交谈并评分。

半直接式口语测验是在语音实验室里进行的口语测验，考官与应试者互不见面，应试者只根据录音中的要求来回答，所有的言语样本都被录在磁带(或计算机)上。测验结束后，应试者的录音材料被带回到相关部门，由评分员统一评分。这是半直接式考试最传统的形式，托福考试、汉语水平考试(HSK)等考试的口语测验都采用这种形式。随着考试技术的改进，又出现了电话考试等新型的半直接式测验方式，美国的 Phonepass 口语考试就采用这种新的方式。

不同的测验形式适合不同的规模和需要的测验市场。一般来说，半直接式测验成本相对较低，适用于大规模考试；而直接式测验成本较高，对考官的要求也非常高，组织大规模考试比较困难。

四、采用多种方法提高评分信度

评分是给量表赋值的过程，这一过程对测量的信度和效度都产生了影响。对于口语考试来说，制定可靠、实用的评分方法与评分程序是把好测验质量关的重要环节。因此评分信度的研究始终是口语测验研究领域的难点和热点问题，人们通过各种努力来提高评分的稳定性，使测验更加客观和公正。

目前口语考试的评分方法可以分为主观评分和客观或半客观评分两种。前者主要有总体等级评分（Holistic Rating）和分项等级评分（Analytic Rating）（李筱菊，1997；徐强，1992），后者主要有机器评分、0/1 评分和分部评分（Partial Credit）等。

总体等级评分和分项等级评分是最常用的两种方法，它们的评分误差来自评分员之间评分的不一致以及评分员自身评分的不稳定。为了减少这类评分误差可以采取三种办法，其一是加强对评分员的培训，以期评分员能够熟练掌握评分规则；其二是对评分过程进行即时监控，这是指在评分的过程中对评分员的评分严厉度和稳定性进行监控，从而实现对评分质量的现场控制；其三是事后调整，这主要依靠测量技术来实现，如 Longford 方法和 IRT 的多面 FACET 模型等。

近些年随着语音识别技术的发展，又出现了机器评分，这种评分方式使口语考试的评分实现了完全客观化。但这种技术目前还只能对诸如朗读、重复句子等封闭式题型进行评分，尚不能实现对问答、口头报告等开放式题型的评分，具有一定的局限性。其他客观和半客观的评分方法也有类似的问题，适用范围比较窄。

第二章

口语能力

第一节　口语能力及其发展

一、三种语言能力观及其对口语能力的理解

语言测验领域一直十分关注对语言能力的研究，因为它直指测验的核心问题：测什么和怎么测。在第一章中我们说过，语言测验的历史发展可以分为三个时期：前科学或传统时期、心理测量—结构主义或现代时期、心理语言学—社会语言学或后现代时期。而语言测验真正成为一门相对独立的学科是在心理测量—结构主义时期。这一时期的测验深受心理测量学和结构主义语言学的影响，主要测量独立的语言结构和规则。心理语言学—社会语言学时期则是在对心理测量—结构主义观点的反驳中诞生的，它发展了语言测验领域综合的—社会语言学的观点。这种观点把语言表现和语言能力联系起来，也考虑到语言在各种不同的交际情景中的使用。

语言测验领域对语言能力的研究始于心理测量——结构主义时期，并且历经了三个不同的阶段。我们称为：（1）技能/成分说阶段；（2）一元化阶段；（3）交际能力模型的建立阶段。第一阶段属于心理测量—结构主义时期，第三阶段属于心理语言学—社会语言学时期，第二阶段则属于两个时期之间的过渡阶段。

（一）"技能/成分"观点及其对口语能力的理解

"技能/成分"观点诞生于 20 世纪 50 年代，是结构主义语言学和行

为主义心理学相结合的产物。该论点的主要代表人物是 Lado 和 Carroll。前者在 1961 年出版了《语言测验》一书，标志着语言测验成为一门相对独立的学科。后者则是 TOEFL 的主要创始人。

1. Lado 关于语言能力的观点

Lado(1961)这样说道，语言测验理论是建立在两点之上的，其一是时下语言学领域对语言的理解；其二是对习惯在语言学习中所起作用的观察。Lado 的语言测验理论假设，语言是一种交际习惯系统，这种习惯使交际者有意识地注意他正在传递或理解的信息。这种习惯涉及不同层面上的形式、意义和分布，这些层面是句子、从句、短语、词汇、语素及音位。而语言学习者在语言习得中的问题也可以归因于形式、意义和分布或者这三者的结合。

Lado 认为语言测验涉及两个变量：成分和技能。成分是指语音、语调、重音、语素、词汇以及词汇的有意义的排列，这种意义既是语言学上的也是文化上的。对这些成分的习得不是平衡发展的，而是有的快，有的慢。这些语言成分的每一个都构成我们要测的一个项目，它们是语音、语法结构、词汇和文化意义。这些成分虽然可以单独地被研究、描写和测量，但它们在语言中从来都不是单独出现的，而是综合在听、说、读、写各项技能中，这些技能又构成了语言测验要测的另一个变量。由此我们可以清晰地看到 Lado 的语言能力观，一种成分和技能相结合的观点，我们可以称之为"技能/成分"模型。Lado 在其 1961 年的书中把这一观点运用到语言测验中，详细说明了测量各种成分和技能的方法，为建立心理测量学意义上的语言测验奠定了原则和方法。

2. John Carroll 的观点

1961 年 5 月 11 日至 12 日，为开发 TOEFL 由应用语言学中心(Center for Applied Linguistics)牵头，在华盛顿组织了一次会议，会议由当时的应用语言学中心主任 Charles Ferguson 主持。在这次会议上 Carroll 就语言测验问题作了一个发言，这篇文章被认为是语言测验理论的一个里程碑。在文中，Carroll 提出了一个语言能力模型图。这是一个两维的模型，包括语言维度和技能维度。语言维度由四个元素组成：音位/拼音(phonology/orthography)、形态学(morphology)、句法(syntax)和词汇(lexion)；技能维度也由四个元素组成：听力能力(auditory comprehension)、口语能力(oral production)、阅读能力(reading)和写作能力(writing)。

表 2-1 技能/成分说的两维模型

语言技能	语言成分			
	音位/拼音	形态学	句法	词汇
听力能力				
口语能力				
阅读能力				
写作能力				

Carroll(1961)提出，语言能力包括 10 个方面的内容：

(1)结构的知识；

(2)与结构相应的词汇的知识；

(3)听辨语音；

(4)发出语音；

(5)技术性的阅读(把书写符号转换成声音)；

(6)技术性的书写(把声音转换成书写符号)；

(7)听力理解的速率和准确率；

(8)口语的速率和质量；

(9)阅读理解的速率和准确率；

(10)写作的速率和准确率。

在这 10 个因素中，头两个是语言知识；接下来的四个是语言应用的四种形式；最后四个因素是四种应用形式的综合表现。Carroll 指出，能力水平需要用效率来说明，因此，他把语言技能定义为语言知识诸方面和掌握语言形式诸通道的结合。可以看出，Carroll 对语言能力的理解也属于技能/成分的观点，这一点和 Lado 是不谋而合的。

3. 小结

简言之，"技能/成分"观点把语言能力分为技能与成分两个维度，技能是指听力、口语、阅读和写作四种语言技能，成分是指音位/拼音、形态学、句法和词汇等语言知识。David Baker(1989)用图清楚地说明了这种观点在语言测验中的应用。

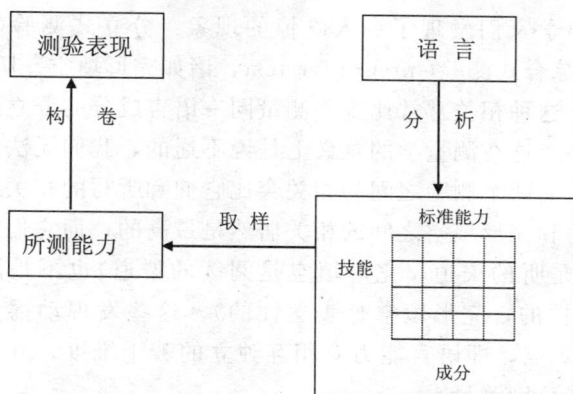

图 2-1 "技能/成分"观点在语言测验中的应用

　　"技能/成分"观点在语言测验领域的影响是很大的，许多应用语言学家包括 Lado(1961)、Carroll(1961)、David Harris(1969)、Heaton(1975)、Arthur Hughes(1989)以及 F. Sang 等人(1986)都持此观点。这一观点的长处是易于理解、操作性比较强，明显的弱点是过分注重语言要素，忽略语言使用的场景。

　　在对口语能力的认识问题上，"技能/成分"观点把口语能力当做一种独立的语言技能，并把它切分成音位、形态、句法、词汇等成分。这样的观点推广到汉语口语能力，就可以切分为语音、语法、词汇等成分，表示为：

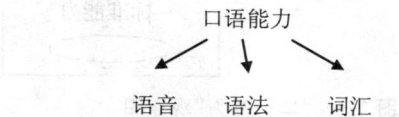

图 2-2 汉语口语能力结构图

因此在技能成分观点下，对口语的测评应该分别付诸于语音、语法和词汇等单项要素，并对它们分别加以测查。我们赞同口语能力是一种相对独立的能力，但"技能/成分"观点对口语能力的操作性定义显然是过于机械和呆板的。因为口语能力的运用不是语音、语法、词汇等成分的简单相加。Mackey(1965)就曾明确指出口语表达不仅仅涉及发出正确的语音、选择正确的词语或形式，更重要的是要组织和传递正确的信息。

(二)"单一能力"观点及其对口语能力的理解

　　1."单一能力"观点的产生

　　在语言测验的效度检验过程中我们最重要的工具是相关分析：测验之间的低相关证明它们测的是不同的能力，而测验间的高相关则暗示着它们测量了某一个相同的能力域。当用这一方法对分立式测验进行分析时，应用语言学家们发现了令人吃惊的现象：分立式测验（诸如语法、词汇测验）和综合式测验（integrative test，诸如完形填空、听写）之间存在高相关，而这种相关常常比宣称测量同一语言成分的分立式测验之间的相关还要高。这在测量学的意义上是说不通的，我们无法解释为什么同样测量词汇的两个测验之间的相关会比它们和听写的相关低。更令人不解的是听写和完形填空之间的相关居然是最高的，而它们既不是同一渠道的（听写是听的渠道，完形填空是阅读的渠道）也不是同一模式的（听写是理解性的，完形填空是表达性的）。这些发现动摇了"技能/成分"说的主要观点，即语言能力有相互独立的若干维度，并且可以通过具体的测验来分别测量。

在这样的情况下，以 John Oller 为代表掀起了一场反对"技能/成分"说和分立式测验的运动，提出了语言能力一元化的假说。

2."单一能力"说的主要观点

Oller(1979)认为把语言能力分析成语言成分和语言技能的结合是不正确的，他的观点非常简单：语言能力根本没有结构，而是一个单一的不可再分的能力。他所主张的测验过程大致可以表示如下：

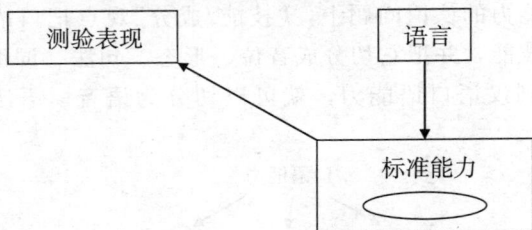

图 2-3 "单一能力"观点图

Oller 认为标准能力是一种无形的，不可分析的"本能"，没有必要对它取样。因此可以跳过语言能力这一阶段，直接进入语言表现阶段，这和"技能/成分"模型是不同的（参见表 2-1）。Oller 认为语言能力更像一种粘性物质而不是像机器一样可以被拆分成若干部分，这就是他的"单一能力"假说（Unitary Competence Hypothesis，UCH）。

在语言学理论上，Oller(1979)提出了"语用期望语法（Pragmatic Expectancy Grammar）"来解释这个单一能力。语用期望语法强调两方面的内容：其一是语言在语法上具有可预测性，其二是超语言学情境的重要性。Oller 解释说，一个语言序列越是具有语法上的可预测性，它就越容易理解。另一方面，语言要素只有和超语言学情境，也就是社会环境结合起来，才能产生意义。在语言测验实践上，Oller 提出了他的语用测验（pragmatic test）。Oller 认为语用测验必须具备两个标准：

（1）要求学习者能够运用语言的基本语境条件；（2）要求学习者能够结合语境来理解和表达语言。Oller 所推荐的语用测验包括：听写、综合填空、面试、作文、叙述和翻译等。Oller 的做法有可取之处，即非常重视语言使用情境的重要性，但"单一能力"观点对听、说、读、写等语言技能完全不加区分的做法是过于极端的。

3."单一能力"观点对口语能力的影响

在"单一能力"观点下，不区分单独的口语能力，这种做法是难以令人信服的。正如 Hughes(1989)指出的，要想知道一个人的口语怎么样，我们是无法通过写作测验来得到准确信息的。Bygate(1987)也认为说和写在认知过程和表达方式上都是不同的。Bygate 指出，口语表达是一种快速运作的过程，说话人一旦决定要说什么就会马上表达。这一过程反映了说话人调动和组织信息以及控制语言的能力。而写作在认知活动中要花费更多的时间和精力，比如构思、信息检索等（Grabowski，1996）。在表达方式上，说的句子往往不如写的长也不如写的复杂，口语的句法结构也不如写作严密和复杂。因此把口语能力作为一个相对独立的能力来评估是有意义的。

（三）"交际能力"观点及其对口语能力的理解

1."交际能力"观点产生的背景

"技能/成分"说最让人担忧的一点是它完全不考虑语言使用的情境。而 Oller 虽然提到了超语言学情境的重要性，但并没有对之做出解释，更没有用心理语言学和社会语言学的眼光来对待这个问题。

1967 年美国社会语言学家 Dell Hymes 提出了交际能力的概念（communicative competence）。他认为交际能力包括两方面的内容：一是语法性，即合乎语法；二是可接受性，即在文化上的可行性、在情境中的得体性和现实性。这一理论引发了语言测验领域对语言交际能力的研究，从 70 年代末 80 年代初开始，人们提出了各种不同的理论模型来解释语言交际能力。例如，Munby 认为语言交际能力包括"语言编码""社会文化指向""语言知识的社会语言基础"以及"操作的话语水平"。Canale 和 Swain 则区分了"语法能力（包括词汇、形态、句法和音位）"和"社会语言学能力（包括社会文化规则和话语规则）"。之后，Canale 又进一步区分了"社会语言学能力（社会文化规则）"和"话语能力（衔接 cohesion 和照应 coherence）"。遗憾的是，这些模型出台以后并没有得到实证性研究的支持。

Bachman(1990，1998)认为上述关于语言交际能力的模型只是一个静态的框架，很少提及交际能力的这些成分是怎样相互作用的，也没有提及在语言作业中，语言使用者是怎样运用交际能力来和语言场景以及其他语言使用者相互作用的。Bachman(1990)推出了新的语言交际能力模型(Communicative Language Ability，CLA)。该模型是对 Canale 和 Swain(1980)和 Canale(1983)模型的继承和发展，它既包括语言知识(或能力)，也包括在语言交际情境中恰如其分地运用这些知识的能力。CLA 模型由三个部分组成：语言能力(language competence)、策略能力(strategic competence)、心理生理运动机制(psychophysiological mechanism)。Bachman(1990)用图说明 CLA 的三个部分和语言使用情境以及人的知识结构之间的相互关系。CLA 模型由三个部分组成：语言能力(language competence)、策略能力(strategic competence)和心理生理运动机制(psychophysiological mechanism)。语言能力部分由一组特定的知识构成，策略能力是一种智力上的能力，它的作用是在语言交际中对语言知识的各种成分进行运用，心理生理运动机制指的是一些神经和心理过程，这些过程在语言使用过程中表现为一些物理现象(声和光)。Bachman(1990)用图说明 CLA 的三个部分和语言使用情境以及人的知识结构之间的相互关系。

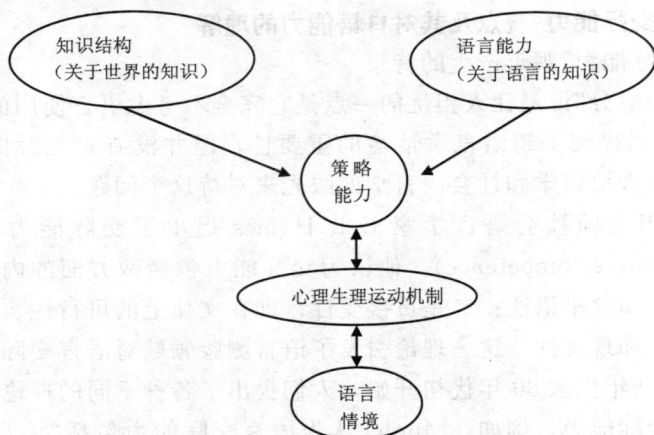

图 2-4　Bachman(1990)语言能力图

Bachman 和 Palmer(1996)发展和细化了 Bachman(1990)的 CLA 模型，并且把它和语言测验的实践紧密联系起来。他们认为，如果以语言测验为目的，就应该把语言能力放到语言使用的互动模型中去讨论。这个模型包括了语言使用者或被试的各项特质：个体风格(personal characteristics)、背景知识(topical knowledge)、情感图示(affective schemata)和语言能力(language ability)；另一方面，也包括这些特质和语言使用的情境或测验任务之间的相互作用。修改后的交际能力模型可以用图表示如下：

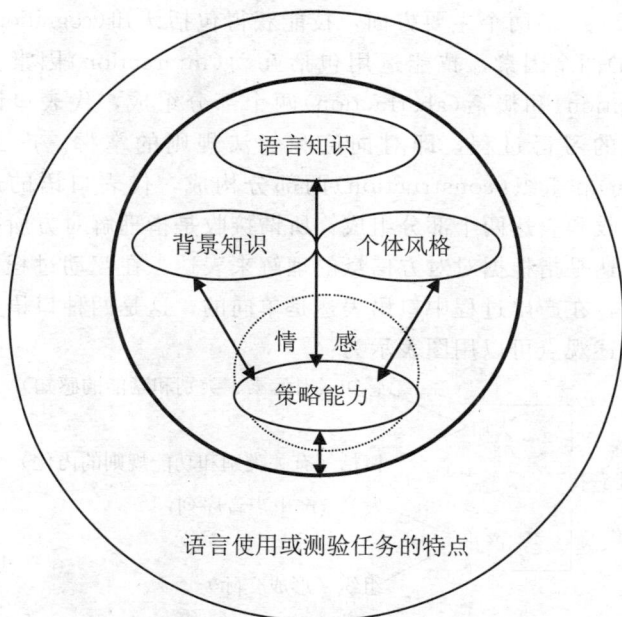

图 2-5　Bachman&Palmer(1996)交际能力模型

在该模型中，我们不难发现，语言测验涉及语言能力、被试个体特性以及测验任务特点这三个主要因素，这些因素正是在语言测验的编制和使用过程中必然涉及的问题。修订后的交际能力模型把这三者有机地结合起来，形成了更为贴近测验实践的模型。

在"交际能力"观点中，口语能力被放在语言使用的具体场景中去讨论。此时口语能力既非简单而机械的成分组合，又非含混不清的一元论，而是一种语言特质与使用情景（测验任务）相互作用的综合能力。落实到口语测验，则可以说是由多种因素相互作用的结果，这些因素包括口语能力、被试特性和测验任务特点等。

二、第二语言口语能力模型回顾及理论探讨

口语能力作为一种相对独立的能力在第二语言的教学和学习中充当着重要的角色，口语活动的认知过程与表达方式同听力、阅读和写作是有区别的。研究者们从口语习得、口语训练和口语测查等方面构建了二语口语能力模型。

(一)Rivers 和 Temperley(1978)的模型

Rivers 和 Temperley 于 1978 年提出了二语口语技能模型，该模型是以口语学习过程为基础而构建的。模型区分了技能获得(skill-getting)和技

能运用(skill-using)两个主要方面，技能获得包括认知(cognition)和产出(production)两个因素，技能运用包括互动(interaction)因素。认知由感知(perception)和概括(abstraction)两个部分组成，代表口语学习中对语言知识的习得过程，即对词汇和句法规则的掌握。产出由发音(articulation)和组织(construction)两部分构成，代表口语的产出。互动因素由接收和表达两个部分组成，所谓接收是指理解对方所提供的信息，所谓表达是指根据对对方信息的理解来表达。在互动过程中口语表达是双向的，在产出过程中口语表达是单向的，这是两种口语产出的主要区别。上述观点可以用图表示为：

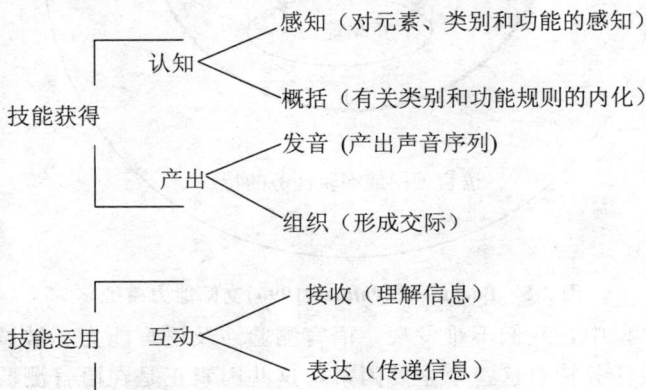

图 2-6 Rivers 和 Temperley(1978)的模型

这一模型是从口语习得的角度来描述口语能力的。Rivers 和 Temperley认为首先要习得一定的语言知识，即语音、语法和词汇，在此基础上才能具备口语表达的能力。虽然 Rivers 和 Temperley 并没有明确说明，但我们从图中可以看出口语表达实际上包含了两种不同的形式，即单向的表达和互动形式下的表达(亦即接收信息和表达信息的双通道)。

(二)Littlewood(1981)的模型

Littlewood(1981)从二语口语练习的角度提出了一个两维模型，包括预备交际活动(pre-communication activity)和交际活动(communication activity)两个因素。预备交际活动包括结构练习(structural activity)和准交际练习(quasi-communication activity)，交际活动包括功能交际活动(functional communication activity)和社会互动活动(social interaction activity)。模型的具体形式如下：

预备交际活动 ——— 结构练习
——— 准交际练习

交际活动 ——— 功能交际活动
——— 社会互动活动

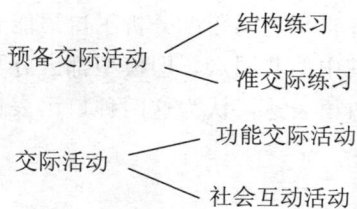

图 2-7 Littlewood(1981)的模型

预备交际活动中结构练习主要关注句法，而准交际练习主要是以问答的形式来进行的。交际活动中功能交际活动主要考查学习者能不能通过言语交际来达到交际目的，满足交际需求。社会互动活动和功能交际活动基本一致，但比较注重交际发生的社会环境。Littlewood 强调，教师在使用交际活动时，必须向学生提供指导语和信息范围以限制学生的言语表达内容，对学生的限制能够更好地把握学生之间能力的区别。

Littlewood 的模型实际上既包含了"技能/成分"观点，又包含了"交际能力"观点。预备交际活动注重语言结构，主要进行语言要素的训练，因此在口语表达上是单向的；而交际活动则注重语言的互动，强调语言的功能，因而在口语表达上是双向的。

(三)Martin Bygate(1987)的观点

Martin Bygate 从口语测查的角度区分了两种口语技能，第一种称为机械感知技能(motor-perceptive skill)，这种技能的认知过程包括感知、回忆、用正确的发音和结构来表达三个部分。Bygate 认为朗读、看图说话和口头作文是这种技能的典型代表。第二种称为互动技能(interaction skill)，这种技能的认知过程包括辨认信息，决定计划(说什么、怎么说)，发展计划，达到意图。这里决定计划不是随意的，而必须根据对话人的要求来决定说什么和怎么说。这样的技能可以通过问答、角色扮演等题型来考查。Bygate 的观点可以用图表示如下：

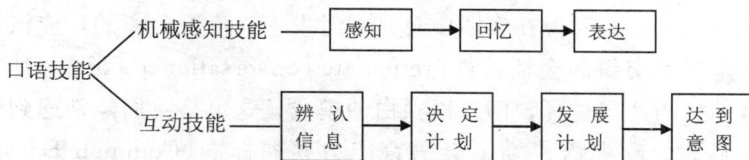

口语技能 ——— 机械感知技能 ——→ 感知 ——→ 回忆 ——→ 表达
——— 互动技能 ——→ 辨认信息 ——→ 决定计划 ——→ 发展计划 ——→ 达到意图

图 2-8 Martin Bygate(1987)的观点

Bygate 对口语技能做出的这两个方面的划分实际上也就是两种不同模式的口语表达。从 Bygate 测查两种不同技能的语言任务中可以看出，机械感知技能是一种单向的独白方式的口语表达技能，而互动技能是一种双向的、听与说互动的口语表达技能。

上述的三种模型各自从不同角度分析了口语能力，虽然表述各不相同，但我们不难看出其中的共同点，即模型都区分了听和说互动形式的口语表达以及单向的口语表达，认为这两种口语表达能力是既有联系又有区别的能力。

（四）小结

J. D. Brown(1996)在模式（Mode）和渠道（Channel）两个层面上区分了口语、听力、阅读和写作四种语言技能。Brown认为模式有两种，一种是接受性的（Receptive），另一种是产出性的（Productive）；渠道也有两种，一种是书面的（Written），另一种是口语的（Oral）。四种语言技能在模式和渠道上的表现是不同的，可以用图表直观地表示如下：

		渠　　道	
		书面	口语
模式	接受性	阅读	听力
	产出性	写作	口语

图2-9　J. D. Brown(1996)的模式/渠道图

从图表中我们可以看到，口语属于口头渠道的产出模式。这种产出模式在实际运用中有两种子模式，其一是口头渠道两种模式的结合过程，即听—说的模式。正如Clark和Hecht(1983，转引自Gardner，1998)所说的，语言的使用需要两个过程——产出（Production）和理解（Comprehension）相互协调，语言的习得实际上部分地包含了协调你所产出的和你所理解的。说话人依靠听的能力来接受信息，依靠说的能力来产出信息。Brumfit(1984)和Celce-Murcia(1995，见Cook和Seidlhofer，1995)就曾明确地谈到，听和说在实践中总是同时发生，不可分离的，应该被当做一种呈网状交织的会话技能（reticulate conversational skill）。其二是单模式的口语产出过程，即口语独白的模式，这也是我们经常遇到的口语表达形式。欧洲语言委员会语言能力共同标准（Common European Framework，CEF)中关于口语能力的描述中就明确区分了这两种模式，并且指出在评价口语时要从这两个不同的方面来进行。

三、二语口语能力的发展特点

语言学习者在口语能力发展的过程中表现出阶段性特点，初、中、高不同水平等级的语言学习者具有不同的语言表现特征。初级学习者的口语表现特征是能够用词、短语和完整的句子进行口语表达。中级学习者口语表现的区别性特征是基本能够成段表达。高级学习者的特点是能够进行语篇表达，且表达方法多样。

(一)学习者的语言发展特点

Ellis(1994)认为在第二语言学习的早期阶段有三个标志，即沉默期、套语期和结构语义简化期。沉默期作为二语习得的最初发展阶段在课堂环境下表现得并不明显，在教师的启发和课堂环境的影响下外语学习者很少经历沉默期。因此我们在课堂中很少遇到处于沉默期的外语学习者。

套语期是在习得第二语言时所要经历的第二个标志性阶段。Lyons(1968)把套语定义为以不可分割的整体形式学习的、应用于特定情境的语言表达。套语实际上是一种记忆串，它的特点是具备良好的构词造句能力并且符合目的语的句法规则。Hakuta(1976)以及 Krashen 和 Scarcella(1978)区分了定势(routine)和模式(pattern)两种不同的类型的套语，前者是指不可分割的完整的记忆组块，如："I don't know."而后者只是部分不可分的话语，其中的一个或几个部分可以替换，如："Can I have a _____?"画线部分是可以替换的。套语期在二语习得的早期阶段普遍存在。Wong-Fillmore(1976)和 Ellis(1984)的研究都表明，学习者会逐渐对套语进行解析，然后将其中的一些片断释放开来进行替换，如前面的"I don't know"会被解析和替换成"You don't know where it is"。因此他们认为套语会被缓慢地分解，释放出有用信息，然后加入到学习者的知识系统中以产出和理解创造性的言语行为。

结构语义简化期是二语学习者所要经历的又一个重要阶段。这一阶段的主要标志是创造性的简化句的普遍使用。这类句子和套语不同，它是学习者创造的符合目的语规则的句子，其主要特点是结构和语义被删简，通常只包括一个或几个单词，语法功能词或表达内容的词语都被省略了。语法功能词包括助动词、冠词等，表达内容的词语主要是一些实词，包括名词、代词、动词和形容词等，比如，"library＝He is in the library"。这种简化句的出现可能因为学习者还没有习得某种语言形式，抑或因为学习者还不能在具体的话语中使用这种语言形式。Ellis 认为在二语习得过程中首先产出的是单字句、简化句，然后逐渐增加形成比较长的句子。在结构语义简化期之后，学习者开始从语句(utterance)表达进入到话语(discourse)表达。

(二)不同水平学习者的口语表现(例解)

不同水平的汉语学习在口语能力表现上具有显著的区别性特征。初级汉语学习者口语表达以词、短语和简单的句子为主,成段表达能力差。表达形式单一,错误较多,连贯性和流畅性较差。

中级水平汉语学习者的典型特征是具有成段表达能力,但表达的内容和形式以叙述性题材为主,议论性成段表达能力差。言语表达的质量不够高,具体表现在表达形式不够丰富,有明显的语法和用词错误,表达的流畅性不够好,有一些非思索性停顿和重复。

高级水平汉语学习者的特点是具有议论性成段表达能力,表达形式丰富多样,表达中没有易于察觉的语法和用词错误。表达连贯、流畅、自然。

下面我们来看一个例子。这个例子取自实用汉语水平考试(C. TEST)口语考试。初、中、高不同水平等级的考生在面试型口语考试中具有不同的语言表现,代表了不同的语言水平,呈现出明显的差异。

先来看一个初级水平学习者的口语表达实例。

考官:首先请你做一下自我介绍。

考生:嗯,我是＊＊＊,我是韩国人,我,(停顿2秒)啊,我过来北京,去年我过来北京,过、啊,去年2月我过来北京。过、我还住在北京,工作在北京。

考官:你学了多长时间汉语啊?

考生:啊,在韩国我没学过、学过汉语。来北京以后学、开始学习汉语。

考官:那学了多长时间呢?

考生:现在一年多。

考官:一年多了,是中国老师教你还是韩国老师教你啊?

考生:中国老师。

考官:啊,中国老师。那你觉得学汉语容易吗?

考生:很难!

考官:很难啊?

考生:对我、特别声调特别很难。

考官:声调?

考生:嗯,声调。在韩国我们没有汉语,韩语没有声调,但是汉语、汉语有声调。这个很难。

考官:那你觉得汉字难不难?

考生:汉字可以,因为在韩国我们也有这个汉、汉字,所以汉字的方面(没问题),但是发音很难。

考官:你每天工作忙不忙?

考生:很忙。(笑)每天、每天我、我的生活是这样的,啊,每天,嗯,早上七点半上课,七点半到九点下课,啊,工作开始十点,但是不知道什么时候结束。(笑)

这里的测验任务是自我介绍,任务的性质是自陈式成段表达,以叙述性表达为主。由于考生自我介绍的自陈部分内容很少,考官只好步步引导,使测验任务演变为以自我介绍为主线的互动式谈话。我们可以看到,无论是在谈话的哪一个阶段,考生都没有表现出成段表达的能力,所有的言语表达都只停留在简单的句子层面。语言组织困难,表达不流畅,表达的整体效果不理想,是典型的初级汉语学习者。

我们再来看一段中级水平考生的语言表现。①

考官:能不能给我们介绍一下,首尔我没有去过,介绍一下,可以吗?

考生:欸::可以,应该那个首尔是韩国的那个首都,所以比北京我觉得差不多,很多那个大楼还是那个家庭也复、家庭情况也复杂,还有人很多,可是那个比北京空气更好一点,嗯,比北京空气更好一点,还说,嗯::那个首尔是那个在韩国,嗯,韩国的,嗯::经济呀、文化呀还是比较其他的方面的那个中心,所以,很多韩国人那个要求长大以后需要想那个去首尔工作生活,所::在首尔有,嗯::很多那个古代那个宫廷,比如说那个跟那个故、故宫差不多的那个景福宫,还是那个,在韩国也有那个古代的时候朝鲜(停顿1.0秒)王朝的那个,有很多宫廷呀,还有,嗯::嗯::很多那个(古装)类型的那、(古装)类型的那个名胜古迹,还有也有很多那个游乐园,游乐园,还有,嗯::(停顿2.0秒)很多剧场,我觉得比北京(吸气)(停顿3.0秒)嗯,跟北京也差不多吧,嗯。

这里的测验任务是要求考生对自己熟悉的地方进行描述和介绍,属于叙述性成段表达的任务。该考生比较完整地回答了问题,说明他具有较好的叙述性成段表达能力。他在表达中有明显的非思索性停顿,表达的形式不够丰富,说明该考生属于中级水平。

最后我们再来看一个高级水平考生的口语表现实例。

考官:哦、哦,那比如说你现在想得到一个你认为自己合适的职

---

① 以下口语表达记录的语句中,":""::""::;"表示符号前语音的延长,每增加一个冒号就表示多延长一拍。

位，或者一个培训的机会，我不知道你是想用什么样的方式告诉你的老板呢？

S：嗯：一般的，解决的方式都会非常好，韩国人（希望）、韩国企业当中，我们人事部有、已经拥有了非常有规律、规律的那种计划，所以我们不能按个人的事情来解释这个（知道吧？）但是呢，我有特别的要求的时候，比如说我想读博士啦，我想参加什么：特别的，为了本地化，个人的本地化参加特别的培训的话，有一个解决的方式就是喝酒，（笑）在喝酒当中，（这样的方式告诉）那样，这样的话我觉得有好运，但是一定、（要酒）一定要在公司培养员工的那种策划里面，这样有效果，有效。

考官：对。那当然你现在应该不会选择离开公司。

考生：不会。

考官：但是、但是就是有、你想象一下有哪种情况会让你离开现在这个公司，辞职？

考生：嗯，这样。（吸气）（比如说）我的梦想跟公司：不能一起（走入一个系统下），我会离开公司。（寻找……）

考官：那么现在有些年轻人他：就是比较经常地会离开以前的公司，一年换两个三个工作，啊：你：你能不能首先分析一下有哪些原因造成现在的这种情况，然后你同意不同意现在年轻人频繁地换工作这种现象？

考生：我是年轻人的话，（吸气）有可能，我估计这些人会、就是自知之明的问题吧，自知之明的问题，年轻的时候，社会就发现不了我的真正的能力，本质上、本质的能力，可以选择这种，追求更好的条件，更好的理想来找公司，再去找工作嘛，就是我、我不反对经常换公司的那种，更、找更好的机会那种思想，但是很、很短时间内，比如说两年，不到两年换一家公司，就：会有不好的选择，因为好多的人事，公司的人事部门的人换班之中，一个人在一家公司不到两年的话，不认为个人判断的问题，公司，公司对、对个人的的问题才换公司，所以年轻、年轻人的，年轻人的就、要换公司的话就三年，在一家公司三年工作以后可以换，可以换一家公司。

这段对话是考官和考生讨论有关企业人事管理方面的问题。考官首先问考生对培训和自我提升的看法，考生结合自己公司的实际情况作了回答，表现出一定的成段议论能力。考官为了进一步证实考生的议论和辩论能力，又追问了一个关于跳槽的问题，考生也谈了自己的看法，说明考生具备议论性成段表达能力。考生的表达中没有明显的非思索性停顿以及易于察觉的语法错误，表达效果比较好，这些语言特征说明考生已经达到高级水平。

第二节　语言能力标准与口语能力

一、什么是语言能力标准

第二语言的能力标准旨在对不同的语言能力水平等级进行定义和描述，从而为语言教学、语言学习和语言测验提供统一的能力标准参照体系。这个体系将包括：(1)对不同能力水平的区分，即能力等级的制定；(2)对不同等级的总体描述；(3)对不同等级听、说、读、写的能力做描述，即描述在现实生活中，处于不同等级的学习者能够完成的语言任务。

二、制定和实施语言标准的意义

(一)对语言教学的意义

在语言教学中，不同的单位采用不同的教学大纲和教材，而大纲的制定以及教材的编写没有统一的标准，各个单位的教学目标和教学内容大不相同。能力标准将学习者的能力水平放在一个统一的框架下，并对能力水平作出等级划分，对每一个等级做出具体描述。据此，学校和教师可以判断自己的学生处于哪一个等级，了解这一等级的学生应该具备什么样的语言能力。学校和教师也可以根据能力标准制定教学目标，即希望学生经过学习达到哪一个等级，具备怎样的语言能力。这样，全球的汉语教学就有了一个统一的参照体系，教学目标具有可比性，教学评估也有了统一的标准。

(二)对语言学习的意义

现代教育理念已经从以教师为中心转向以学生为中心，学习者应该学什么，怎么去学成为语言学习的核心问题。第二语言的能力标准将为语言学习提供良好的平台。第一，学习者可以对照语言能力等级描述评估自己的语言水平处于哪一个级别，这种语言能力的自我评估既能使学习者对自己的语言水平做出判断，同时又能对进一步学习产生正面的影响。第二，告诉学习者要提高语言能力应该学会哪些语言知识和技能。语言能力等级描述将告诉学习者，如果要达到更高等级应该具备哪些能力。这样学习者就会有意识地去获得这些能力。

(三)对语言测试的意义

第一，能力标准可以为定义语言测验的考生对象提供统一的参照标准。测验开发的第一步就是要对考生对象进行定义，根据考生的能力水平来开发合适的测验。一直以来我们在对考生对象进行定义时缺乏统一的标准，各个研发部门的定义没有可比性。在能力标准参照体系下，考生对象的定义有了规范和统一的描述，我们可以知道某个考试是为哪个能力等级的考生设计的。

第二，能力标准可以为测验内容的设计提供良好的素材，特别是对于口语考试和作文考试。能力标准对每一个等级在现实交际活动中能够做什么都给出详细的描述，这些描述将为口语和作文考试提供最能代表现实语言运用情况的测验任务，从而提高测验的有效性和真实性。

第三，能力标准可以为主观性考试的等级评分量表提供统一依据，能力标准将对各等级的听说读写技能做出描述，这些描述将为主观等级量表的制定提供依据，从而使等级评分量表具有可比性。

第四，能力标准可以丰富测验的分数解释。我们目前提供给考试使用者的分数报告主要是以下几种形式：考试的分数是多少，考生是否及格，是否得到了某个等级的证书。然而这些信息对于考试使用者来说是远远不够的，因为仅凭这些信息他们无法判断考生在现实生活中能够做什么，也就无法作出正确的决策（比如学校录取或人事录用）。根据能力标准开发的测验能够把分数和考生的实际语言运用能力对应起来。在报告分数时能够告诉使用者考生达到了能力标准的哪一个等级，能够完成哪些语言作业任务。

三、国外语言能力标准的历史与现状

在应用语言学领域，研究者对制定语言能力量表的想法由来已久，但这种朦胧的想法一开始都是出于开发测验或者教学大纲的需要，在形式和功用上与真正的能力标准有一定距离。经过将近半个世纪的发展，国外的语言能力量表终于得以完善，出现了以欧洲语言共同参考框架为代表的真正意义上的能力标准。

(一)语言能力标准的雏形——FSI 量表的产生

国外的语言能力标准起源于语言能力量表和类似于等级大纲的规范性文件。最早可以追溯到 20 世纪 50 年代由美国外交学院（Foreign Service Institute，FSI）制定的 FSI 量表。FSI 量表制定的初衷是为了开发一个口语测验来选拔外交人员。该量表最初只有一个包含 6 个等级的总体量表，等级 1 代表没有外语使用能力，等级 6 代表具备母语者的语言水平，而等级 4 则是作为外交人员的最低标准。为了能够在实践中更加客观地评价外交人员的口语水平，1958 年，美国外交人员服务局在六等级量表的基础上增加了一个分量表。这个分量表包括五个方面的分项能力描写，这五个方面是发音、可理解性、流利度、语法和词汇。这个分量表从属于原先的总量表，评分时只作为一个检验量表(checklist)。这个分量表的制定在多元特质量表的开发上迈出了第一步。

修订后的 FSI 量表逐渐得到各方的信任，到 1960 年，包括国防语言学院(Defense Language Institute)、中央情报局(Central Intelligence Agency，CIA)以及维和特种部队(Peace Corps.)等多个要害部门使用 FSI 量表。1968 年，在越南战争中，这些部门坐在一起讨论和制定出了一个具备标准程序的口语测验量表，这个量表就是联邦政府语言协调会(Interagency Language Roundtable，ILR)能力量表。

无论是 FSI 量表还是 ILR 量表，主要用途都是为了测试，特别是口语测试，这种表现性测试需要有一个统一的量表来规范测验的操作和评分，这种需要催生了语言能力量表。到了 20 世纪 70 年代，FSI 量表被各州和许多大学用作双语教师资格考试，并逐渐开始走入美国教育领域，成为一种类似于语言评价标准的规范性量表。

(二)语言能力量表的发展——ACTFL 大纲的出现

20 世纪七八十年代外语教学进入了一个新时期，功能－意念法开始占据外语教学领域，语言测试越来越重视真实的测试环境。这种变化在很大程度上归因于两个大纲的出现。1976 年，Wilkins 出版了 *Notional syllabuses*，1978 年 Munby 又推出了 *Communicative syllabus design*，这两个大纲对英美的英语教学与测试产生了重要影响。在这样的大背景下，在美国诞生了一个非常重要的语言能力量表——ACTFL 大纲。

ACTFL 大纲是美国教育测验服务中心(Educational Testing Service，ETS)和美国外语教学委员会(American Council for the Teaching of Foreign Language，ACTFL)在 ILR 量表的基础上修订而成的。

1982 年，在纽约举行的美国教学委员会年会上，推出了《ACTFL 试行能力等级大纲》(ACTFL Provisional Proficiency Guidelines)。这个大纲虽然只是个试行版，但它已经开始着眼于对能力测验和能力大纲的开发。可以说，这个大纲的出现是美国能力运动的产物，正如 Hummel (1985)评价 1982 版 ACTFL 大纲时所说的：

大纲试行版是具有革命性的，它有三点革新意义：第一，评价学生可以不从课程出发，而是评估其真实的能力水平；第二，分项等级描述提供了对分技能的评价依据；第三，大纲较好地描述了学习者语言交际能力的发展变化。

1986 年，美国外语教学委员会在试行版的基础上出版了著名的《ACTFL 能力等级大纲》(ACTFL Proficiency Guidelines)。86 版大纲对听、说、读、写四项分技能做了总体等级描述。这些描述都以某一等级所具备的典型语言表现为内容，而非穷尽性的描述。等级之间遵循层层递进的原则，每一个等级都包含了上一个等级所具备的能力，也就是说达到了高一个等级的能力水平就意味着已经具备了上一个等级的能力。86 版大纲仍旧沿袭了能力运动的特点，它对学习者的评估侧重于真实的能力，而不细究学习者在何时何地以何种方式学习语言，因此大纲是以语言能力为中心，而非以学业成就为中心的。

难能可贵的是，美国外语教学委员会清醒地认识到，86 版大纲不是一个最终版本，ACTFL 大纲应该是一个动态的、互动的过程，需要根据学习者的变化和使用者的需求随时进行更新。事实上，美国外语教学委员会在以后的十余年间几次对大纲进行了修订，其中 1993 年和 1996 年对大纲进行了比较全面的修订，1999 年修订了大纲的口语能力等级描述部分，2001 年又修订了写作能力描述部分。

ACTFL 大纲推出后，在四个方面产生了影响。

第一是在语言测试领域，以大纲为依托开发了三项语言测验，即口语面试(Oral Proficiency Interview，OPI)、写作能力测验(Written Proficiency Test，WPT)和综合表现测验(Integrated Performance Assessment，IPA)，其中 OPI 和 WPT 是分别根据 ACTFL 大纲中口语和写作能力等级标准而设计开发的。

第二个方面是语言教学，包括课程设计和教学方法。其中课程设计又涉及口语、写作、听力和阅读四项分技能的教学模式，包括口语和写作的交流、表达模式以及听力和阅读的交流、理解模式。

第三个方面是外语学习，1998 年美国外语教学委员会在 ACTFL 大纲的基础上颁布了"年轻学习者能力大纲"，将水平等级和交际模式结合起来。这个新的能力大纲后来发展成为《美国 21 世纪外语学习目标》。《目标》向教师、家长、课程设计者、管理人员、政府部门、公司和社区领导人描述学生在高中毕业时应达到什么样的外语水平。《目标》中清晰地提出了外语学习的五个目标，即"5C"目标：交际(communication)、文化(cultures)、衔接(connections)、比较(comparisons)和社区(communities)。这里的交际包括人际交流、理解诠释和表达演示，文化指文化观念、文化习俗和文化产物，衔接指的是学习其他学科、认知不同观点的能力，比较是指对语言本质和文化概念的比较，社区是指在校外环境中也要坚持学习，贯彻终身学习的理念。

第四项应用是在政府政策方面，包括美国外语教学标准（Standards for Foreign Language Instruction）和美国外语教师资格标准，后者是美国外语教学委员会与美国全国教师教育评估委员会（National Council for Accreditation of Teacher Education）合作制定的。

ACTFL 大纲是一个对语言教学、学习和测试产生了长远影响的能力量表。它对能力等级的划分、等级标准的界定和语言表现的描述都为以后的能力标准的制定提供了参考。可以说，ACTFL 大纲是第一个真正意义上具有能力标准性质的纲领性文件。但这个大纲也有一个明显的问题，它对能力等级的划分和描述缺乏定量的依据，这个问题在 ACTFL 大纲的几次修订过程中都没有得到应有的重视。

（三）成熟的语言能力标准——欧洲语言共同参考框架（CEF）

20 世纪 60 年代，从"二战"恢复过来的欧洲人逐渐感觉到社会的全球化影响到不同年龄层次、不同社会阶层的人们。随着全球化进程的发展，有必要对语言学习、教学和评估等社会机构进行重新定位和重新组建。在这样的大背景下，1982 年，欧洲理事会（the Council of Europe）部长委员会通过了一个建议性文件，制定了欧洲语言政策的目标，即实现成员国之间更加紧密的团结，而制定《欧洲语言共同参考框架》正是为了有助于在教育文化领域实现这一总体目标。

《欧洲语言共同参考框架》（CEF）是全欧洲的一个共同参考基础，它可用于制定现代外语教学大纲和考试大纲，也可用于设计外语能力评估体系，同时还可作为编写教材的指南。CEF 的主体由两部分构成，第一部分是能力描述，第二部分是参考框架。能力描述是详尽的，关于学习者能做什么的描写，即"Can-do"描述，包括三项内容：共同语言能力量表、语言的使用与学习者能力的关系、语言学习者的能力。参考框架是对教学、学习和测试的指导，包括任务式教学、多元文化背景下的学习模式和语言测试的基本方法。CEF 把学习者的能力水平分为三大类六小级，可以用树形图表示如下：

图 2-10　CEF 学习者能力水平分级树形图

对于每一类和每一级，CEF 都给出了详细的"能做"描述。

欧洲语言共同参考框架的产生标志着能力标准的制定进入了一个成熟的阶段，CEF 对外语学习者能力水平的界定、划分和描述对欧洲各国的语言教学、学习以及测验编制都起到了纲领和规范的作用。在 CEF 诞生后，包括托福考试在内的许多著名的语言测验也都纷纷把它作为分数比照和解释的参考框架，这也在一定程度上体现了一个成熟的能力标准所应起到的作用和影响力。

CEF 虽然是一个被广泛认可的能力标准，但它在制定过程中也存在一些问题，其中一个突出的问题是缺乏定量描写。除了缺乏定量描写以外，Weir(2005)还指出了 CEF 的另外两个问题：

第一，CEF 虽然在作业类型以及使用背景等方面对若干影响语言运用的因素做了描写，但它并没有说明这些因素会对学习者产生什么样的影响；

第二，CEF 没有说明学习者的能力是由哪些成分构成的，如果对学习者的能力结构缺乏说明或定义，考试的开发者就很难开发出有效的考试。

四、国内现有的语言标准

(一)《汉语水平等级标准和等级大纲》的制定

1987 年，中国对外汉语教学学会成立了一个七人小组，着手研究制定"等级标准"。一年以后(1988)，《汉语水平等级标准和等级大纲(试行)》(以下简称《标准和大纲》)出版。按照这个小组的规划，该大纲由五部分组成，它们是：《汉语水平等级标准》、《词汇等级大纲》、《语法等级大纲》、《功能、意念等级大纲》和《文化等级大纲》(汉语水平等级标准研究小组 1988：1)。《标准和大纲》把汉语水平分成 1~5 五个等级，而词汇(包括汉字)、语法、功能和文化，均分成四级(甲、乙、丙、丁)。《标准和大纲》试行本出版时，汉语水平等级标准共有三级，缺四、五级；词汇和语法均只有甲、乙、丙三级，缺丁级。词汇和汉字的大纲1992 年补齐，汉语水平等级标准和语法大纲 1996 年补齐。

《标准和大纲》的研究制定标志着我国对外汉语教学工作者已经有了明确的"标准"意识，并且迈出了实质性的一步，填补了汉语作为第二语言教学领域的一项空白，对规范我国的对外汉语教学起到了很好的作用，对课程设置、教材编写、成绩测试和水平测试均有很高的参考价值。至今，仍有很多教材和考试以这个《标准和大纲》为依据。

《标准和大纲》虽然有特色和优点(对字、词、语法点的掌握量要求得比较细致），但和国外的一些标准相比有以下一些不足：

第一，现有的大纲对能力和水平等级的描写不细致。

第二，现有的标准几乎没有关于学习者在实际语言交际中能够做什么，即"Can do"的描写，而是仅仅用掌握的字、词、语法结构的数量来定义能力水平。

第三，现有的标准覆盖的范围不够大。《等级标准和大纲》把能力等级从低到高分为甲、乙、丙、丁四级，丁级虽然是最高级，但其水平仅相当于 CEF 的 B 级（独立使用者），对于超过这个水平的学习者（CEF 的 C 级［自如的使用者］），我们的标准没有涉及。

第四，现有的标准一直没有试图在不同的语言间建立联系。如，我们从不回答这样的问题：ACTFL 中级高与汉语《等级标准和大纲》的哪一级相当？因此缺乏兼容性，不能和国际接轨。

（二）《国际汉语能力标准》

2007 年，国家汉办发布《国际汉语能力标准》，作为海外汉语学习与教学的标准。《国际汉语能力标准》由五个水平等级组成，每个水平等级都有三个层面，第一个层面是汉语能力总体描述，第二个层面是汉语口头和书面交际能力描述，第三个层面是汉语口头和书面理解与表达能力描述，分为"语言能力描述"和"任务举例"两个部分。

《国际汉语能力标准》的制定符合汉语国际教育的需求，但遗憾的是它并没有解决 20 世纪 80 年代制定的《汉语水平等级标准和等级大纲》所存在的不足。《国际汉语能力标准》对能力的描述仍旧不够细致，仍旧没能和国际接轨（比如与 CEF 兼容），同时也没有实现与水平测验的等级对应。

五、汉语作为第二语言的能力标准的制定原则与方法

对外汉语教学的发展迫切需要一部科学和实用的语言能力标准，标准的制定和实施对语言教学、学习和测试都将产生深远的意义。

汉语作为第二语言的能力标准是汉语教学、学习和测试的标准体系。它在制定过程中应该遵循四个基本原则：科学、全面、实用和兼容。实现这四个基本原则，要考虑以下三方面的问题。

（一）量表的性质与特点

能力标准应当是一个科学的量表，能够准确地定义汉语学习者的能力水平。制定一个能力量表，要明确三个要素：测度、全距和单位，测度即测量的对象或属性，量表的测量对象是语言能力，因此对语言能力的理论定义和操作定义是制定量表的首要工作。

　　全距即量表的起点与终点之间的距离，它关乎能力标准所能描述和解释的能力范围。ACTFL 大纲对起点（Novice）的描述是：能够用有限的程式化语言、背诵下来的语句、孤立的词或短语来进行表达，交际能力十分有限。CEF 中对起始级别 A1 的描述是：能了解并使用熟悉的日常用语和词汇，满足具体的需求；能介绍自己及他人，并能针对个人细节，例如住在哪里、认识何人以及拥有什么事物等问题作出问答；能在对方说话缓慢而且清晰，并随时准备提供协助的前提下作简单的互动。这两个量表对起点的水平定义是有区别的。ACTFL 大纲的起点水平比较低，处于起点水平的学习者基本没有创造性的自主表达能力，句子表达能力和交际互动能力也十分有限。而 CEF 中 A1 水平的学习者已经具备一定的句子表达能力和交际互动能力，能够满足基本的生活需求。我们认为，从语言水平认定和测量的角度看，起点不应定得过低，也不应过高，在这点上，CEF 的定位是比较合适和可行的，我们在制定标准时可以借鉴。量表的起点可以以能够使用语言满足最基本的交际需求为基准，比如外出旅行中所需要的最基本的语言能力。量表的终点位置是另一个需要考虑的问题，ACTFL 大纲对最高级别（Superior）的定义是能够就具体和抽象的话题发表议论，支持论点、假设，能够处理不熟悉的语境。CEF 中的最高等级 C2 的能力可以描述为：能轻松地了解几乎所有听到或读到的信息。能将不同的口头及书面信息作摘要，并可以连贯地论述及说明。甚至能于更复杂的情况下，非常流利又精准地畅所欲言，而且可以区别更细微的含意。这两个描述又是有区别的，显然，ACTFL 大纲的最高级别的水平要略低于 CEF，CEF 中处于 C2 水平的学习者是一个近似母语者（native-like），具有比较完备的语言交际能力。在语言能力的定义和解释中，"母语者"是个十分重要的概念。从某种意义上说，外语（第二语言）学习的终极目标就是母语者或近似母语者。因此，语言习得和语言测验中的很多标准都是与母语者直接或间接相关的。母语者及其特征对语言能力研究具有特别重要的意义，因为评价语言能力的唯一可靠标准就是母语者。因而我们认为，汉语能力标准的终点应该定在近似母语者的水平上。

　　单位指量表中相邻两个刻度之间的距离，制定单位时我们要明确两个问题：单位的大小和性质。单位的大小与测量的精度有关，单位大则量表内的等级数目就比较少，测量的结果就相对粗一些；单位小则测量的精细程度就高，但同时带来的问题是等级划分时决策错误的几率也会增加。制定量表的单位要根据测量的对象、测量误差以及实际需要来综合考虑，能力量表是根据能力水平对学习者群体的等级划分，因而单位宜粗不宜细。单位的性质主要指单位是否等距，在 CEF 的制定过程中，研究者用垂直等值的方式试图建立等距量表（North，B.，2000），但效果并不理想。我们认为，能力等级量表要做到等距是比较困难的，但等级间要有一定的跨度，使得相邻的两个等级之间具有一定的能力真空带，也就是说学习者若要从一个等级上升为另一个等级，需要一定的学习过程。

(二)语言交际能力的定义与描写

制定标准首先需要定义语言交际能力并明确其描写方式。语言交际能力以策略能力为枢纽，由语法能力、篇章能力、以言行事能力、社会语言学能力诸方面组成。语法能力包括涉及语言规则（usage）的那些能力，这些能力决定了学习者在要表达特定意思的时候，对词汇、句式进行选择，并用语音或文字等物理形式使其实现。篇章能力指的是按照语言应用的惯例把句子等语言片段组成成段话语的能力，这包括连贯、照应和修辞能力。以言行事能力包括言语行动和社会功能两个要素。社会语言学能力是指对语言发生的社会文化环境的敏感程度和驾驭能力（Bachman，1990；Bachman&Palmer，1996）。

在语言运用过程中，听、说、读、写四项技能既有联系又有区别。我们最近的研究表明，听、说、读、写四项技能呈现相对独立和分散的趋势，并且这一趋势在初级水平学习者和高级水平学习者中都有体现（周聪，2010；原鑫，2011）。因而我们认为对学习者语言能力的描述应从听、说、读、写四个方面分别进行。在每一种技能中，我们都从三个层面进行描述，第一个层面是能力概说，以概括的语言对每一水平等级进行描述，描述的主要任务是找出每一水平等级的区别性特征。第二个层面是"能做"描述，通过语言任务的形式对不同水平等级的学习者能够做什么进行详细描述。能做描述也要从不同的子能力维度展开，以典型的作业任务为描述的依据，而非随意描述。第三个层面是量化指标，主要从字、词掌握数量，阅读和听力的速度等方面来区分不同水平的学习者。

(三)汉语能力标准与 CEF 的兼容性

自从欧洲语言共同参考框架（CEF）问世后，欧洲以及美国的许多测验和教学机构都以此为纲，汉语教学要在全球顺利地开展起来，很重要的一条件就是要与 CEF 挂钩。因而制定汉语能力标准的重要原则之一就是要与欧洲语言共同参考框架兼容，这一点我们过去不够重视，《标准和大纲》以及《国际汉语能力标准》都未能与之兼容，因而在推广上就受到了制约。与 CEF 兼容包括等级数目、等级标准和内容维度等方面的一致性和可比性。也就是说，两个能力量表之间要具备一定的换算关系。

(四)制定汉语能力标准的方法与步骤

从方法上讲，标准的制定要突破只定性不定量的模式，《汉语水平等级标准和等级大纲》与《国际汉语能力标准》都是建立在定性基础上的，没有定量研究的支撑，这就面临着量表的刻度不够精确的问题。我们希望通过定性与定量相结合的方式来构建汉语作为第二语言的能力标准基本框架，该框架包括三个方面：语言水平等级描述、水平测验和大纲。语言水平等级描述为标准的主体部分，水平测验为与等级描述配套的测量工具，大纲包括语法和字词参考大纲。具体的方法与步骤如下：

1. 商定语言能力的结构及其参数体系

通过文献梳理和专家访谈，首先搭建起关于语言能力的结构框架，这一框架反映了标准中关于能力维度及其描述的参数体系。根据听、说、读、写四项技能在模式和渠道上的不同，我们分别讨论了每一种技能所涉及的子能力及其描述参数。

2. 建立描述语指标库

能力标准中对能力的划分和界定主要依靠各种描述语来完成，因此建立描述语指标库是一项必要的工作。建立描述语指标库有不同的方法，比如向专家征集对学习者语言能力的评述语，根据确定的语言能力结构及其参数体系来编写描述语，等等。我们采用的方法是收集国内外已有的语言能力量表和大纲，把其中的描述语挑选出来，然后根据确定的语言能力维度和参数体系将合适的描述语放进去，最后再进行描述语的修订。挑选和修订描述语要遵循几个基本原则：

(1)描述语的单维性，即，除总说部分外，每条描述语只描述一个参数或一项能力；

(2)描述语的排他性，即，任意一条描述语中都不含有其他描述语所描述的内容，描述语之间不重复；

(3)描述语都采用正向描述的方式，不使用否定词语；

(4)尽量避免大量使用程度词来修饰描述语，如比较准确等；

(5)描述语在表达上做到准确、简洁。

3. 划分水平等级，完善描述语指标库

这项工作的重点是确定水平等级的数目，并找出具有区别性特征的描述语作为等级划分的界限，然后把描述语归入各个等级中。这样，我们就搭建起了具有横向的能力维度和纵向的等级维度的双维度描述语指标库，为下一步的研究奠定了基础。为实现与CEF兼容，等级的数目定为三等六级，分别为初级低、初级高、中级低、中级高、高级低和高级高。

4. 讨论和修改描述语指标库

请专家商讨描述语指标库的内容，对描述语的等级归类和语言表述进行逐条审核，提出删改意见。

5. 编制与标准配套的能力测验

根据科学抽样确定标准中各个等级的代表样本，编制探索性和研究性的语言测验对不同水平等级的学习者样本进行测验，运用测验法评估和分析各个语言水平等级的学习者的特点，并在测验的基础上，制定各个语言水平等级的常模。研发和实施与标准配套的水平测验是汉语能力标准的特色之一，使用测验的方法来了解和掌握汉语学习者的学习状况能够使我们更加全面和理性地评估汉语教学的实际情况，使能力标准更具实用性。

6. 编制与标准配套的语法、字词大纲

学习者所掌握的语法知识、汉字和词汇是界定其能力水平的重要指标，也是汉语教学、学习和测试的重要参考依据。ACTFL 大纲和欧洲共同参考框架都不包含这些大纲，主要的原因是研发者认为以词汇量来界定水平等级不够准确。我们不反对上述观点，但我们认为，在汉语学习中，字、词和语法是语言知识的基本构成要素，汉语能力标准中应该包含这方面的内容，以更好地发挥对教学、学习和测试的指导作用。

7. 对描述语指标库进行定量层面的分析与研究

通过大规模的教师和学生问卷调查，对描述语指标库的等级划分和水平描述进行定量研究，以获取关于描述语能力维度归类和等级归类方面的实证研究数据。实证研究也是对能力量表效度的检验，我们可以根据实证研究的结果进一步修改描述语指标库。

六、汉语能力标准中关于口语能力量表的设计

在我们所研发的汉语能力标准中，口语能力标准（量表）是其中非常重要的组成部分，它由四个部分组成，即能力概说、语言活动（任务）、交际策略和语言表现。能力概说是对每个等级的口语水平的总体描述，它要说明的是该等级的总体口语表达水平。语言活动（任务）是以口语交际任务为线索来对能力水平进行描述。我们首先把任务分为互动型和独白型两种，互动型是以听—说互动的形式出现的语言活动，独白型是以说话人对听众讲话的形式出现的语言活动，这两类语言活动是口语活动的主要表现形式。在互动型任务中，我们又区分了不同的情景，比如正式场合的交谈、非正式场合的交谈以及以电话为媒介的交谈等。在独白

型任务中，我们也区分了叙述与描述、议论与辩论以及当众讲话等不同的表达形式。交际策略是口语表达中特殊的能力形式，也是非常重要的因素，我们这里所说的交际策略不仅是指语言交际中的补偿性手段，更多的是指语言使用的元认知策略。这与 Bachmann（1990）关于语言能力的 CLA 模型中所提到的交际策略指的是同一个东西。举个例子来说，在高级水平量表中，我们放入了这样一条交际策略的描述语："交谈中能自然地接过话轮，甚至旁敲侧击。"这样的交际策略的使用不仅不是学习者能力不足的表现，相反说明他（她）达到了近似母语者的语言水平。语言表现是从话语的广度、深度、得体性、连贯性和流利度等方面来对语言能力进行描述，这是评价学习者口语水平的最直观的方面。

七、几种主要的口语能力等级量表

口语交际是语言交际活动中最重要的组成部分之一，因此有关口语能力的标准也是语言能力标准中十分重要的一部分。下面我们介绍几种主要的口语能力等级量表。

（一）ACTFL 大纲中的口语能力量表

美国外语教学委员会制定的 ACTFL 大纲把口语能力等级分为 4 个大等级，10 个小级别，分别为初级（低、中、高）、中级（低、中、高）、高级（低、中、高）和专业级，并对每一级别都作了详细的描述和区分。ACTFL 大纲在外语教学界有着广泛的影响，一些口语考试就是以大纲为基础而开展起来的。

下表具体说明了大纲中关于口语能力的部分。

表 2-2　ACTFL 口语能力量表（1999 年修订版）

初级（概说）	能够对大多数日常生活情景下的简单问题做出回应。 在和那些经常与外国人交流的母语者交谈时，通过使用单个的词、短语、套语以及单词和短语个性化的重组，能够表达非常少的意思。 能够满足有限数量的迫切的需要。
初级一低	没有真正功能性的语言能力，不能够参与真实的对话交流。 因为发音问题，说出的话语往往难以理解。 在时间充足以及给予线索的情况下，也许能够打招呼，介绍自己，给出周围环境中大量熟悉物品的名字。
初级一中	通过使用大量单个的单词以及有限的固定化的短语，能够较为困难地表达出个人的少量意思。 当需要直接回答问题时，一般只能给出两到三个单词的回答，或者有的时候能够给出一个准备好的回答。 即使面对的是有和外国人交流经验的合作的母语者，说出的话语也较难被对方所理解。

续表

初级—高	能够在简单的社会情境下,成功地应对大量不复杂的交际任务。交谈局限在一些对于在目的语环境下生存所必需的可预测的话题上,比如基本的个人信息和事物,有限的活动和爱好以及迫切的需要等。 能够对简单、直接的问题做出回应,或者询问信息;只有在被要求提问的时候,才能够问少量的公式化的问题。 能够表达个人的观点,但是这需要严重依赖学过的短语或者是这些短语的重组,或者直接套用从交谈对方那里听来的话。 表达主要是使用现在时态的一些简单、不完整的句子,常常是犹豫和不准确的,话语内容经常只是学过的材料和固定短语的扩展。 虽然会给交谈对方带来经常性的误解,但是通过重复和改述等方式,在一般情况下能够被熟悉外国人口音的较合作的交谈者所理解。
中级(概说)	能够参与简单、直接的谈话,话题多与日常活动和个人环境有关,具有可预测性。 能够通过问答的形式获得和给出信息。 能够开始、维持和结束大量基本、简单的交谈活动。 能够将单个的句子和句群中的语言要素相结合,从而创造性地使用语言,并且向对方表达自己的意思。 在目的语环境下,语言水平能够满足简单的个人和社会需求。
中级—低	在面对简单的社会情境时,通过创造性地使用语言,能够成功地处理有限数目的不复杂的交际任务。交谈局限在一些具体的、可预测的,以及对于在目的语文化环境下生存所必需的话题中。这些话题都与基本个人信息相关,例如自我、家庭、日常活动、个人兴趣爱好,以及一些迫切的需要,比如订餐、简单选购等。 一般是被动回答问题或者寻求信息,但是也能够问一些恰当的问题。 能够把所知道的和从对方那里听到的语言结合成较短的话,表达自己的观点。 口语表达有着经常性的停顿、无效的生成和自我纠正,发音、词汇和句法受到母语很大的影响。 虽然经常会让对方产生误解,需要重复和改述,但一般来说,能够被经常和外国人交流的谈话对方所理解。
中级—中	能够成功地处理简单社会情境下大量不复杂的交际任务。交谈一般局限于那些可以预测的、具体的,对于在目的语环境下生存所必需的信息交换,话题包括个人、家庭、日常的活动、个人的兴趣爱好,以及个人和社会的需要,比如食物、购物、旅行和住宿等。 回应往往是被动的,比如回答问题、询问信息等。然而,当需要获得一些满足迫切需要的简单信息,比如请求指引方向、询问价格、寻求服务等,也能够主动询问大量的问题。 能够创造性地使用语言来表达个人的想法,有时也能将已有的元素和语言输入相结合,说出一些有意义的句子和句群。当找寻合适的单词和语言形式进行表达时,在口语表达上也许会出现停顿、重组、自我纠正等现象。 因为在单词、发音、语法或句法上表达不准确,可能会造成交谈对方的误解,但在一般情况下,能够被有和外国人打交道经验的母语者所理解。

中级—高	能够成功地处理许多不太复杂的任务，这样的任务只需要一些基本信息的交换，如工作、学校、娱乐、兴趣爱好、个人特长等，然而会出现明显的犹豫和错误。 能够使用连接的、段落长度的篇章，比较连贯地进行涉及主要时态的叙述和描写。然而，在高级水平任务上的表现会出现一个或者更多的表达失败的特征，比如不能在语义层面或者句法层面上使用合适的时态维持叙述或者描写，不能将单独的句子连接成篇章，误用一些衔接手段，使用的单词长度较短，形式不恰当，不能通过迂回的方式进行成功的表达，或者有太多的犹豫。 在表达时，虽然母语特征(使用语码转换、假同源词、进行字面意义上的翻译)仍然很明显，但能够被不常和外国人打交道的母语者所理解，不过有时可能会出现交际上的鸿沟。
高级(概说)	能积极参与大多数非正式环境和一些正式环境的交谈，能具体谈论个人和公众感兴趣的话题。 在用主要的时态(过去时、现在时、将来时)进行叙述和描写时，对动词的体有着很好的把握。 能运用各种交际手段有效应对未曾预期的复杂情况。 能使用连接的语段和主旨句维持交际，且准确性较好。 语言水平能够满足日常工作和学校情境下的要求。
高级—低	能够处理大量交际任务，虽然有的时候会有障碍。 积极参与大多数非正式场合的交谈以及有限的正式场合的交谈，话题包括学校、家庭、课余活动等。 对于与工作、时事、公众、个人感兴趣或者与个人相关的话题，具有段落水平的描写和叙述的口语能力，在所有主要时态(包括过去时、现在时和将来时)的掌握上没有问题，但是对于动词的体的掌握有的时候会有所欠缺。面对不是特别熟悉的日常情境和交际任务时，能够恰当地处理一些复杂和未曾预期的事件的发生所带来的在语言上的挑战，但是有的时候，话语不能够达到该水平要求的长度，并且在表达时有些紧张，并使用重述、迂回等交际策略。 在记叙和描述时，能够把句子连接成段落水平的篇章。当对表达的要求更加详细时，往往会语塞，话语的长度会变短，一般不会超过一段。表达中仍然会大量使用一些假同源词，进行字面意义的翻译，或者出现带有母语特征的口语表达段落形式。 能够恰当、准确、清楚地表达观点，不会给对方带来困惑和误解。 通过在必要情况下的重复，可以让那些不常和外国人打交道的母语者也能够理解。

续表

高级一中	能够自如、自信地处理大量的交际任务。能够积极参与大量非正式和一些正式的交谈，话题多涉及一些较具体的领域，比如工作、学校、家庭、课余活动、社会和公共话题，以及个人感兴趣或者与个人相关的话题。 能够运用所有主要的时态（过去时、现在时、将来时）进行详尽地叙述和描写，对动词的体能够做到很好的把握，也能灵活地适应交际的需要。能够将叙述和描写相结合，把相关和支持性的事实结合成相互联系的、段落长度的篇章。 在面对不太熟悉的日常情境或交际任务时，对于一些复杂或未曾预期的事件，能够成功且轻松地加以应对。 除了在某些特殊领域之外，一般具有较大的单词量。 虽然口语表达仍然带有母语语言结构特征的痕迹，但是这种痕迹已经渐渐在消退了。 能够恰当、准确、清楚地进行大量具体和熟悉话题的交谈，而且在表达自己的观点时不会给对方带来困惑和误解。即使是那些不经常和外国人打交道的母语者都能够理解他们的话语。
高级一高	能够自信和自如地应对所有高级水平的任务。能够一直描述细节，对于所有的时态都能进行充分和准确的叙述。 能够给出结构清晰的论据去支持观点，也能够构造假设，但是会出现句型上的错误。 能够讨论一些抽象的话题，特别是那些他们感兴趣的以及与专业领域相关的。但是总体来说，还是在谈论具体话题时表现得更加放松自如。 能够表现出各方面均衡发展的语言能力，通过使用一些交际策略，如重述、迂回、举例等来弥补对一些语言形式在掌握上的缺陷和单词量的限制等问题。 能够使用准确的单词和语调流畅地表达意义。
专业级（概说）	在正式/非正式的环境中，对于日常实用性话题或者专业性/学术性话题，都能够充分并且有效地参与口语交谈。 能够清楚地解释和证明某一观点，并且能够对话题进行有效的扩展和延伸。 能够具体和概括地讨论某一话题。 能面对较陌生的语言环境。 在交谈过程中，能一直保持较好的语言准确性。 语言水平能够满足专业和学术上的要求。
专业级	在正式和非正式的环境中，能够从具体或者概括的角度，流利并且准确地对各类话题进行充分和有效的交谈。可以轻松自如地谈论兴趣、特长，解释复杂的事情，进行较长和连贯的叙述。 能够讨论重要话题，比如表达对社会事件、政治事件的观点，并且能够给出结构清晰的论据来支持自己的观点。能够构建和扩展猜想去探索其他的可能。在详述概要时，能够对话题进行延伸来表明自己的观点，不会出现明显的、较长的犹豫。 掌握大量互动性策略和篇章性策略，比如话轮转换，比如通过寻找句法和词汇上的线索，将文章的主旨信息与支持性信息分离开来，比如语音语调上的强音、重音、声调等策略。 在使用基本句型的过程中，几乎不会出现句式上的错误。但是，在遇到正式的演讲和写作中经常出现的使用频率很低的句型，以及句式复杂的高频率句型时，偶尔也会犯错。但是，这样的错误并不会引起母语交谈者的注意，也不会影响交际。

　　ACTFL 量表使用"能做"的形式描述不同水平学习者在现实生活中的语言表现，但是描述得尚不够细致，对学习者在不同情境中的口语表现没有做出进一步的详细描述。在"能做"描述方面做得比较好的是欧洲语言共同参考框架(CEF)。

(二)欧洲语言共同参考框架(CEF)口语能力量表

　　CEF 口语能力量表把口语水平分为 6 个等级，从高到低分别为 C2、C1、B2、B1、A2、A1。每个等级都从广度、准确度、自如度、互动性和连贯性 5 个角度出发来进行描述，详见下表：

表 2-3　CEF 口语能力量表

	广度	准确度	自如度	互动性	连贯性
C2	能非常灵活地运用不同的语言形式重述自己的思想，能准确表达细微区别，强调重点，会消除疑义。能熟练掌握各种惯用语和通俗表达法。	在复杂的语境中，始终保持相当程度的语法准确性，即使注意力分散，比如正在打腹稿，或者在观察他人的反应。	能自然、自如地发表长时间的演讲，知道规避表达难点，或者会灵活补救，以致不为对话者所察觉。	能比较轻松地发现和利用非语言提示与对话人进行自然、灵活的互动交流。交谈中，能完全自如地遵守话轮，会旁征博引、旁敲侧击。	能发表语言考究的连贯讲话，遣词造句丰富多样、完整得体，善用很多关联词语和其他衔接词。
C1	熟练掌握各种篇章讲话，懂得从中选择清楚而得体的表达方式，谈论各种一般性话题，如教育、职业、休闲等。思想表达不受语言的限制。	能经常保持相当程度的语法准确度。口误少而不易发现，并且通常能自行纠正。	能自如流畅地表述，基本不费力，除非是遇到比较概念性的话题，可能对连贯流畅的表达造成障碍。	会用常见的话语功能词，恰如其分地开篇讲话、要求发言，维持话语权和争取时间。	讲话条理清晰、语言流畅、结构完整，显示出相当的语言表达和对上下关联词语的掌控能力。
B2+					
B2	语言知识广泛，足以使自己的表述清楚明确，能发表并阐述自己的观点，几乎不需要费心遣词造句。	熟练掌握语法，所犯口误不会引起误解，并且通常能自行纠错。	能用比较正常的语速较长时间地发言。虽然在选择表达法和句型时略有迟疑，但停顿很短。	能在必要时抓住时机，主动发言，并能适时结束讲话，尽管结语可能不优美。善于推动讨论在自己熟悉的领域延续，比如会示意自己已经理解，会邀请他人继续发言等。	会运用数量不多的衔接词连接句子，使发言清晰连贯，但长篇讲话时，可能有"短路"的现象。
B1+					

续表

	广度	准确度	自如度	互动性	连贯性
B1	掌握足够的语言手段和词汇量，能谈论家庭、休闲、兴趣爱好、工作、旅游和时事等话题，但表达时有迟疑或者迂回。	在一些可预知的交际场景中，能比较准确地运用句型和常用的平常"套路"进行交际。	讲话能理解，但较长时间自由发言时，因寻找措辞和纠错出现的停顿非常明显。	能就熟悉的话题和个人感兴趣的话题主动进行面对面的简单交谈，并知道如何继续和结束谈话。能重复别人讲过的相关内容，以此来确认相互的理解。	能将一系列简短和独立的词语串成连贯的线性要点。
A2+					
A2	能在简单的日常和现实情境中运用现成的基本句型，背诵的表达法、词组和固定短语等进行有限的信息沟通。	能正确运用简单的语句，基础性错误不断。	简短讲话时能理解，但有明显的重复、停顿和开口说话错误。	能回答问题，并回应简单的叙述。只能表明自己在努力跟着对话人，很难做到全部理解，更无法主导谈话。	能用"和""但是""因为"等简单连词衔接词组。
A1	拥有涉及特定具体场合的系列简单词汇和表达法。	能有限掌握记忆范围内的简单句法结构和语法形态。	能用简短、孤立，并且多数是刻板的表述应对交际，但说话经常停顿，因为需要寻找措辞、拼读不熟悉的单词和补救交流障碍。	能回答问题，并就个人详细情况提问。能进行简单的交流，但完全有赖于重复、慢语速、重述和纠错。	能用"和""但是""因为"等非常基础的连词衔接字词和词组。

上面的表格呈现的是分项描述的口语能力，关注的是语言能力的构想。除此之外，CEF 口语量表的特点是以现实生活中的不同情境为背景来描述语言行为，这种描述方式是以交际任务为核心的，描述的方式是总体的而非分项的。情境共分为总体口语表达能力、描述个人经历、论证、公告、对听众讲话五个方面。

表 2-4　总体表达能力

总体口头表达能力	
C2	能发表组织严密、语言明晰、流畅的讲话，其结构富有逻辑，能有效帮助听众抓住重点并记住它们。
C1	能讲述或描述复杂的主题，论点论据主次分明，结论合理。
B2	能条理清晰地进行介绍或描述，重点突出，也不遗漏有关细节。
	能对自己兴趣内相当广泛的主题进行详细的描述和介绍，并辅以论据和适当的例子发挥和阐释自己的观点。
B1	能比较自如地对自己专业领域的各种主题进行直接、简明扼要和线形的描述。
A2	能用简短的词组或不连贯的句子简单地描述或介绍人、生活条件、日常活动、个人好恶等。
A1	能就人和物说出简单的、孤立的词句。

表 2-5　描述性任务

描述与叙述	
C2	能进行明确、流利、结构严谨的描述，常常让人听后不忘。
C1	能对复杂的主题进行明白、详细的描述。 能讲述或描述复杂的主题，论点论据主次分明，结论合理。
B2	能对与自己兴趣领域相关联的广泛主题进行明白、详细的描述
B1	能对自己兴趣内各种熟悉的主题进行直接、简单的描述。 能比较流利地进行简单的线形叙述或描述。 能详细讲述自己的经历，并描述自己的感受和反应。 能讲述一本书或一部电影的故事情节并描述自己的反应。 能描述梦想、希望或雄心壮志。 能描述真实的或想象的事件。 会讲故事。

描述与叙述	
A2	能讲故事或用简单的几点描述事物。 能描述自己日常生活环境的方方面面，如人、地点、职业或学习经历。 能对一次事件或一项活动做简短、基本的描述。 能描述自己的计划及其准备工作；讲述自己的习惯和日常事务，以及过去的活动和各种个人经历。 能用简单的语言简短地描述并对比属于自己的物品。 能解释喜欢或不喜欢一件东西的原因。
	能描述自己的家庭、生活条件、学历以及目前或最近的工作。 能用简单的词语描述人、地点和事物。
A1	能自我描述，描述自己做的事情和自己的住所。

表 2-6　议论性任务

论证与辩论	
C2	暂无具体标准。
C1	暂无具体标准。
B2	论述有条理，重点突出并且切题。 论述清楚，能辅以论据和恰当的例子扩展并印证自己的观点。 能把论据逻辑地组织起来。 能就一个问题提出自己的观点，并说明不同选择的利弊。
B1	能较好地进行论述，大多数情况下，他人理解起来没有困难。 能就观点、计划、行动等事项作出简单的说明和解释。
A2	暂无具体标准。
A1	暂无具体标准。

表 2-7　公告

公告与通告	
C2	暂无具体标准。
C1	能相当轻松自如地发布公告，并能借助重音和语调传达细微的语义差别。
B2	能就大多数一般性主题进行通告，有一定清晰度、自如度和即兴发挥，不会让听众感到紧张和不适。
B1	能就自己领域的日常主题做有准备的通告，哪怕带有外国人的口音和语调，但不会妨碍他人正确理解。
A2	能就已知和可预见的内容做有准备的简短通告，专注的听众能听懂。
A1	暂无具体标准。

表 2-8　讲话

	对听众讲话
C2	能讲述复杂的主题，构思严谨； 面对不熟悉的听众讲话充满自信； 能灵活组织和调整讲话内容，以适应现场听众的需要。 能应对高难度的甚至是敌意的发问。
C1	能就复杂的主题做连贯陈述，条理清楚、结构严谨，并能借助其他观点和恰当的例证比较深入地阐述和论证自己的主旨看法。 能得体地应对反对意见，能想到轻松地即兴应答。
B2	能清楚、有条理地进行连贯叙述，重点突出，并且切题。 能根据听众提出的有趣观点即兴脱稿发言，并且谈吐常常表现出相当的自如和流畅。 能做连贯叙述，内容清楚、准备充分，能提出支持或反对某个观点的理由，能说明不同选择的利弊。 能在做完口头报告后应对听众的连串发问，表达自如，有即兴发挥，不会让听众或自己感到紧张和不适。
B1	能就自己领域的常见主题做简单、直接、事先准备好的发言，大部分情况下发言清晰，听众理解没有困难，对发言的重点能进行比较准确的解释。 能应对发言后的提问，但如果语速太快，可能会要求提问者重复问题。
A2	能就与自己日常生活相关的主题准备后进行简短发言，能对自己的观点、计划和行为做简短的阐述和解释。 可以应对数目有限、内容简单而直接的问题。 能就自己熟悉的主题做简短、初步和重复性的发言。 发言后能应答一些简单而直接的提问，但必须请提问者重复，还必须有人帮助应答。
A1	能说非常简短的重复性书面文字，比如介绍报告人、提议碰杯等。

（三）托业考试(Test of International English Communication，TOIEC)的"听-说"能力标准

托业考试是美国教育测验服务中心（ETS）开发的一项商业外语考试，主要面向工商界人士。该考试分听、说、读、写四个部分，每个部分的分数都有 5 个等级，其中 0～100 分为一级，100～230 分为二级，230～350 分为三级，355～425 分为四级，430～495 分为五级。每一个等级都采用"能做"和"不能做"的形式描述语言能力，是比较早采用这种方式的能力标准。我们来看一下"听-说"部分的描述。

表 2-9 托业考试"听—说"部分描述

一级:(听力 5~100 分)

	听	说	互动
能			
较困难地	能听懂日常生活中简单的问题。如:"最近好吗?""你住哪儿?""你感觉怎么样?" 能听懂售货员报出的商品价格。 能听懂简单明确的方位指示。		
不能	能听懂关于怎样开展一项日常工作的说明。 听懂同事就工作中简单问题的讨论。 能听懂火车站的列车时刻广播,知道要乘坐的列车是否到站、何时离站。 能听懂广播中的头条新闻。 能在电话中听懂客户就公司主要产品或业务提出的要求。 能听懂人们在电话中介绍自己的姓名。 能听懂自己喜欢的体育比赛的现场解说。如足球、棒球。 能听懂广播中关于道路暂时关闭的原因说明。 能听懂别人用缓慢语速清晰地介绍自己的兴趣、爱好和周末计划。 能听懂关于会议时间、地点的说明。 能听懂一群人用汉语对时事进行的讨论。 能听懂一家餐厅比另一家餐厅好的原因说明。	能在日常生活中介绍自己,并且能使用恰当的问候语和告别语。 能陈述简单的个人信息。如出生地、家庭成员。 描述看过的电影或电视节目的情节。 能具体描述一个朋友,包括他/她的外表和性格特征。 能具体描述自己的学术背景和现在的工作职责。 能在餐厅点餐。 能就大家广泛关注的话题进行讨论,如时事、天气。 能描述自己一天的作息。如何时起床、何时吃午饭。 能谈论将来的职业目标和规划,如明年打算做什么。 能告诉同事怎样开展一项日常工作。 能通过电话更改预约好的飞机航班。 能告诉同事最近发生在自己身上的趣事。 能调整自己的说话方式,以便吸引/抓住不同听众的注意力,如同事、朋友、孩子。 能指示别人怎样到自己家。 能就一个有趣的话题给出事先有准备的半小时的正式演说。	能向新雇员解释成文的公司章程。 能和一名同事探讨完成一项工作的最佳方案。 能看医生并说明病症。 能与房产经纪人讨论自己想要的房型。 能与说汉语的人讨论国际时事。 能与老板讨论提高客户服务和产品质量的方法。 能对想进入自己专业领域工作的求职者进行面试。 能在邮局、银行、药店进行简单的交易。 能打电话向餐厅预订三人餐桌。 能通过电话传送或接收消息。 能向售货员说明自己需要具有何种特性的摄像机。 能向修理工说明被修理物的问题所在。 能通过电话索取信息。如,向旅行社核对航班时刻。 能向一个班的小学生说明自己的谋生之道。 能给百货公司打电话,问明某种商品是否有存货。

二级（听力 100～230 分）

	听	说	互动
能			
较困难地	能听懂日常生活中简单的问题。如："最近好吗？""你住哪儿？""你感觉怎么样？" 能听懂售货员报出的商品价格。 能听懂简单明确的方位指示。 能听懂人们在电话中介绍自己的姓名。 能听懂关于会议时间、地点的说明。	能在日常生活中介绍自己，并且能使用恰当的问候语和告别语。 能陈述简单的个人信息。如出生地、家庭成员。 能在餐厅点餐。 能描述自己一天的作息。如何时起床、何时吃午饭。	
不能	能听懂关于怎样开展一项日常工作的说明。 听懂同事就工作中简单问题的讨论。 能听懂火车站的列车时刻广播，知道要乘坐的列车是否到站、何时离站。 能听懂广播中的头条新闻。 能在电话中听懂客户就公司主要产品或业务提出的要求。 能听懂自己喜欢的体育比赛的现场解说。如足球、棒球。 能听懂广播中关于道路暂时关闭的原因说明。 能听懂别人用缓慢语速清晰地介绍自己的兴趣、爱好和周末计划。 能听懂一群人用汉语对时事进行的讨论。 能听懂一家餐厅比另一家餐厅好的原因说明。	描述看过的电影或电视节目的情节。 能具体描述一个朋友，包括他/她的外表和性格特征。 能具体描述自己的学术背景和现在的工作职责。 能就大家广泛关注的话题进行讨论。如时事、天气。 能谈论将来的职业目标和规划。如明年打算做什么。 能告诉同事怎样开展一项日常工作。 能通过电话更改预约好的飞机航班。 能告诉同事最近发生在自己身上的趣事。 能调整自己的说话方式，以便吸引/抓住不同听众的注意力。如同事、朋友、孩子。 能指示别人怎样到自己家。 能就一个有趣的话题给出事先有准备的半小时的正式演说。	能向新雇员解释成文的公司章程。 能和一名同事探讨完成一项工作的最佳方案。 能看医生并说明病症。 能与房产经纪人讨论自己想要的房型。 能与说汉语的人讨论国际时事。 能与老板讨论提高客户服务和产品质量的方法。 能对想进入自己专业领域工作的求职者进行面试。 能在邮局、银行、药店进行简单的交易。 能打电话向餐厅预订三人餐桌。 能通过电话传送或接收消息。 能向售货员说明自己需要具有何种特性的摄像机。 能向修理工说明被修理物的问题所在。 能通过电话索取信息。如向旅行社核对航班时刻。 能向一个班的小学生说明自己的谋生之道。 能给百货公司打电话，问明某种商品是否有存货。

三级（听力 230～350 分）

	听	说	互动
能			
较困难地	能听懂日常生活中简单的问题。如："最近好吗?""你住哪儿?""你感觉怎么样?" 能听懂售货员报出的商品价格。 能听懂简单明确的方位指示。 能听懂关于怎样开展一项日常工作的说明。 听懂同事就工作中简单问题的讨论。 能听懂火车站的列车时刻广播，知道要乘坐的列车是否到站、何时离站。 能听懂广播中的头条新闻。 能听懂人们在电话中介绍自己的姓名。 能听懂别人用缓慢语速清晰地介绍自己的兴趣、爱好和周末计划。 能听懂关于会议时间、地点的说明。 能听懂一家餐厅比另一家餐厅好的原因说明。	能在日常生活中介绍自己，并且能使用恰当的问候语和告别语。 能陈述简单的个人信息。如出生地、家庭成员。 能在餐厅点餐。 能就大家广泛关注的话题进行讨论，如时事、天气。 能描述自己一天的作息。如何时起床、何时吃午饭。 描述看过的电影或电视节目的情节。 能谈论将来的职业目标和规划。如明年打算做什么。 能通过电话更改预约好的飞机航班。 能指示别人怎样到自己家。 能具体描述一个朋友，包括他/她的外表和性格特征。 能具体描述自己的学术背景和现在的工作职责。 能告诉同事怎样开展一项日常工作。 能告诉同事最近发生在自己身上的趣事。	能在邮局、银行、药店进行简单的交易。 能打电话向餐厅预订三人餐桌。 能通过电话传送或接收消息。 能向售货员说明自己需要具有何种特性的摄像机。 能向修理工说明被修理物的问题所在。 能通过电话索取信息。如向旅行社核对航班时刻。 能向一个班的小学生说明自己的谋生之道。 能给百货公司打电话，问明某种商品是否有存货。

续表

	听	说	互动
不能	能在电话中听懂客户就公司主要产品或业务提出的要求。 能听懂自己喜欢的体育比赛的现场解说。如足球、棒球。 能听懂广播中关于道路暂时关闭的原因说明。 能听懂一群人用汉语对时事进行的讨论。	能就一个有趣的话题给出事先有准备的半小时的正式演说。 能调整自己的说话方式，以便吸引/抓住不同听众的注意力。如同事、朋友、孩子。	能向新雇员解释成文的公司章程。 能和一名同事探讨完成一项工作的最佳方案。 能看医生并说明病症。 能与房产经纪人讨论自己想要的房型。 能与说汉语的人讨论国际时事。 能与老板讨论提高客户服务和产品质量的方法。 能对想进入自己专业领域工作的求职者进行面试。

四级（听力 355～425 分）

	听	说	互动
能	能听懂日常生活中简单的问题。如："最近好吗？""你住哪儿？""你感觉怎么样？" 能听懂售货员报出的商品价格。 能听懂简单明确的方位指示。	能描述自己一天的作息。如何时起床、何时吃午饭。	

续表

	听	说	互动
较困难地	能听懂关于怎样开展一项日常工作的说明。听懂同事就工作中简单问题的讨论。能听懂火车站的列车时刻广播，知道要乘坐的列车是否到站、何时离站。能听懂广播中的头条新闻。能听懂人们在电话中介绍自己的姓名。能听懂别人用缓慢语速清晰地介绍自己的兴趣、爱好和周末计划。能听懂关于会议时间、地点的说明。能听懂一家餐厅比另一家餐厅好的原因说明。能在电话中听懂客户就公司主要产品或业务提出的要求。能听懂自己喜欢的体育比赛的现场解说。如足球、棒球。能听懂广播中关于道路暂时关闭的原因说明。能听懂一群人用汉语对时事进行的讨论。	能在日常生活中介绍自己，并且能使用恰当的问候语和告别语。能陈述简单的个人信息。如出生地、家庭成员。能在餐厅点餐。能就大家广泛关注的话题进行讨论。如时事、天气。描述看过的电影或电视节目的情节。能谈论将来的职业目标和规划。如明年打算做什么。能通过电话更改预约好的飞机航班。能指示别人怎样到自己家。能具体描述一个朋友，包括他/她的外表和性格特征。能具体描述自己的学术背景和现在的工作职责。能告诉同事怎样开展一项日常工作。能告诉同事最近发生在自己身上的趣事。能就一个有趣的话题给出事先有准备的半小时的正式演说。能调整自己的说话方式，以便吸引/抓住不同听众的注意力。如同事、朋友、孩子。	能在邮局、银行、药店进行简单的交易。能打电话向餐厅预订三人餐桌。能通过电话传送或接收消息。能向售货员说明自己需要具有何种特性的摄像机。能向修理工说明被修理物的问题所在。能通过电话索取信息。如向旅行社核对航班时刻。能向一个班的小学生说明自己的谋生之道。能给百货公司打电话，问明某种商品是否有存货。能向新雇员解释成文的公司章程。能和一名同事探讨完成一项工作的最佳方案。能看医生并说明病症。能与房产经纪人讨论自己想要的房型。能与说汉语的人讨论国际时事。能与老板讨论提高客户服务和产品质量的方法。

续表

	听	说	互动
不能			能对想进入自己专业领域工作的求职者进行面试。

五级(听力 430～495 分)

	听	说	互动
能	能听懂日常生活中简单的问题。如:"最近好吗?""你住哪儿?""你感觉怎么样?" 能听懂售货员报出的商品价格。 能听懂简单明确的方位指示。 能听懂关于怎样开展一项日常工作的说明。 能听懂火车站的列车时刻广播,知道要乘坐的列车是否到站、何时离站。 能听懂别人用缓慢语速清晰地介绍自己的兴趣、爱好和周末计划。 能听懂关于会议时间、地点的说明。 能听懂一家餐厅比另一家餐厅好的原因说明。	能在日常生活中介绍自己,并且能使用恰当的问候语和告别语。 能在餐厅点餐。 能描述自己一天的作息。如何时起床、何时吃午饭。 能就大家广泛关注的话题进行讨论。如时事、天气。 能陈述简单的个人信息。如出生地、家庭成员。 能谈论将来的职业目标和规划。如明年打算做什么。 能通过电话更改预约好的航班。 能指示别人怎样到自己家。	能在邮局、银行、药店进行简单的交易。 能打电话向餐厅预订三人餐桌。 能通过电话传送或接收消息。

续表

听	说	互动
较困难地	听懂同事就工作中简单问题的讨论。 能听懂广播中的头条新闻。 能听懂人们在电话中介绍自己的姓名。 能在电话中听懂客户就公司主要产品或业务提出的要求。 能听懂自己喜欢的体育比赛的现场解说。如足球、棒球。 能听懂广播中关于道路暂时关闭的原因说明。 能听懂一群人用汉语对时事进行的讨论。	描述看过的电影或电视节目的情节。 能具体描述一个朋友，包括他/她的外表和性格特征。 能具体描述自己的学术背景和现在的工作职责。 能告诉同事怎样开展一项日常工作。 能告诉同事最近发生在自己身上的趣事。 能就一个有趣的话题给出事先有准备的半小时的正式演说。 能调整自己的说话方式，以便吸引/抓住不同听众的注意力。如同事、朋友、孩子。	能向售货员说明自己需要具有何种特性的摄像机。 能向修理工说明被修理物的问题所在。 能通过电话索取信息。如向旅行社核对航班时刻。 能向一个班的小学生说明自己的谋生之道。 能给百货公司打电话，问明某种商品是否有存货。 能向新雇员解释成文的公司章程。 能和一名同事探讨完成一项工作的最佳方案。 能看医生并说明病症。 能与房产经纪人讨论自己想要的房型。 能与说汉语的人讨论国际时事。 能与老板讨论提高客户服务和产品质量的方法。 能对想进入自己专业领域工作的求职者进行面试。

第三节　口语能力的实证研究

在第二语言口语测验的研究中，对口语能力结构的研究十分欠缺，对于汉语作为第二语言的口语能力结构问题更是鲜有人问津。多数口语测验是建立在某个语言能力等级量表之上的，也就是说，测验的编制依据的是量表中对于各个等级语言水平的描述。这样的方法虽然可以使我们对不同语言水平的考生的语言表现作出区分，但缺乏对口语能力结构的理论分析。

本节是一项完整的口语能力结构的实证性研究，研究对象为汉语初学者。第二语言学习者的人数分布是呈金字塔形的，初学者位于塔的底部，是人数最多的一部分。在汉语逐步向国际推广的今天，初学者的人数会以更加迅猛的势态增长。由于汉语文字系统的特殊性，初学者的书面表达能力十分有限，而口语能力却能够有长足的发展，因此探讨初学者的口语能力的结构问题就显得更加有意义。

一、初学者口语能力的特点

二语学习者口语水平的发展过程经历了从词语或短语表达到句子表达再到语段表达的三个阶段。对于初学者而言，虽然没有或只有很短的沉默期，但多数学习者在一定时期会停留在套语期或结构语义简化期，即表达的形式以短语或句子为主。在结构语义简化期后，学习者开始过渡到语段表达的层次上，部分优秀学习者会在较短的时期具备一定的语段表达能力。因而可以认为初学者的口语特点是以短语和句子表达为主，并逐渐开始具备一定的语段表达能力。因此对初学者口语能力的考查也应该分别涉及这三种形式。

二、初学者第二语言口语能力测验的理论构想

根据前文对二语口语能力的理解和二语口语模型的总结，可以把二语口语能力定义为学习者在口头渠道运用语言的能力，同时操作性地定义为学习者在听—说模式下的口语表达能力和在独白模式下的口语表达能力。在此基础上根据口语发展的过程和初学者口语能力的特点提出初学者二语口语能力测验的理论模型，具体表示为：

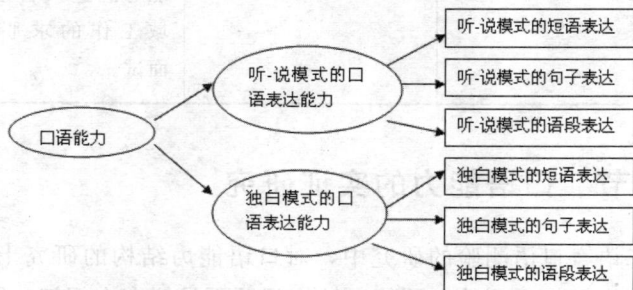

图 2-11　本研究的口语能力模型

该模型中，听—说模式和独白模式是口语运用发生的两种具体环

境，而短语、句子和语段三种表达形式可以理解为三种成分。初学者口语测验模型体现了两种口语表达环境与三种口语表达形式的相互作用。

三、被试

依据《汉语水平等级标准与语法等级大纲》中的有关描述，确定目标团体为接受正规现代汉语教育半年至一年的留学生，并把它作为研究对象。被试来自北京语言大学汉语进修学院一年级上和一年级下的留学生，共 275 人。其中预测样本 52 人，来自 13 个国家或地区，正式测试样本 223 人，来自 53 个国家或地区。样本的具体情况如下：

表 2-10　预测样本情况

	人数	男	女	平均年龄	国家或地区
一年级上	25	15	10	23.57	日本 4，印尼 4，俄罗斯 3，美国 3，韩国 3，加拿大 2，德国 2，泰国 2，法国 2
一年级下	27	16	11	25.34	韩国 5，印尼 5，日本 4，美国 3，菲律宾 3，瑞典 2，澳大利亚 2，法国 2，南非 1
总计	52	31	21	24.46	13 个国家

表 2-11　正式测试样本情况

	人数	男	女	平均年龄	国家或地区
一年级上	117	65	52	21.29	印尼 16、日本 13，韩国 10，美国 9，加拿大 5，哈萨克斯坦 5，法国 5，菲律宾 4，泰国 4，蒙古 4，斯里兰卡 4，英国 3，尼泊尔 3，俄罗斯 3，萨尔瓦多 2，西班牙 2，阿塞拜疆 2，智利 2，瑞士 2，瑞典 2，哥伦比亚 2，厄瓜多尔 2，乌兹别克斯坦 1，乌拉圭 1，尼日利亚 1，克罗地亚 1，印度 1，利比里亚 1，叙利亚 1，赞比亚 1，秘鲁 1，墨西哥 1，吉尔吉斯斯坦 1，中国台湾 1，巴拿马 1

续表

	人数	男	女	平均年龄	国家或地区
一年级下	106	59	47	21.59	印尼 16，日本 14，韩国 14，美国 6，泰国 5，菲律宾 4，朝鲜 4，德国 4，南非 3，西班牙 3，澳大利亚 2，法国 2，比利时 2，墨西哥 2，哈萨克斯坦 2，荷兰 2，意大利 2，爱尔兰 1，巴西 1，厄瓜多尔 1，秘鲁 1，瑞典 1，白俄罗斯 1，乌克兰 1，匈牙利 1，俄罗斯 1，吉尔吉斯斯坦 1，新西兰 1，中国台湾 1，加拿大 1，巴拿马 1，加蓬 1，苏丹 1，越南 1，希腊 1，以色列 1
总计	223	124	99	21.44	53 个国家或地区

四、研究工具

(一)汉语初学者口语测验的编制

1. 测验任务类型的选取

测验任务类型的选择要能体现测验构想。根据本研究的口语能力模型，我们要选取听说渠道的任务类型和独白渠道的任务类型，并且要分别考查词汇或短语表达、句子表达以及语段表达三个层面的能力。另外由于汉语文字表达系统的特殊性，我们认为口语能力测验不应涉及任何汉字认读能力。

为了选择出适合汉语初学者的测验题型，我们在 56 名初级汉语教师中对 16 种口语测验任务类型进行调查以最终确定研究的题型。问卷请教师对每种题型是否适合测量初级水平学生的口语能力作出评价，评价采用 5 级量表，不适合为 1，适合为 5。调查结果如下：

表 2-12 题型适合度评价结果

	题型	平均得分
1	朗读	3.44
2	问答	4.31
3	图片比较	4.13
4	重复句子	2.75
5	听后复述	4.31

续表

	题型	平均得分
6	读后复述	3.88
7	看图说话	4.25
8	口头翻译	3.06
9	改正句子	2.31
10	完成句子	2.81
11	句型转换	2.75
12	完成对话	3.63
13	口头报告	3.96
14	角色扮演	3.88
15	口头填表	3.81
16	说反义词	3.31

由于在5级量表中"4"为"认为比较适合考查初学者的口语能力"，因此我们以"4"作为划分标准。在16种题型中，有四种题型的平均得分大于4，这四种题型是问答、听后复述、看图说话和图片比较。其中，快速问答和听后复述属于听－说渠道的口语测验题型，图片比较和看图说话属于独白渠道的口语测验题型。另外，快速问答的回答可以是词或短语，也可以是比较完整的句子；图片比较也是如此；听后复述和看图说话则是语段表达，这也较好地体现了我们对口语能力的构想。

快速问答（A题型）具有较好的表面效度（face validity）[①]，操作时指导语简洁，考生易于理解。美国教育测验服务中心（ETS）在1995年以前一直在TSE中使用这种题型。

图片比较（B题型）经常用来测试初学者或是儿童的口语能力，剑桥少儿英语口语考试就包含此题型。该题型能够较好地诱导出学生的短语或句子的表达能力，由于不涉及任何文字内容，因而对汉语口语考试是比较合适的。

听后复述（C题型）是一种"组块"（Chunk）[②]过程。语言水平高的人

① 表面效度指测验在表面上使被试直觉感到的有效性程度。如果一个测验使被试从表面上看来与测验的目的无关，被试就会对测验缺乏信任从而就会减弱他努力完成测验的动机和积极性，这样的测验就被认为缺乏表面效度。

② 组块是指把小单位联合成较大单位的信息加工。

能用短时记忆储存和重组所听到的信息(John L. D. Clark & Spencer S. Swinton，1979)。Underhill(1987)也提到，对于很短很简单的句子，重复只需要短时记忆和模仿性的回忆就足够了。但是对于较长的句子或者一个段落，学习者必须先处理他听到的东西并和内在语法相对比，然后储存信息，进行重组，再复述出来。因此这一题型比较能够考查学生的综合语言表达能力。在英语专业四级口语考试的研制过程中发现，三个部分中复述的难度最大，因而提出：(1)用于复述的材料一定要低于听力测试的难度；(2)允许听两遍；(3)如复述内容和原文略有出入不影响口试成绩。

看图说话(D题型)是一常用题型，它是依靠图片在非面试环境下诱导考生说出较长的一段话，这种题型具有较高的表面效度，能考查考生的综合表达能力。TSE考试中大部分的题型都以此作为引导方式。

2. 预测试题的编制

初学者口语能力测验要体现《汉语水平等级标准与语法等级大纲》对汉语初学者的能力要求。大纲对初级汉语水平的学生说的能力作出了四点要求：(1)可以初步满足基本的日常生活、社会交际和一定范围的学习需要；(2)说所涉及的语言范围为甲、乙两级词3051个以及甲、乙两级语法252项的90％以上；(3)在课堂上能够主动参与教学活动，能够就听过的，同课文内容相近的、长度为300～600字的语言材料，比较流利地复述，内容比较完整，语速接近正常；(4)所说的话有自己组合的句子，有一定的成段表达能力。因此在编制试题时，我们选用的词语和语法基本控制在甲、乙两级范围内，选取的话题是学生所熟悉的话题。在这样的原则下我们初步编制了试题。拟题之后，先请两位资深的初级汉语教师对题目提出意见和建议，然后请6位留学生试答了题目。

口语测验的影响因素除了题目本身之外，还包括准备时间和答题时间。在真实的语言交际活动中一问一答是即时的，一般没有充足的准备时间，因此我们设计的问答为快速问答，只有2秒钟准备时间，而其他三个题型都有比较充足的准备时间。根据专家意见和学生试答情况，我们确定了每个题型的答题时间。在答题时间的设计上我们把口语表达应该具有的基本流利度考虑进来了，也就是说考生如果没有最基本的流利性是不可能回答完题目的。这样预测卷的结构和内容就确定下来了。为了保证正式测验具有合适的题目数量和较高的题目质量，我们编制了比较充足的试题以备筛选。预测卷的结构框架如下表：

表 2-13 初学者口语能力测验预测卷结构框架

	题型	部分	准备时间	答题时间	题目数	刺激方式	反应方式
预测卷	快速问答	第一部分（A1）	2秒	5～8秒	20	听问句	口头回答问题
		第二部分（A2）		10～15秒	20		
	图片比较	第一部分（B1）	8秒	10秒	20	看图	说出两幅图的不同点
		第二部分（B2）		15秒	20		
	听后复述	第一题（C1）	30秒	90秒	1	听一段话语	把听到的内容复述出来
		第二题（C2）	30秒	90秒	1		
	看图说话	第一题（D1）	2分钟	90秒	1	看一组图片	根据一组图片说一段话
		第二题（D2）	1分钟	60秒	1		

实际上，整个测验包括 6 个分测验，即快速问答第一部分，快速问答第二部分，图片比较第一部分，图片比较第二部分，听后复述和看图说话。

3. 确定评分标准

Madsen(1983)针对初学者口语测验的评分作了客观化探讨，认为可以采用 0/1 的形式对包括问答、看图说话和复述等题型进行评分。Madsen 认为初学者的发音、语法等能力比较弱，所谓的中间状态不好评判，不适合采用分部评分(partial credit scoring)①。我们认为这样的评分形式对初学者的口语表现样本是比较合适的。

为了了解教师对口语表现评价因素的看法，我们对 56 名一线对外汉语教师进行了问卷调查，请他们对通常用来衡量口语能力的 6 个方面因素的重要程度进行评价，量表亦为 5 级计分，不重要为 1，很重要为 5。调查结果如下：

---

① 分部评分(partial credit scoring)是指评分时包括对中间状态的评分。比如回答完全正确得 2 分，发音有问题但回答可以理解的得 1 分，没有回答或回答不可辨认的得 0 分。

表 2-14　衡量口语能力的 6 个方面因素的重要程度评价结果

	方面	平均得分
1	交际是否能够成功	4.50
2	表达是否能够被母语者所理解	4.44
3	发音准确性	2.98
4	语法正确性	2.83
5	词汇准确性	2.92
6	表达流利性	2.95

　　教师们认为交际是否能够成功以及表达是否能够被母语者所理解是比较重要的，这两项的平均得分都在 4 以上。而发音、语法、词汇和流利性等分项的平均得分则都在 3 以下，表明教师在评价初学者的口语水平时比较注重其表达的整体效果而非单个侧面，即支持整体评分而非分项评分。

　　教师问卷调查的结果也支持本研究采用 Madsen(1983)所提出的0/1的评分形式。对于问答题，用回答符合题意并且可以理解作为评价标准，是得 1 分，否则得 0 分。对于看图说话，事先将图画切分成若干片段，对每一片段实施 0/1 评分，然后相加得到总分。对于复述题型，将所要复述的段落事先切分成若干要点，然后分别加以 0/1 评分，最后汇总得到总分。我们认为此方法比较适合初学者，更重要的考虑是这种方法比起等级评分来客观化程度高，因为它在一定程度上减少了评分员主观判断的成分。具体而言，各题型的评分标准如下：

表 2-15　各题型评分标准

题型	评分标准
快速问答	回答符合题意并且可以被母语者所理解。评分时参照每一题的参考答案。
图片比较	回答符合题意并且可以被母语者所理解。评分时参照每一题的参考答案。
听后复述	第一题 10 个信息点，第二题 6 个信息点。正确复述出一个得一分。正确复述是指能够说出信息点并且表达可以接受和理解，不必和原文完全一致。评分时参照复述材料信息点的安排。
看图说话	每幅图是一个信息点，第一题 8 个信息点，第二题 4 个信息点，表达清楚一个得 1 分。评分时参照每幅图的基本信息。

4. 预测分析

汉语初学者口语测验为半直接式口语测验，学生持有试卷并且从耳机中听到提问，预测考试时间约 25 分钟。测验后我们进行了题目分析，并根据分析结果筛选题目进入正式卷。

我们使用题目分析软件(Mcat)对预测卷中快速问答 40 个题目和图片比较 40 个题目进行难度、区分度的分析。结果如下：

表 2-16 快速问答 40 个题目难度、区分度

题号	难度（通过率）	区分度（鉴别指数）	区分度（点双列相关系数）
1	.87	.20	.19
2	.89	.06	.12
3	.90	.11	.14
4	.76	.56	.50
5	.87	.23	.09
6	.72	.56	.55
7	.85	.11	.19
8	.33	.74	.56
9	.76	.29	.31
10	.72	.45	.48
11	.42	.68	.54
12	.57	.67	.57
13	.55	.84	.64
14	.81	.28	.21
15	.64	.45	.44
16	.09	.21	.27
17	.91	.22	.40
18	.39	.62	.54
19	.79	.34	.37
20	.39	.30	.27
21	.21	.05	.16
22	.70	.45	.44

题号	难度（通过率）	区分度（鉴别指数）	区分度（点双列相关系数）
23	.76	.34	.34
24	.69	.17	.26
25	.64	.40	.37
26	.58	.68	.60
27	.67	.31	.30
28	.49	.62	.46
29	.64	.56	.39
30	.75	.30	.35
31	.51	.68	.53
32	.35	.33	.38
33	.80	.41	.41
34	.45	.46	.41
35	.46	.67	.50
36	.10	.32	.40
37	.40	.41	.35
38	.13	.21	.23
39	.86	.28	.41
40	.72	.67	.52

表 2-17　图片比较 40 个题目难度、区分度

题号	难度（通过率）	区分度（鉴别指数）	区分度（点双列相关系数）
1	.69	.60	.58
2	.34	.50	.46
3	.55	.57	.48
4	.69	.45	.45
5	.49	.68	.55
6	.79	.14	.19
7	.06	.21	.42
8	.04	.11	.21
9	.66	.61	.51
10	.16	.32	.41
11	.10	.22	.31

题号	难度（通过率）	区分度（鉴别指数）	区分度（点双列相关系数）
12	.48	.42	.37
13	.39	.69	.56
14	.34	.75	.67
15	.28	.69	.61
16	.43	.57	.50
17	.79	.38	.46
18	.40	.90	.69
19	.13	.37	.46
20	.13	.20	.25
21	.12	.22	.30
22	.18	.53	.58
23	.66	.63	.58
24	.67	.64	.55
25	.40	.51	.36
26	.79	.43	.45
27	.59	.54	.45
28	.57	.53	.45
29	.06	.16	.36
30	.31	.84	.68
31	.45	.80	.65
32	.39	.79	.65
33	.84	.32	.46
34	.67	.60	.58
35	.30	.47	.59
36	.31	.53	.57
37	.76	.52	.56
38	.67	.50	.48
39	.48	.85	.73
40	.18	.37	.39

在进行题目筛选时我们遵循以下 2 条原则：(1)题目区分度良好；(2)试题难度在 0.3~0.7 的适中范围内，并基本呈正态分布，全卷题目难度适中(在 .5 左右)。

我们采用了 2 种指数作为题目区分度的指标，即题目鉴别指数和点双列相关系数。对于题目鉴别指数，可以用以下的评价标准来筛选试题(郑日昌等，1999)。

表2-18　试题评价标准

题目鉴别指数(D)	评价标准
.40 以上	很好
.30~.39	良好，修改后会更佳
.20~.29	尚可，但需修改
.19 以下	差，必须淘汰

点双列相关系数是更加稳定和严格的区分度判断指标。一般而言，点双列相关系数大于.2为合格，大于.3为良好，大于.4为优秀。结合上述评价标准，我们把题目的鉴别指数和点双列相关系数均大于.3作为区分度的筛选标准来选择题目。

经过筛选，拟定了快速问答和图片比较的正式试题。

表2-19　筛选出的试题

题型	部分	选中的题
快速问答	第一部分	4、6、8、10、12、13、14、22、31、33
	第二部分	15、23、25、26、27、28、29、30、32、34
图片比较	第一部分	1、2、3、4、5、9、15、16、17、18
	第二部分	27、28、31、32、33、34、35、36、37、38

听后复述和看图说话是非 0/1 记分的，因此难度的求得采用公式 $P=$ 所有被试该题得分的平均数/该题满分分数。区分度用被试在该题上的得分与其测验总分之间的积差相关来表示，同时检验高分组和低分组的得分差异。根据测量学的一般做法，所谓高分组指的是得分从高到低排列，前 27% 的人，低分组则是后 27% 的人，高分组和低分组的得分有显著差异代表题目的区分度良好。预测卷听后复述和看图说话的难度、区分度分析如下：

表2-20　听后复述的题目分析

听后复述	难度	题目与总分相关	高分组得分	低分组得分	高低分组平均数差异 T 检验
第一题	.439	.779	7.841	.389	43.206＊＊
第二题	.395	.786	4.290	.111	28.128＊＊

（＊表示 P<.05，＊＊表示 P<.01，下文同此）

表 2-21　看图说话的题目分析

看图说话	难度	题目与总分相关	高分组得分	低分组得分	高低分组平均数差异 T 检验
第一题	.625	.784	7.362	1.87	17.993＊＊
第二题	.591	.757	3.765	.806	18.369＊＊

可以看出，听后复述和看图说话各题的区分度都十分理想，因此决定保留全部试题。看图说话稍显容易，而听后复述略难。听后复述偏难可能是因为这一题型对记忆力有比较高的要求，因此决定在正式卷的听后复述中加入提示图画，以减少记忆负担，降低试题难度。

经过预测分析之后我们确定了正式卷的题目和测验结构框架，具体如下表：

表 2-22　正式测验结构框架

	题型	部分	准备时间	答题时间	题目数	预测题目数	刺激方式	反应方式
汉语初学者口语能力测验	快速问答	第一部分	2 秒	5～8 秒	10	20	听问句	口头回答问题
		第二部分		10～15 秒	10	20		
	图片比较	第一部分	8 秒	10 秒	10	20	看图	说出两幅图的不同点
		第二部分		15 秒	10	20		
	听后重复	第一题	30 秒	90 秒	1	1	听一段话语	把听到的内容复述出来
		第二题	30 秒	90 秒	1	1		
	看图说话	第一题	2 分钟	90 秒	1	1	看一组图片	根据一组图片说一段话
		第二题	1 分钟	60 秒	1	1		

五、测验构想的分析与检验

(一)探索性因素分析

在理论建立与发展过程中，通过探索性分析建立模型，再用验证性因素分析来检验模型，这种程序称为交叉证实(Cross-validation)，这样可以保证量表所测特质的确定性、稳定性和可靠性(姜勇，1999)。另一方面，根据张建平(1993)、侯杰泰(1994)等人的观点，不能用同一组数据既做探索性因素分析又做验证性因素分析。因此我们先使用探索性因素分析对预测卷的构想效度进行检验，以初步分析本研究对口语能力的操作性定义，对模型进行检验和修正。

进入因素分析的变量为 6 个分测验，即快速问答第一部分、快速问答第二部分、图片比较第一部分、图片比较第二部分、听后复述、看图说话，分别记为 A1、A2、B1、B2、C、D。计算时均使用各分测验的总分。在这之前，先进行 KMO(Kaiser-Meyer-Olkin)和 Bartlett 球形检验来检验采样充足性以及变量间相关系数矩阵是否适合进行因素分析，检验结果如下表：

表 2-23　KMO 和 Bartlett 球形检验

Kaiser-Meyer-Olkin 采样充足度检验		.821
Bartlett 球形检验	卡方	434.761
	自由度	28
	显著性	.000

一般而言，KMO 值至少应该大于 0.5 采样才算充足，.821＞0.5，检验合格。Bartlett 球形检验结果显著，说明相关系数可以用于因素分析提取因素。采用主成分分析法提取因素，具体情况如下：

表 2-24　探索性因素分析因素提取

因素	特征值	方差贡献(%)	累计方差贡献(%)
1	3.741	62.356	62.356
2	1.134	18.897	81.254
3	.413	6.891	88.145
4	.307	5.124	93.268
5	.233	3.891	97.159
6	.170	2.841	100.000

可以看出，只有两个因素的特征值大于 1，并且这两个因素的累计方差贡献率已经达到了 81.254%，也就是说用这两个因素代替 6 个原始变量，可以概括总信息的 81% 以上，把这两个因素分别记做因素 1 和 2。两因素未经旋转的负荷矩阵如下：

表 2-25　两因素未经旋转的负荷矩阵

分测验	因素 1	因素 2
A1	.757	.487
A2	.708	.561
B1	.846	−.404
B2	.875	−.268
C	.785	.265
D	.756	−.525

由于各变量在因素上的负荷没有明显区别，我们在给因素进行命名时比较困难，这时就需要进行旋转使负荷系数向 0 和 1 两级分化。采用极大方差旋转，旋转后的因素矩阵模式如下：

表 2-26　旋转后的因素矩阵

分测验	因素 1	因素 2
A1	.228	.871
A2	.142	.892
B1	.897	.274
B2	.826	.394
C	.399	.725
D	.912	.124

因素 1 在 B1、B2 和 D 上有较高的负荷，而在 A1、A2 和 C 上的负荷比较低（均小于 .4）。因素 2 在 A1、A2 和 C 上有较高负荷，而在 B1、B2 和 D 上的负荷比较低（均小于 .4）。B1、B2 和 D 分测验考查的是独白模式的口语表达，而 A1、A2 和 C 分测验考查的是听—说模式的口语表达，因此可以把因素 1 叫做独白模式的口语表达能力，把因素 2 叫做听—说模式的口语表达能力。这说明探索性因素分析的结果同我们的理论构想颇为一致。

（二）验证性因素分析

之前用预测样本进行了探索性因素分析，探索性因素分析的结果与研究的理论假设基本一致。现在使用验证性因素分析来进一步检验实测数据是否与理论模型有较好的拟合度。研究的理论假设是汉语初学者口语能力测验包括两因素：听一说模式的口语能力和独白模式的口语能力，分测验一、分测验二和分测验五属于因素一，分测验三、分测验四和分测验六属于因素二。使用 Amos4.0 来检验该理论模型与实测数据的拟合程度。

要检验和评价模型是否与数据拟合，需要借助各种拟合指数。按侯杰泰，温忠麟，成子娟(2004)推荐的分类，拟合指数可以分为三大类，即绝对指数、相对指数(或称增值指数)和简约指数，其中常用的是绝对指数和相对指数。绝对指数中常用的有 χ^2、χ^2/df、近似误差均方根(RMSEA)、拟合优度指数 GFI、AGFI 等。相对拟合指数典型的有 NFI、NNFI(TLI)和 CFI。这些指数在检验模型拟合度时的评价标准是：χ^2 不显著表示模型拟合得好，χ^2/df 值越接近 1 越好，小于 5 表示模型可以接受，RMSEA 值小于 0.1 表示好的拟合，GFI、AGFI、NFI、NNFI(TLI)和 CFI 指数的值大于 0.9 表示模型可以接受。我们首先按照这样的规则来判断本研究模型的拟合度，检验结果如下：

表 2-27　验证性因素分析拟合指数评价

拟合指数	评价标准	本研究的结果(N＝223)
χ^2	不显著	23.771(df＝8，P＝.003)
χ^2/df	＜5	2.97
RMSEA	＜0.1	.094
GFI	＞0.9	.984
AGFI	＞0.9	.910
NFI	＞0.9	.976
NNFI(TLI)	＞0.9	.969
CFI	＞0.9	.984

从上面的结果可以看出，χ^2 值达到了显著性水平，说明模型拟合得不好。然而 χ^2 分布作为一个渐进分布，样本容量越大分布近似得越好。所以对于小的样本容量(N＜50)，估计的 χ^2 值误差往往很大，而对于较大的样本，χ^2 都较大，导致几乎所有模型都被拒绝(侯杰泰，温忠麟，成子娟，2004)。根据温忠麟，侯杰泰，马什赫伯特(2004)提出的卡方准则，样本容量与 χ^2 的显著性阈值有关。当样本量较大时，χ^2 的显著性阈值应当从通用的 .05 下调，以减少错误拒绝零假设的风险。在样本容量 N＝200 时，显著性阈值应当选择 .001，本研究的显著性阈值

为 .003＞.001，因而可以认为 χ^2 值不显著。正如前面所说的，χ^2 值容易受样本容量影响的，因而并不是个十分理想的指标，在评价模型时还要参照其他指标，特别是不容易受到样本容量影响的 GFI、AGFI、NFI、NNFI(TLI) 和 CFI 等指标。研究结果显示，$\chi^2/\mathrm{df}=2.97＜5$，表明模型拟合得比较好。RMSEA 值为 $0.094＜0.1$，可以认为基本合格。GFI、AGFI、NFI、NNFI(TLI) 和 CFI 值都大于 0.9 表示模型拟合得比较好。因此，综合各项拟合指数，可以认为模型的拟合度比较好。

接着分析模型的参数估计值，因为即使拟合指数显示模型拟合得很好，也不排除可能有些参数的估计值根本就没有意义，因而对参数逐一检视也是评价模型的重要步骤。每一个参数估计值都有相应的标准误差，这样就可以对参数进行显著性检验。当检验的结果显示参数显著不等于零，则认为假设模型让该参数自由估计是合理的。本研究模型参数估计值如下：

表 2-28 模型参数估计值

	未标准化			标准化回归估计值	R^2	残差
	λ估计值	C. R.	P			
因素一→分测验一	1.000			.906	.820	.180
因素一→分测验二	.903	17.347	.000	.863	.744	.256
因素一→分测验五	1.414	13.709	.000	.750	.562	.438
因素二→分测验三	1.000			.903	.816	.184
因素二→分测验四	.950	17.995	.000	.874	.763	.237
因素二→分测验六	1.053	11.987	.000	.793	.629	.371
因素一 ↔ 因素二	4.996	8.614	.000	.851		

上表中，C. R.（critical ratio）是参数估计值与其标准误的比值，用以对参数进行显著性检验，其值大于 2 即认为有显著性。可以看出，参数检验的结果均有显著性。标准化回归估计值也都比较理想（一般认为最好介于 .5 至 .95 之间）。R^2 介于 .5 至 .9 之间，表明模型的拟合度不错。如此，可以把汉语初学者口语测验模型的因素结构图表示如下：

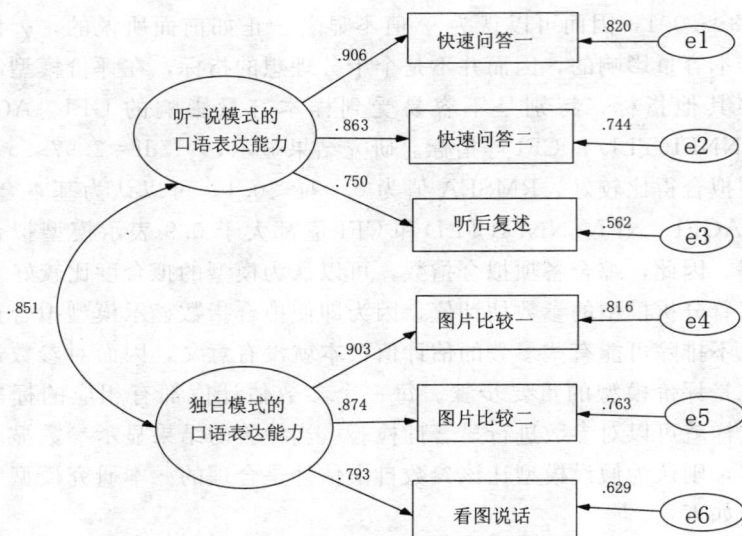

图 2-12　测验因素结构图

　　使用正式测试样本进行验证性因素分析的结果表明，不易受样本容量影响的指标 NFI、CFI、NNFI、GFI 和 AGFI 都大于 .9，说明实测数据与理论模型的拟合程度良好。从探索性因素分析和验证性因素分析的结果来看，测验的构想效度是比较好的。这一方面说明测量工具，即汉语初学者口语能力测验有较好的效度，另一方面也说明对口语能力结构的理论构想是基本正确的。

六、讨论

(一)关于初学者口语能力结构

　　在语言测验中，人们通常以语言表达的成分来描述口语能力，最常见的就是各类能力量表，如美国外语教学委员会的 ACTFL 大纲和欧盟的语言能力共同框架(Common European Framework，CEF)。这些量表从语音、语法、词汇、流利性等方面来解析口语能力，这种做法虽然能够在一定程度上把初、中、高不同水平的学习者区分开来，但并不适合初学者这样一个特定团体。

　　根据初学者的口语能力特点所拟构的测验理论模型得到了实证研究的支持，这一结果说明口语能力并不是简单的成分组合，而是语言表达模式与表达内容相互作用的结果。Fulcher(2003)在总结使用相关分析、因素分析和多特质多方法研究等方法对口语测验的构想效度进行实证研究时也得到了类似结论。

（二）关于口语能力的培养

　　研究的结果对第二语言口语能力的培养也有所启示。研究结果表明口语能力可以分为听—说模式的口语能力与独白模式的口语能力两个因素，在测验中前者是以听的形式输入的，而后者是以看的形式输入的。在口语训练中，教师也可以通过不同的输入途径来进行口语操练以培养学生不同方面的口语表达能力。周为京（2005）就提出，口语教学应当超越传统的听、说捆绑的单一范式，合理介入视觉输入，使听音输入和文字阅读输入并重或交替进行，充分利用不同输入模式的互补效应，综合提高学生口语的流利度、准确度和复杂度。这一观点是正确的，但周文是针对英语教学的，而在对外汉语教学中使用图片作为视觉输入要好于使用文字。这是因为汉语的文字系统不同于英语，初学者的汉字认读能力比较弱，不宜采用汉字作为输入方式，使用图片作为视觉输入方式更为合适。

第三章
口语测验的设计与开发

第一节　口语测验的开发过程

开发一个语言测验，一般要遵循一定的步骤。在开发语言测验的整个过程中，每一步要做什么事情，每一个阶段要拿出什么成果，这些都是测验成功的保证，也就是测验的有效性和可靠性的保证。"开发测验的全过程包括研制和使用测验，这个过程从提出概念并着手设计开始，到拿出一份或几份测验试卷并且在测验收到效果时为止。"（Bachman，Palmer，1996：85）本节介绍开发口语测验的一般过程和原则。

一、设计

要开发一个语言测验，第一步就是要设计，这和盖楼房或造机器一样。在设计阶段，测验的开发者有以下一系列工作要做。

（一）确定测验目的

我们首先要明确的就是测验的目的。测验的有效性和测验的目的紧密相关，为这个目的设计的测验，用于另一个目的时就不一定有效了。在开发测验之初，我们要根据教学或社会的实际需要，确认测验的目的。在不同的情况下，测验的目的是不一样的。在日常教学中，我们需要了解学生的阶段性进步。他学了一个学期或一年，学习效果怎么样，他的知识和能力增长了多少，这是一种目的；如果每年我们都要接收一些非零起点的学生，而这些学生的水平参差不齐，为了使每个学生都能在合适的班级里学习，我们就需要按水平把学生分为不同等级，不同等级的学生进入不同的班级学习，这又是一种目的。假如某公共机构需要在一个大范围和大尺度上了解语言学习者的一般能力，这个目的又和前两个不同。

所谓测验目的，也可以认为是测验的用途。开发一个测验的基本出发点，应该是对测验基本目的的思考（Crocker and Algina，1986：67）。关于测验目的，可以从两个层面上来考虑，一个层面是我们通过测验做出什么推断，另一个层面是根据测验结果我们要做出什么决策。语言测验的基本用途是对语言能力做出推断，在许多场合下，语言测验的结果也为对个人做出决策提供参考（Bachman and Palmer，1996：95）。

通过一个语言测验，我们要得到什么样的信息，我们要对什么东西做出推断，这是首要目的。比如说，通过一个成绩测验，我们要知道学生在一段时间的学习之后有什么长进；通过一个能力测验，我们要对被试的能力水平做出推断。究竟要得到什么样的信息，这直接关系到我们如何定义结构，也就是对我们所要测的能力做出什么样的理论假设。成绩测验、诊断测验、能力测验，要达到的目的不同，所测的能力不同，其基本假设也不同。关于语言能力的这些推断一旦做出，这些信息就可以服务于第二个层次上的各种各样的目的，这包括进行各种各样的决策，也包括在研究中怎样利用这些信息（Bachman and Palmer，1996：96）。具体到能力测验，它的测验目的很明确，即科学地测量出被试的语言能力。

(二)确定目标团体

所谓目标团体，指的是将来的被试群体，换句话说，确定目标团体，就是明确你开发的测验适用于哪些人。Bachman 和 Palmer（1996：111-115）认为，目标团体的特性一般从四个方面来考虑，这四个方面是：

(1)被试的个人特性，包括年龄、性别、母语背景等；

(2)被试的知识结构；

(3)被试的语言水平和语言能力的构成；

(4)被试可能对测验产生的态度。

(三)测验的理论定义

确定了测验目的和目标团体，接着我们就要确定测验所测的是什么东西，这就需要我们对所测的能力或结构进行定义。如何定义结构，在很大程度上取决于通过测验我们要得出什么样的推断。对所测结构的良好定义，有以下三个作用（Bachman and Palmer，1996：116）：

（1）为用测验分数解释测验目的提供基础；

（2）对测验开发起指导作用；

（3）使测验的开发者和使用者能够论证测验的构想效度。

测验的开发者需要决定，根据你的测验目的，你的结构定义中包括哪些能力，不包括哪些能力。为了给测验的应用提供依据，你得对所测的结构进行定义，测验的开发者应该注意，不能不加思索地把别人的定义作为标签贴在自己的测验上，因为别人的定义和你要测的结构可能不是一回事，或者，别人的定义对你的情况可能并不适用。所谓对语言能力进行定义，实际上就是提出一个关于语言能力的理论模型。我们前面讲过的关于语言能力的各种模型，都是研究者们对语言能力的定义。

口语能力测验大多是建立在一定的理论基础上的，因此开发口语测验，就需要对口语能力进行理论定义。对口语能力的定义可以从不同的理论出发，也可以从不同的角度出发。当然，根据不同理论，从不同角度定义出来的能力模型，其解释力会有强弱之分，适用范围会有大小之分。

我们以 Bachman 和 Palmer(1996：286-287)所举的一个口语测验的例子来说明测验的理论定义，这个例子是电话局招聘雇员的测验。测验作定义的理论构想包括：

（1）语言知识

句法知识：句法结构的广泛知识。

词汇知识：准确使用一般词汇和技术词汇的广泛的知识。

组织文章的知识：一定的组织信息的知识。

篇章知识：使文章条理清楚的知识。

语域知识：关于正式与非正式语域的知识，要求有程式化的表达方式和替换形式。

（2）背景知识

例如给抱怨电话局的顾客回复信件的知识。（注：有顾客抱怨电话局服务不好，被试要给顾客写一封信，做些解释，平息顾客的怨气，故需要这方面的知识。）

在这个例子中，定义的结构有两个大成分（语言知识和背景知识），第一个成分中又有 5 个因素。这个例子所定义的能力包含不止一个因素，因此我们就需要给出和这些因素对应的若干分数，或是一个关于能力结构的解释。也就是说对于每一个被试，我们都要把他在各因素上的得分报告给他。但是特别要注意，仅仅定义了各个成分，并不能保证你就能解释这些成分。因此效度研究就显得尤为重要，我们需要有证据来支持对测验构想效度的解释——即根据定义中不同成分所做推论的有效性的证据(Bachman and Palmer，1996：118-119)。

此外，测验的理论定义与测验的评分方式关系密切。Bachman 和 Palmer(1996：116)指出：需要牢牢记住的是，不论我们在定义结构时采用的是什么方式，它都会对评分方式产生明显的影响。特别要注意，无论我们想对一个结构做出什么推断，都要以可观察的"产物"或"输出"为基础，而这可观察的东西通常是由一个分数构成的……因此，我们的结构定义中包含的成分越多，我们需要从测验表现中推导出的小分或信息就越多，而这些可能都需要我们报告给测验的使用者。但我们紧接着要指出，这并不是说如何定义结构应该取决于评分程序，我们只是说，对结构的定义会在分数上反映出来。

有一些口语测验不是以"能力结构"为理论基础的，或者说它不关心理论构想(construct)本身，而是从任务和场景的角度来编制测验，这样的测验从本质上不属于以理论构想为基础的能力测验，而是任务驱动的任务式测验。任务式的口语测验多用于专业领域的测验(如护士领域的口语测验)、中学或大学的课堂教学和测试以及专门用途考试(如加拿大大学入学英语评估 Canadian Academic English Language Assessment，CAEL)等。

(四)测验的操作性定义

所测的结构一经定义，紧接着，我们就要对其进行操作性定义。

所谓操作性定义，就是在操作层面上的定义，也就是把理论上定义的概念和一个或一组特定的操作联系起来。例如，在理论上，我们可以给"酸"下一个定义：酸是由酸根和氢离子组成的物质。这是理论上的定义。我们还可以用一个操作来定义酸：酸是能使石蕊试纸(蓝色)变红的物质。这样，关于酸的理论上定义的意义就通过一个操作(用石蕊试纸检测)给出。对一个概念进行操作性定义，实际上就是为检验这个概念而提出的一个实验判断依据。有了操作定义，我们就可以检验你提出的概念是否有客观依据。

语言测验的结构也是如此，你假设了一个或几个结构，然后你就要说这些结构会产生什么样的可观察的行为，也要说明通过什么手段可以观察或测到这些行为。

操作性定义一头连着理论定义，一头连着观察结果，也就是分数。我们还举 Bachman(1990：45-46)给出的例子。对于一个理论上定义为"语用能力"的结构，可以具体表现在口语能力上，也可以表现在阅读方面。口语能力表现在面试作业中，面试由简短的问答组成，被试要就熟悉的事物以及问候、告别等做出口头表达，面试结果由两位面试主考官打分，评分标准如下：

0——极有限的词汇；连不成句；很没条理。

1——词汇量小；稍能成句；很没条理。

2——有一定词汇；较能成句；很没条理。

3——词汇量大；句子流畅；有条理。

4——词汇量相当大；句子极流畅；极有条理。

阅读方面主要考查学生对言语行为的理解，具体表现在两段 150～200 字的阅读理解中，每段文字后面跟着 10 个多项选择题，以 0/1 计分。在这里，理论定义、操作定义、观察结果三者的关系就可以用下图表示：

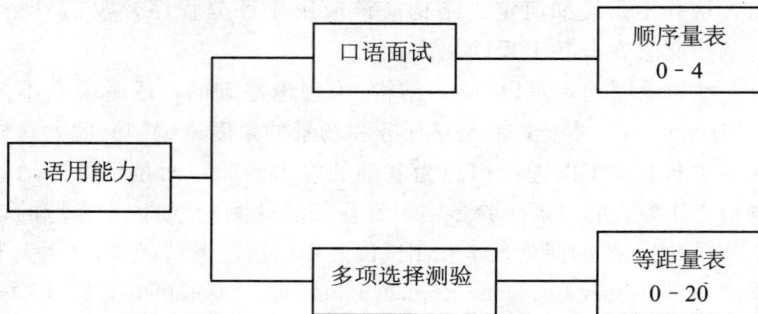

图 3-1 口语测验理论定义、操作定义、观察结果关系图

操作性定义是否明确并易于检验，在很大程度上影响着理论的命运。Crocker 和 Algina(1986：67)曾说，把心理结构转换成一组特定题目的过程一般是不公开的、非正式的，无案可查的。一般来说，测验的开发者会将一类或几类行为概念化，这几类行为被认为是结构的反映，然后他们就"想出"一些题目来表现这些行为。这样做的结果是可想而知的。

(五)编写测验说明

在口语测验的设计阶段，测验的开发者还要编写一系列的详细说明，有时，这类说明叫做"考试大纲"。Alderson，Clapham 和 Wall (1995：38)开列了一个单子，他们认为，下列信息的全部或大部分应该写进说明：

(1)测验目的

(2)对目标团体的界定

(3)测验的水平

(4)结构(测验的理论框架)

(5)与测验配套的语言教程或教材

(6)测验分几部分

（7）每部分所用的时间

（8）每部分的比重

（9）目标语言环境

（10）文本类型

（11）文本长度

（12）所测的语言技能

（13）测验作业

（14）测验方法

（15）指导语

（16）计分标准

（17）描述每一水平的典型表现

（18）对每一水平的被试在现实世界里能做什么给予描述

（19）样题

（20）对学生在各种作业上的表现也给出例子

这个单子开列的内容是针对一般性的语言测验的，具有一定的普适性，但是单就口语测验而言，在编写考试大纲或测验说明时应当有更加具有针对性的大纲模型。Sari Luoma(2004)提出了一个编写口语测验说明的框架，该框架由四部分构成，第一部分是结构说明(construct specification)，第二部分是测验任务说明(task specification)，第三部分是评分说明(assessment specification)，最后一部分是历史资料(history file)，这个部分在框架中是可选择的，测验的开发者可以自行决定要不要加入这个部分。Sari Luoma 用图将上述观点形象地表述出来。

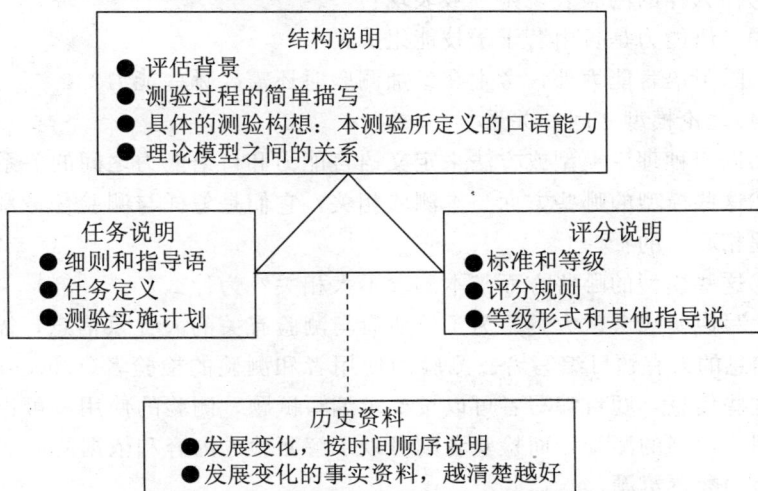

图 3-2 Sari Luoma(2004)口语测验说明框架图

Sari Luoma 在此图的基础上做了进一步的说明，指出测验的结构说明部分所包括的内容：

(1)评估背景

①测验的目的

②测验的情境

③测验的目标团体，即考生特点

④考生的学习背景

⑤考官的特点

⑥考官与考生的关系

⑦测验成绩的使用者以及他们会怎样使用测验成绩

(2)测验过程

①测验的组织方式

②测验的时间长短

③测验的开考频率

④测验包含的任务类型

⑤评分的时间和方式

(3)测验构想

①对学习者来说，什么是"说"？

②为了测量到"说"的能力，应该采用哪些测验任务？

③怎么描述好的测验表现？

④怎么描述不好的测验表现？

⑤什么样的测验表现是一般表现？

⑥口语能力是否由若干子技能组成？

⑦除了语言能力外，考生在参加测验时还需要哪些能力？

(4)理论模型之间的关系

①以何种理论模型或方法来定义语言能力和口语能力之间的关系？

②这些模型的哪些方面与本测验相关？它们是怎样与测验任务和评分过程相联系的？

③这些模型的哪些方面与本测验不太相关？为什么？

编写说明或考试大纲是为了给所有与测验有关的人提供信息，需要这些信息的人有题目编写者、测验的使用者和测验的检验者(validator)。根据这些信息，题目编写者可以按要求编写试题，测验的使用者可以避免误用不适当的测验，而检验者则可以了解测验的内容和依据的标准。

(六)配置资源

在测验的设计阶段，开发者还要搞一个资源配置计划。开发测验所需的资源包括人力、物力和时间，如何配置资源，将对测验开发的以后几个阶段产生影响。如果资源配置不合理，测验有可能搞不下去。

二、编写试题与制作试卷

编写试题与制作试卷是测验开发的第二个环节，这个环节涉及命题人员的选拔与培训、试卷题型的设计、试题的编写、审题和拼制试卷等过程。

(一)命题员的选拔与培训

题目要由人来编写，选什么人来编写题目，这些问题和题目的好坏有很大关系。一般可把命题员分成两类：一类是有教学经验的教师，另一类是专职命题员。

有教学经验的教师不是专业命题员，他(她)的主业是教学，命题只是业余工作，所以这类命题员可以叫做业余命题员或非专业命题员，也可以叫做兼职命题员。非专业命题员一般是有丰富教学经验的教师，他(她)对所教的课程非常熟悉，对学生在学习中的问题和难点也可能有很深入的研究，这是他(她)的有利条件。他(她)可以根据自己的经验，在完全了解测验目的和方法的基础上，有针对性地编写出好的题目。

但有经验的教师不一定就等于好的命题员（Alderson，Clapham，Wall，1995：40），因为光有教学经验并不能保证他对测验的性质、目的有充分的理解，也不能保证他有足够的想象力、创造力和必要的技巧。关于命题员的素质，Alderson，Clapham 和 Wall(1995：41)这样说：创造力、感悟力、洞察力和想象力，是命题员要具备的素质，我们很难根据这几条去给好命题员下定义，我们也很难根据这几条去发现好的命题员，但是，我们很容易发现，在差的命题员身上是找不到这些素质的。

专职命题员一般是指在测验开发机构供职而专门编写题目的人，也有一些人并不供职于一家机构，而是"自由命题员"，像自由作家一样。专职命题员一般来说优于非专职命题员。专职命题员一方面应该有丰富的教学经验，或者非常熟悉被试及测验作业的性质，另一方面，他们又有丰富的命题经验和命题技巧。但专职命题员的数量很少，大概是出于成本的考虑，许多测验开发机构只使用兼职命题员。

无论命题员是专职还是兼职，要想编写出好的题目，都要具备比较高的素质，同时也都要对测验的目的、性质、测验方法有透彻的理解。在编写题目之前，测验的开发者可根据特定测验的要求对命题员进行培训。

(二)设计题型

题型是测验构想最直接的体现，同时也和评分方式密切相关，因而测验题型的设计在操作层面上影响了测验的效度。

有的测验在设计阶段已确定题型，并把所用的题型写进考试大纲或说明。在这种情况下，命题员就可以从研究考试大纲或说明开始，在理解了测验意图和题目编写要求后，就可以着手出题了。也有一些测验在设计阶段没有明确给出题型，这就需要测验的开发者先做选择题型的工作。选择题型实际上是对所测能力或结构的操作性定义的一部分。

(三)编写试题

编写题目是命题员的工作。一般说来，在命题之前，命题员应该先仔细研究考试大纲或题目编写要求，待熟悉了测验目的、测验内容后，再着手编题。但在实际操作过程中常见的做法是，命题员不从考试大纲或题目编写要求开始，而是把以前的试卷拿来研究，然后按以前的试卷来编写新题。这种现象的原因主要是在测验计划中没有给出明确的题目编写要求，命题员无从查找。这样做会有两个问题，第一，测验对象和目的，在试卷中没有明确的说明，只是在考试大纲中，这类说明才可能是明确的；第二，考试大纲等文件对测验目的和内容的说明或规定是全面的，而任何一份试卷都不可能完全覆盖考试大纲，它只是后者的一个样本。因此以过去的试卷为参考，很可能把命题员的兴趣限制在过去测过的方面，而忽略了其他方面(Alderson，Clapham，Wall：1995：43)。

命题员编写题目应该完全按照题目编写要求去做。命题员编写出来的题目可以叫做"毛坯题"，就像未经装修的毛坯房一样。这些"毛坯题"还有待有经验的审题人员检查和修改，更有待于实证性检验。

(四)审题

命题员编出"毛坯题"后，一般要由有经验的审题人员检查和修改。审题主要是看题目在内容和形式上是否符合要求，题目里是否有明显的错误，如语法、字、词错误，答案不唯一或无恰当的答案等。经过这样的检查和修改后，题目就该拿去预测了。标准化测验的题目都要经过预测，非标准化测验是否需要预测可视具体情况而定。

(五)确定评分方法

由于多数口语测验是主观性测验，评分环节就显得十分重要。有人戏言，主观性测验考的是考官和评分员，而非考生，这是不无道理的。口语测验的评分方法如果设计不当，测验的结果就会很不可靠，测验的质量也就无法保证。

(六)信度、效度检验及反馈的研究

测验正式实施后，测验的开发者要对正式试卷做信度和效度的检验，同时还要对测验的反馈作用进行研究。

信度和效度的检验是对测验的一个整体性的评价。一个测验的质量如何，主要反映在它的信度、效度报告上。因此，大规模的公共测验应该定期向社会公布它的各项技术参数。

另外，测验的质量也反映在反馈信息上。任何一个测验实施后，都会有来自各个方面的反馈信息，这些反馈可能来自学生、教师、测验的使用者或使用单位。反馈信息可能包括社会各方面对测验的评价和信任程度，也可能包括测验对社会各方面，尤其是教学机构所产生的影响。作为测验的开发者，应该认真对待和研究这些反馈信息，尽量避免测验对社会产生消极的影响。

第二节 汉语口语考试研发实例

本节以汉语水平考试（HSK［改进版］）口语考试的设计为例来介绍汉语口语考试的研发过程。

一、背景

汉语水平考试（HSK）由基础、初中等和高等三个等级的考试组成。在这些考试中只有 HSK［高等］设有口语测验，基础和初等、中等考试都没有口语测验。然而我们知道，汉语学习者的分布是呈金字塔形的，即初级水平的汉语学习者最多且国别分布也最广，中级水平的次之，高级水平的最少。另外，由于汉语文字系统的特殊性，汉语作为第二语言的学习者在学习汉语的初级阶段，书面表达能力十分有限，而口头表达能力却能够有长足进步。因此针对初、中级学习者的口语能力的测评就显得十分重要。

在 HSK 的改进工作中，我们在初、中、高三个级别的考试中都设立了口语测验，实现了对听说读写的全面测评。这是改进工作的一项重要举措，有利于 HSK 更好地服务于考生和社会。

二、口语考试的总体设计

"说"是语言交流的最基本的形式，人们往往通过"说"的能力来评判学习者的语言水平。社会和考试用户也希望能够获得有关语言学习者口语能力的准确评价。因此口语考试的重要性是不言而喻的。但是，口语

考试往往给人这样的印象：测验看起来很有用，用起来却让人不太放心，可靠性和稳定性差。口语考试之所以给人这样的印象关键问题是没有落实科学、合理的设计原则。一个测验的开发过程应当是一个规范的研发过程，在测验设计的各个环节上都要体现科学性。

开发一个口语测验，要明确以下几个方面：(1)测验目的；(2)测验目标团体；(3)测验的理论定义；(4)测验的操作性定义；(5)测验的组织形式；(6)测验的编写细则；(7)测验的评分方法和分数解释。

(一)测验目的和目标团体

测验的目的和目标团体是测验设计者首先要考虑的问题，它们与测验的效度息息相关。因为效度指的是根据分数所做的推论在多大程度上得到了证据的支持，被认为有效的是测验为特定用途所做的推论，而不是测验自身(APA，1985)。

所谓测验目的，也可以认为是测验的用途。正如 Crocker and Algina (1986：67)所说的，"开发一个测验的基本出发点，应该是对测验基本目的的思考"。关于测验目的，可以从两个层面来考虑，一个层面是我们通过测验做出什么推断，另一个层面是根据测验结果要做出什么决策。"语言测验的基本用途是对语言能力做出推断，在许多场合下，语言测验的结果也为对个人做出决策提供参考"(Bachman and Palmer，1996：95)。HSK 口语考试的主要用途有两个：第一是作为衡量留学生是否具有进入中国高校学习所必需的口语交际能力，第二是作为聘用机构录用汉语人员的依据之一。

所谓目标团体，指的是将来的被试群体，换句话说，确定目标团体，就是明确你开发的测验是用于哪些人的。HSK 的目标团体是所有汉语作为第二语言的学习者，由于这些学习者的能力水平差异很大，在设计测验时我们将之分为三个水平等级，即初级、中级和高级，换言之，测验的目标团体就分化为三个不同水平的考生团体。

(二)测验的理论定义和操作性定义

HSK 口语考试的考查目的是衡量应试者在学习和生活环境中的口语表达能力。在进行操作性定义时，我们参考了美国外语教学委员会大纲(ACTFL Guideline)和欧洲共同能力标准参考框架(CEF)中关于对不同水平等级的语言学习者口语能力的描述，从三个不同的层面操作性地定义了 HSK 初级、中级和高级口语考试的考查内容。我们把初级阶段学习者的口语表达能力定义为能够用完整的句子进行口语交际活动，把中级阶段学习者的口语表达能力定义为能够进行叙述性的成段表达，把高级阶段学习者的口语表达能力定义为能够进行议论性的成段表达或篇章表达。这样的定义符合学习者口语习得的基本规律和口语能力的渐变过程，同时也使三个级别的考试形成了既有联系又有区别的从易到难的测试系统。

(三)测验的组织形式

口语测验从组织形式上分主要有直接式和半直接式两种。直接式口语测验的特点是考官和应试者面对面地交流，考官根据应试者的表现当场评分。半直接式口语测验是在语音实验室里进行的口语测验，考官与应试者互不见面，应试者只根据录音中的要求来回答，所有的言语样本都被录在磁带(或计算机)上。测验结束后，应试者的录音材料被带回到相关部门，由评分员统一评分。

直接式口语测验和半直接式口语测验各有千秋，注重测验真实性的英国语言测验界多采用直接方式，而注重测验客观性和公平性的美国语言测验界则倾向于采用半直接方式。由于 HSK 是大规模的标准化考试，为了保证考试的效率，在测验的组织形式上我们采取了录音考试的半直接方式。

(四)题型设计与编写原则

题型是测验构想最直接的体现，同时也和评分方式密切相关，因而测验题型的设计在操作层面上影响了测验的效度。根据 HSK(改进版)口语考试的操作性定义，我们设计了句子表达、叙述性成段表达和议论性成段表达三种类型的题目来分别考查初级、中级和高级学习者。

1. HSK(初级)口语考试的题型设计与编写原则

初级汉语学习者的特点是具有用词、短语和简单的句子进行口头表达的能力，有一定的成段表达能力但不充分。另外，汉语初学者的汉字认读能力比较弱，我们在设计题型时避免了汉字认读环节，全部采用先听后说的方式。

HSK(初级)口语考试主要考查句子层面的口头表达能力，考试由三个部分组成，表 3-1 详细说明了考试结构及题型。

表 3-1　HSK(初级)口语考试结构及题型

HSK (初级) 口语 考试	分测验	题数	考试时间
	第一部分：重复句子	20	约 6 分钟
	第二部分：简短回答	20	约 7 分钟
	第三部分：口头陈述	2	约 2 分钟
总计	3	42	约 15 分钟

第一部分（重复句子）要求应试者重复听到的句子，这些句子都是初学者需要掌握的常用句，但句子的长度、句型、用词、功能等不同，这部分主要考查应试者听懂、并口头重复信息的能力。第二部分（简短回答）要求应试者简单回答问题，这些问题涉及的都是生活和学习中最常用的话题，问题的难度由易到难，问题的形式涉及一般疑问句、选择疑问句和特殊疑问句。考生听到问题后不必做过多的思考，只需简要、清楚地回答问题即可。这部分主要考查应试者使用简单的句子进行日常口头交际的能力，考查的方式也十分接近实际的语言交际过程。第三部分（口头陈述）有两个题目，这两个题目是一个问题或者对应试者提出的一个要求，听完问题或要求后，要求应试者马上用 5 个以上的句子进行回答，这部分主要考查应试者组织句子，进行最简单的成段表达的能力。

2. HSK（中级）口语考试的题型设计与编写原则

HSK（中级）口语考试主要考查基本的成段叙述能力，试卷结构及题型如表 3-2 所示：

表 3-2　HSK（中级）口语考试结构及题型

HSK（中级）口语考试	分测验	题数	考试时间
	第一部分：回答问题	3	约 7 分钟
	第二部分：看图说话	1	约 5 分钟
总计	2	4	约 12 分钟

第一部分（回答问题）的题目内容主要涉及日常学习和生活方面，这部分主要考查应试者在日常生活和学习情境下进行一般性口头交际的能力。第二部分（看图说话）要求应试者根据对图画的理解，清楚、完整地讲述故事，这部分主要考查应试者用汉语进行成段口头表达的能力，特别是考查应试者是否能够比较连贯地、完整地叙述一个事件。

中级口语考试的题型实际上涉及两种不同的考查方式，即听—说和看图—说两种模式。这两种模式是口语交际活动的基本形式：对话与独白。通过两种模式的考查，可以更加全面地测评应试者的口语水平，同时看图的形式也减少了汉字阅读负担，能够更好地反映口语能力的本质。

3. HSK（高级）口语考试

HSK（高级）口语考试主要考查用汉语进行议论性成段表达的能力，这是高级阶段学习者口语能力的显著特点。在此基础上，为了综合地考查应试者的语言水平，我们采取了听和说融合测评的方式，即先听一段讲话或对话，然后根据听到的内容发表议论，这是改进版 HSK（高级）在原 HSK（高等）口语考试的基础上所做的一项重要改进。这样的考查方式更加符合学习者在大学听课或听讲座的实际情况，因此题型的外部效度是比较高的。表 3-3 详细说明了试卷结构及题型。

表 3-3　HSK（高级）口语考试结构及题型

HSK（高级）口语考试	分测验		题数		考试时间
	第一部分：听后回答问题		1		约 6 分钟
	第二部分：二选一回答问题	可选：2	必答：1		约 4 分钟
总计	2		2		约 10 分钟

　　第一部分（听后回答问题）主要考查应试者就某种真实的现象、某个实际发生的事件或某种具体的观点成段地发表结构完整的讲话的能力。在这个部分，应试者首先会听到一段讲话或对话的录音，录音结束后，应试者将听到一个问题，应试者可边听边做笔记，听完再整理一下笔记，最后根据题目要求回答问题。第二部分（二选一回答问题）主要考查应试者就一般性话题成段地发表结构完整的讲话的能力，应试者可以从试卷上给出的两个问题中任选一题口头回答。原 HSK（高等）口语考试也有这一题型，但不允许二选一，本次改进后，考生可以根据自己的实际情况任意选择一个题目作答。这样做的目的是使考生真正做到"有话可说"，使测验的效度得以保证。

（五）评分方法和分数体系

1. HSK（改进版）口语考试评分方法的选用

　　评分是影响口语测验质量的重要因素，测验的结果最终要落实到分数上，测验的使用者（学校、教师、家长）将根据分数对应试者的能力做出推断，而这种推断是否能得到证据的支持是测验是否有效的核心表现（APA，1999）。口语测验领域普遍认为评分员和评分方法决定了口试的信度，从而在很大程度上影响了测验的效度。评分作为测验的重要环节，不是孤立存在的。在选择评分方法时应该综合考虑测验题型、考生团体的性质和评分误差等问题。

　　在选择评分方法时首先要考虑的就是题型，不同的题型适合不同的评分程序。限制性的题型（比如重复句子、简短回答等），对应试者可能产出的言语样本作了很大的限制，这使得我们能够预测到应试者将要产出的言语样本会是什么样的。因此评分标准的确定性就会比较高，评分的客观化程度也就能够提高，对于此类题型可以采用 0/1 评分或分部评分。开放式的题型（比如演讲、看图说话等），应试者可以自由发挥的余地很大，不能够对其言语样本进行预测，在评分标准的制定上就只能采取等级制，因此适合采用主观等级评分。

评分方法的选择还要考虑到考生团体的性质。处于不同学习阶段的学习者在口语测验中所产出的言语样本是不同的。对于同一个话题，高水平学生的表达以语段为主，而低水平学生的表达以短语和句子为主。我们很难使用客观化评分对语段表达进行评判，而对于短语和句子则可以执行客观化的评分标准。

另一方面，对于初学者来说，无论使用总体等级评分还是分项等级评分都会面临评分上的困难，即很难根据等级大纲的描述对学习者做出准确区分。正如 ACTFL 考官培训手册（ACTFL Tester Training Manual）所指出的，对初等水平的学生作出区分是比较困难的，因为他们的语言表达能力有限，很难从发音、语法、词汇或流利性的程度上把握初学者能力的区别。例如，ACTFL 大纲把准确性定义为可接受性、质量和信息传达的正确性。对于初、中级水平应试者，准确性被定义为可辨认的和可理解的，而在高级阶段则要考虑到语言使用的准确性、适合性和流利性等。因此我们认为对于高水平学生的言语样本，采用主观等级评分还是主要的评分途径。

在选择评分方法时，我们通常还需要考虑评分误差。不论采取哪种评分方法，减少评分误差，提高评分信度都是最终目的。而要提高评分信度就必须在评分的客观性上下工夫。客观考试和主观考试的区别主要在于对评分标准的解释上，前者的解释是唯一确定的，后者的解释则随评分员理解的不同而有不同（Bachman，1990）。因而，要保证评分的客观性就必须最大限度地保证对评分标准解释的确定性，减少评分员主观判断的成分。同时对评分员的培训也很重要，优秀评分员能够很好地把握评分标准，并且做到不随时间和情况的不同而改变评判标准。

出于以上三方面的考虑，在 HSK（改进版）口语考试的评分中，我们选用了总体等级评分和分部评分两种形式。对于成段表达的题型，我们使用总体等级评分的方法，即根据某一总体水平等级量表来对应试者的口语水平作出总体评价。总体等级评分是主观等级评分中最常用的一种方法，许多国内外知名口语测验都采用这种方法，比如 OPI 口语考试、雅思口语考试、HSK［高等］口语考试等。我们使用总体等级评分的原因有两个：第一是因为总体等级评分在操作上更加简便、实用性更强；第二是因为许多研究表明，总体等级评分和分项等级评分在评分信度上没有显著区别。

对于在 HSK(初级)口语考试中出现的考查句子层面表达能力的题型(重复句子和简短回答),我们采取分部评分的方式。采用这种评分方法是出于以下几点考虑:第一,重复句子和简短回答这两个题型属于半封闭式题型,即答案是基本确定和可以预料的,回答的内容形式为词、短语和句子,不涉及成段表达。对于这样的言语样本,可以使用分部评分的计分方式。第二,分部评分的评分标准和操作程序客观化程度较高,评分信度比等级评分高。

2. 分数体系的设计

由于 HSK(改进版)口语考试采用独立报名,独立施测的方式,因此 HSK(改进版)口语考试的分数体系也是单独设计的。初、中、高三个级别均采用等级分数作为报道分数。分数体系采取三个级别系统处理的策略,即,把三个级别的主观测验总体以 9 分制形式进行报导,1~3分为初级,4~6 分为中级,7~9 分为高级,中级和高级设立排除线(体现在成绩报告单上的表述是"未达到中[高]级水平")。

采取这样的分数体系有三点好处:第一,9 级分数虽然不太精细,它仅把所测的属性分成 9 个大的类别,但这可能恰恰反映了口语和写作这样的主观性测验对所测量的属性实际能够辨别的能力;第二,这种总量表和分量表相结合的测验形式,兼顾了灵活性和系统性,简明的分数形式非常便于解释和使用;第三,排除线的设立,使初、中、高三个级别间的界限更加清晰,同时也减少了评分员对评分标准误操作的几率。

3. 结语

在初、中、高三个级别的考试中都设立口语考试是 HSK(改进版)的特点和创新点之一。在设计和开发 HSK(改进版)口语考试的过程中,我们遵循了科学、系统和交际的原则,使考试的质量得到较好的保证。

第四章
口语测验的任务类型与编写技巧

第一节　测验任务及其组成元素

一、口语交际任务

什么是口语交际任务？Nunan(1993)、Bachman 和 Palmer(1996)都对这个命题做过解释，Sari Luoma(2004)在前人的基础上提出了关于口语交际任务的定义，她认为口语交际任务是在特定的言语交际场合中，为实现特定的交际目的而进行的交际任务。

关于口语交际任务的分类，早期的观点以 Brown 和 Yule(1983)为代表，他们认为口语交际任务有四种基本类型：描写、说明、讲故事、表达观点或辩论。

Bygate(1987)给出了更加清晰的分类，认为口语交际任务可以分为两大类，即事实型和评价型。事实型的任务包括描写、说明、叙述和比较，评价型的任务包括解释、辨别、预测和决策。

二、测验任务的元素

描述一个测验任务时，我们应该从哪些方面入手？要回答这个问题就需要明确测验任务所包含的元素。Candlin(1987)从 7 个方面定义"任务"，这 7 个方面是：

(1)任务中所使用的输入或材料

（2）参与者的角色

（3）场景或团队作业的组织方式

（4）行为或任务中可能发生的事情

（5）调控行为或谁负责选择输入的内容、参与者的角色、场景等

（6）与测验目的相关的结果

（7）反馈：对参与者的评价

Nunan(1989)认为任务包括以下元素：

（1）目的

（2）输入

（3）行为

（4）教师或考官的角色

（5）学习者或考生的角色

（6）场景

Wright(1987)从两个维度来描述测验任务，一个维度是任务类型，另一个维度是任务指向。在 Wright(1987)的模型中，任务被放在开放至封闭的连续体上。如果测验的类型趋向封闭，那么结果就是可预测的；如果测验的类型趋向开放，那么就会有多个可能的结果。内容指向的任务在话语使用方面比较好控制，而技能指向的任务则很难做到结构化和可预测。Wright 的上述观点可以用图表示如下：

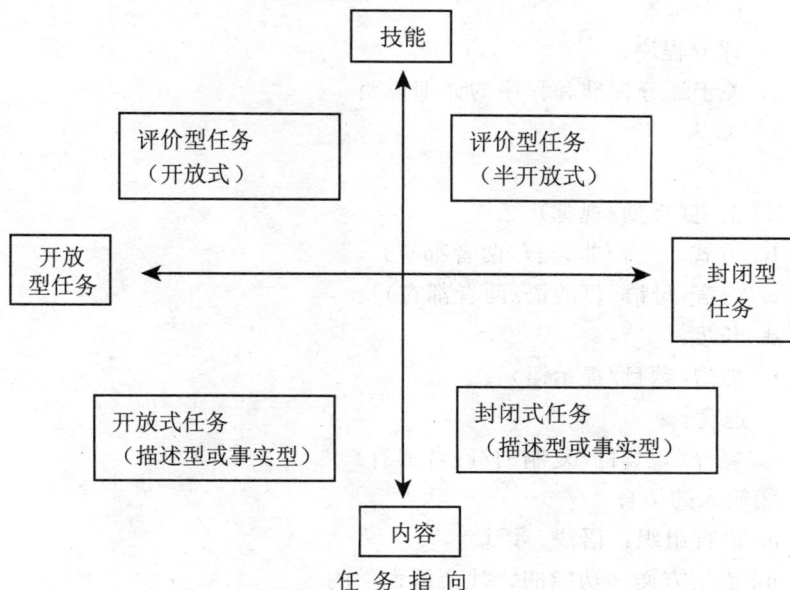

图 4-1　测验任务二维图

Bachman 和 Palmer(1996)对测验任务的组成元素及其特点做了详细的归类分析：

(1)场景的特点

①物理环境

②参与者

③时间

(2)测验细则

①指导语

a. 语言（母语/目的语）

b. 渠道（听觉/视觉）

c. 任务或测验过程的细则

②结构

a. 任务（或分测验）的数量

b. 任务的显著特点

c. 任务之间的链接

d. 任务的相对重要性

e. 题目数量

③时间分配

④评分方法

a. 评分标准

b. 评分程序

c. 关于评分标准和程序的详细说明

(3)输入

①形式

a. 渠道（听觉/视觉）

b. 方式（语言/非语言/两者都有）

c. 语言（母语/目的语/两者都有）

d. 长度

e. 类型（题目/提示语）

f. 速度

g. 媒介（现场的/复制的/两者都有）

②输入的语言

a. 语言组织：语法、语篇

b. 语用方面：功能的、社会语言学的

③背景知识

第二节　口语测验的组织形式和任务类型

一、直接式测验和半直接式测验

口语测验从组织形式上分主要有直接式和半直接式两种。直接式口语测验的特点是考官和应试者面对面地交流，考官根据应试者的表现当场评分。半直接式口语测验是在语音实验室里进行的口语测验，考官与应试者互不见面，应试者只根据录音中的要求来回答，所有的言语样本都被录在磁带（或计算机）上。测验结束后，应试者的录音材料被带回到相关部门，由评分员统一评分。

二、两种测验方式的对比研究

直接式口语测验和半直接式口语测验各有千秋，注重测验真实性的英国语言测验界多采用直接方式，而注重测验客观性和公平性的美国语言测验界则倾向于采用半直接方式。两种测验组织方式的优劣点比较见表 4-1。

表 4-1　直接测验与半直接测验优、缺点比较

	直接测验	半直接测验
优点	应试者和考官可以互动，考官可以直接观察到应试者的面部表情和肢体语言，也能够根据应试者的表现对测验进行调整和干预。	1. 适合大规模测验。 2. 测验输入不受考官的影响。 3. 测验成本相对较低。 4. 事后评分的准确性和稳定性较高。
缺点	1. 考官的不同以及同一考官的不同状态会使测验输入产生不同，从而影响应试者的反应。 2. 培训考官成本高。 3. 不适合大规模测验。 4. 即时评分的信度相对较低。	缺乏应试者和考官的互动，交际性较差。

研究者们对比了这两种测验方式的测验结果，发现采用直接式和半直接式测验具有高相关。Lowe 和 Clifford（1980）、Shohamy（1989）以及 Stansfield 和 Kenyon（1992）的研究表明两种测验方式的得分相关在 0.9 以上。金艳、郭杰克（2002）在研究非面试型大学英语四、六级口语

测验（CET—SOPT）与面试型口语测验（CET—SET）的可比性时发现，应试者的成绩与面试的相关在 0.7，并且 88.7％的应试者得到的等级完全一致或只差半档。此外，通过对测验设计者与其所考核的语言功能和应试者在测验中实际运用的语言功能的对比分析，证明了应试者在两种类型的测验中所表达的语言质量基本相同，因而论证了两种测验的可比性。

关于直接式口语测验和半直接式口语测验是否可以相互替代，Clark（1979：48）曾经有过这样的论述：

如果我们需要测量的是总体口语能力，并且从操作上很难实现直接式的测验方式，那么可以使用半直接式的测验方式作为替代品。只要操作得当，两种测验方式间的相关可以是很高的。

与之相似，Clark（1988：197）以及 Clark 和 Lett（1988：13）也认为直接式口语测验和半直接式口语测验在很大程度上可以相互替代。

三、口语测验的任务类型

选择口语测验的任务（或题型）要考虑三方面的问题，其一是测验的理论构想，测验的理论构想最终要落实到测验任务上，也就是说测验任务要能够体现理论构想；其二是测验的组织方式，直接式口语测验和半直接式口语测验各自适用的题型是不同的；其三是应试者对象的能力水平，不同的测验任务适合不同能力水平的应试者。

目前口语测验可以使用的题型有 60 余种，根据 Underhill（1987）的总结，我们整理了如下 20 种题型供大家参考。

（1）会话（conversation）

（2）口头报告（oral report）

（3）小组讨论（learner-learner joint discussion）

（4）角色扮演（role play）

（5）面试（interview）

（6）图片比较（picture comparison）说出两幅图的不同点

（7）口头填表（form-filling）

（8）根据要求给出正确表达（making appropriate responses）比如，礼貌地拒绝邀请

（9）问答（question and answer）

（10）完成对话（reading blank dialogue）

（11）看图表达（using a picture or picture story）

（12）根据要求给出描述或解释（giving descriptions/explanation）

（13）听后复述（retell story or text from aural stimulus）

（14）读后复述（retelling a story from written stimulus）

（15）朗读（reading aloud）

（16）口头翻译（translation/interpreting）

（17）听或读后完成句子（sentence completion from aural or written stimulus）

（18）改正句子（sentence correction）

（19）句型转换（sentence transformation）

（20）重复句子（sentence repetition）

值得提出的是，除了题型以外，具体的题目难度也会影响测验的效度，而且可以说是更加直接的影响因素，应当尽量避免出现与应试者能力水平不符的过难或过易的题目。实际上直接式测验由于考官和应试者可以当面交流，考官可以当场对题目难度做出调整，而半直接式测验则需要事先对测验任务及题目的难度做出判断，以使其适应应试者的能力水平。这一点在操作上比较困难，因而许多半直接式口语测验并没有能够根据应试者水平的不同对测验任务或题目的难度做出调整。

第三节　几种主要任务类型的编写技巧

一、看图说话

看图说话是口语考试中的常用题型，在直接式测验和间接式测验中都能使用。这种题型提供一幅或多幅图画，要求学生根据图画的内容说话。说话的形式可以是对图画的内容进行描述，也可以对比两幅或多幅图画的不同。这种题型特别适合考查描述性的语言表达，因此多用于初、中级水平的考生。

在编写看图说话时应该注意以下几点：

（1）图画的内容要清楚、明确，信息点突出，避免杂乱无序；

（2）图画的内容应该是事实陈述性的，不能涉及态度、情感、价值判断等无法用图画准确表达的信息；

（3）如果是一组图画，图与图在连接上要自然、易懂。

看图说话的试题在提问时要准确明了，简洁易懂，不能过于冗长或有生涩难懂的词语。这一点其实和编写客观性的多项选择题的技巧有类似之处。

下面我们来看几个例子。

例1：看图回答问题

问题：图上是几月几号？／图上是什么日子？

这是一道最简单的看图说话题。输入方式为单图和简单的问题，考查词和短语的表达，这样的测验任务适合初学者。

例2：看图说话（组图，适合中级水平考生）

根据下面的四幅图画讲一个故事。

这是一道比较典型的看图说话题，输入方式是组图，没有语言提示，考生根据对组图的理解来讲述一个故事，考查的是基本的成段表达能力，适合中级水平的学习者。

例3：图片比较

请看下面一组图片，这组图片包含A、B两幅不同的图，并且这两幅图有一个不一样的地方。请你说出这个不一样的地方。请尽量把不一样的地方说清楚，说完整。比如，你看到：

A   B

找出不一样的地方后，你应该说：

这个女孩在游泳，那个女孩在爬山。

图片比较这种测验任务实际上是通过图片的形式引导出特定的短语、句子或者语法点，这种测验方式可以用于水平测验也可以用于成绩测验或诊断测验，因此应用范围比较广泛，在初、中级的口语测验和口语教学中都能使用。

二、听后复述

听后复述是口语测验的传统题型，它把听和说结合起来，非常符合实际交际的过程。从心理语言学的观点看，复述是用短时记忆储存和重组信息的过程，因此也是一个很有研究价值的题型。复述的形式一般可以有两种，复述词、短语和句子以及复述段落，前者比较适合初级水平的考生，后者则适合中、高级水平的考生。HSK（初级）口语考试采用了重复句子的题型，而英语专业四级考试的口语考试中采用了复述故事的题型。

在编写这种题型的试题时，我们要注意根据考生的水平挑选合适的语料。如果是初级水平的考生，我们挑选简单的句子，句子的长短要适中，同时要兼顾语义、词汇和发音等考查点。如果是中、高级水平的考生，应挑选层次清楚、语义连贯、有一定情节性，便于记忆的段落。

下面是两个听后复述题的例子：

例4：请在听到句子后马上重复这句话

句子：我很喜欢中国文化。

例5：在这一题中，你会听到一个小故事，并且看到关于这个故事的1幅图画。请注意，这个故事将会说两遍，请你一边听一边看图。然后，请你把听到的故事复述出来。请你尽量说清楚说完整。

上个星期天，我去商场买东西，不小心把钱包弄丢了。钱包里有我的身份证，还有1000多块钱。丢了钱包以后我非常伤心，好几天吃不下饭。昨天，我收到了一个包裹，打开一看，里面竟然是我的钱包。我打开钱包，发现1000多块钱一分都没有少，身份证也在。我非常感谢那位好心人，可是他没有留下姓名和地址，所以我只能在心里说声"谢谢"。

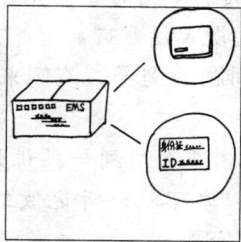

这个例子的输入方式是语言和图片双向输入，图片起到提示的作用，考生在听完一段话后，可借助图片更好地复述故事。

三、问答

问答是最常用的口语测验题型之一，它既是直接式口语考试的主要题型，也可以作为半直接式测验的题型，应用范围十分广泛，同时也适合各个水平等级的考生。问答顾名思义就是一问一答，问题可以采取图画或文字的呈现方式，也可以是听力材料。在汉语口语考试中，由于汉字认读比较困难，在初、中级考试中采用听力材料作为输入方式会更加有效。

编写问答题型时，要注意以下几点：

(1)提问的内容要清楚、明确，不能模棱两可；

(2)选择的话题要适合考生的水平，使考生有话可说；

(3)语言要口语化。

以下是几个问答题的例子：

例6：快速问答题

在这一部分中，请你快速回答问题。每听完一个问题，请立即回答，每题的回答时间是10秒钟。

问：你最喜欢什么水果？

答：[我][最][喜欢]香蕉。

考生的回答可以是词、短语或者句子。这种简单的快速问答题适合半直接式的考试，可以通过录音、人机对话或电话问答的形式进行考查，适合初级水平的考生。

例7：问答题

在这一部分中，请你回答问题，你有15秒钟的准备时间，然后请你回答问题，回答时间是30秒钟。

如果你的老师病了，你要去医院看他，你会买什么礼物？为什么？

这个问题既有事实陈述性的内容，也有解释原因等评价性的内容，适合中级水平考生。另外这样的题型既可以在半直接式测验中使用，也可以在面试中使用，在面试中使用时不必对准备时间和回答时间做规定，面试官可以根据实际情况灵活掌握。

例8是一个听后回答问题的例子，该例来自HSK(高级)口语考试样卷。

例8：在这个部分，你首先会听到一段讲话或对话的录音，录音结束后，你将听到一个问题，你可以边听边做笔记，听完再整理一下笔记，最后根据题目要求回答问题。

录音材料：

女1：你好。我是从西安来的。这次女儿考上北京交通大学，我就是来送她报到的。

女2：我有两个问题比较好奇，第一个她上大学，你为什么要送她啊？

女1：也就是想她还是一个小孩，第一次出门吧。

女2：是不是她们班同学都有家长送啊？

女1：是的，一个孩子至少由两个家长送来。

女2：最少两个家长？

女1：我看到的是这样的情况。

女2：还有四个家长来送的？那你能不能替我们分析一下，为什么会出现这样的现象？我记得在我们读大学的时候，从来没有家长送，都是新生自己一个人去报到。为什么现在会有这么大的变化？

女1：我想可能是大家都只有一个小孩的原因吧。

男：我觉得原因主要有以下两点，第一个是不放心，因为独生子女嘛，从小依赖父母依赖惯了，父母呵护备至，突然自己要独立远行了，家长绝对不放心，所以一定要亲自去送。第二个原因就是舍不得。孩子在身边从来没有离开过自己，我能送多远，就送多远，跟她多呆一会儿。

女2：那么女儿不让你经常给她打电话，你的理解是她变得勤俭节约了呢？还是觉得嫌妈妈啰唆？烦呢？

女1：怕妈妈啰唆，烦。12号报到完以后，她就跟我说妈妈你赶快走吧，你赶紧走。

女2：女儿有一天说这句话的时候，妈妈心里是什么感觉？

女1：觉得她长大了，能离开妈妈了，也挺欣慰的。我想最起码她自己是这样想的。

男：小孩一般到了十七八岁，就特别不愿意父母过多地干涉他们。你只要觉得她安全，就放心好了。其他的事，她长大得越快越好，实际上你应该感到欣慰。

问题：对父母亲自送孩子去大学报到，你有什么看法？谈谈你的理由。

这种测验任务主要考查应试者就某种真实的现象、某个实际发生的事件或某种具体的观点成段地发表结构完整的讲话的能力，适合高水平的学习者，例8的另一个特点是将听和说紧密地结合起来，采用了听、说融合测评的综合式测验方式。这种测验方式体现了新的测验理念，新托福考试中也采用了这样的考查方式。听后回答问题的测验组织方式可以是半直接式的，也可以是直接式的，上面举的例子是一个半直接式录音考试的测验方式。

四、角色扮演

角色扮演一般出现在直接式口语测验中，大学英语四、六级（CET）口语考试和全国公共英语等级考试（PETS）的口语考试中都有这种题型。

角色扮演在两名或多名考生中进行，有时面试官也参与其中。角色扮演一般都设定一个特定的场景，然后分配角色，扮演不同角色的考生在考试中相互交流、对话，面试官根据他们的表现分别打分。这种题型能够考查各方面的技能，包括叙述、议论、劝说和随机应变的能力。

编写角色扮演的试题要注意以下几点：

（1）场景说明应该清楚、明确；

（2）角色的任务要清晰、明了；

（3）角色分配应尽量做到公平，即角色的难度要平均，不要有明显的主次之分。

下面举个角色扮演的例子，该例来自 McNamara(1996)。

例9：角色扮演

应试者和参与者各拿到一张卡片，卡片描述了场景、人物和任务。

应试者的卡片：

场景：诊所
人物：
你扮演的人物为理疗医师
患者：一位老年患者，处于中风后的康复阶段，他锻炼恢复行走的进程比较缓慢。

任务：　告知患者下列医疗器材
➤ 轮椅
➤ 拐杖
➤ 助行架
请你向患者解释每一样器械的优点和缺点。
你应尽量为患者这个阶段的行动康复来综合考虑。你觉得助行架不适合患者，你也不希望患者在这个阶段使用轮椅，你认为拐杖更有利于康复。

角色扮演的参与者的卡片：

场景：诊所
人物：
你扮演的人物为一位老年患者，处于中风后的康复阶段，正在经历痛苦的恢复行走的阶段，并且进程比较缓慢，你认为自己恐怕没有希望康复。
你认为自己应该有一台轮椅。
任务：
➤ 询问理疗医师什么时候可以给你一台轮椅。
➤ 坚持要求给你轮椅，你认为目前自己所进行的痛苦的康复训练是漫无目的的。
➤ 对自己取得实质性的康复进展持消极态度。

在角色扮演中，应试者要根据具体的交际场景和人物关系来完成交际任务。因而这种测试方式对应试者的要求相对较高，适合中、高级水平的学习者。

第五章
国内外主要口语测验简介

第一节　直接式口语测验

前面我们说过，口语测验从组织形式上分主要有直接式和半直接式两种。我们以这两种测验组织方式为划分标准来介绍口语测验。最早的直接式口语测验可以追溯到 1927 年，美国大学委员会（College Board）为海外学生申请美国大学开发了一套测验，其中包括口语测验。该口语测验由十个话题的对话组成，考官根据流利性、应答、语速、发音、阐述、组织、连接词的使用、词汇和惯用语八个方面来评分，从评分上看带有明显的结构主义的观念。有趣的是测验要求考官记录考生是否害羞，这恐怕是最早关注考生个体差异的口语测验。第二次世界大战以后，直接式口语测验有了长足的发展，其中最具代表性的是美国口语能力面试（The Oral Proficiency Interview，OPI）、英国雅思（The International English Language Testing System，IELTS）口语考试和我国的全国英语等级考试（PETS）口语考试。

"二战"以后，直接式口语测验有了长足的发展，其中最具代表性的是美国口语能力面试（The Oral Proficiency Interview，OPI）、英国雅思（The International English Language Testing System，IELTS）口语测验和我国的全国英语等级测验（PETS）口语测验等。下面我们分别加以介绍。

一、美国口语能力面试(The Oral Proficiency Interview，OPI)

OPI 是美国外语教学委员会(American Council for the Teaching of Foreign Language，ACTFL)和联邦政府语言协调会(Interagency Language Roundtable，ILR)开发的以标准化程序评价学习者整体口语能力的口语测验，它是信誉比较好、接受度比较高的口语测验之一。OPI 的测验方式是面试，因此是直接式口语测验。

考官通过与应试者的对话，以 ACTFL 口语能力大纲为标准来检验出应试者的水平等级。整个面试过程需要 15～30 分钟，分为四个部分。第一部分是热身，考官与应试者之间进行一些寒暄，以使应试者进入测验状态。第二部分是摸底，考官问应试者一些简单的问题，让应试者充分运用其语言能力，以便让考官确定其最稳定的水平底线。第三部分是探顶，考官通过提高话题和问题的难度来发掘应试者口语能力的缺陷，从而确定应试者的水平上线。第四部分是结束，考官重新回到应试者最合适的程度上作简单交谈，使应试者恢复自信。

OPI 测验是根据 ACTFL 大纲来执行测验的，大纲直接反映了 OPI 测验的理论构想。ACTFL 大纲把测验任务分为回答简单问题、叙述、描述和议论四个类别，认为初、中级水平的应试者只能回答简单问题和做简单的叙述或描述，不能进行议论的任务，只有高水平的学生才具备完成议论任务的能力。从语境和内容来看，初、中级水平的应试者只能回答比较熟悉的日常生活或个人经历的话题，而一些比较抽象的或涉及领域比较广泛的话题只有高水平者才能作答。可以看出，OPI 在测验任务的选择上是很有针对性的，不同能力水平的应试者将会面临不同的测验任务。同时，ACTFL 大纲还把应试者口语表达的文本类型分为单词(words)、短语(phrases)、独立的句子(discrete sentences)、段落和可延伸的话语(extended discourse)，认为初、中级水平的应试者主要以单词、短语和句子为主，段落表达能力不强，而高级水平的应试者应有较强的段落表达和话语表达能力。

OPI 测验被公认为效度很好的口语测验，由于美国外语教学委员会对考官的培训十分严格，因而它的评分信度也基本有保障，所以它是既可靠又有效的测验。但 OPI 的缺点也不容忽视，首先，它不适合大规模测验，因为一个考官一次只能面对一个应试者，因此它的效率是比较低的；其次，它对考官的要求很高，因而合格的考官数量十分有限。OPI 测验的效度和信度基本依赖考官的素质，因此有人戏言，这样的测验与其说是考学生不如说是考考官。对考官的苛刻要求带来的另一个影响是测验费用比较昂贵，以面试为代表的直接式口语测验多数会面临测验费用高的缺点。再者，考官的年龄、性别、情绪等都会对应试者产生影响。

二、雅思(The International English Language Testing System，IELTS)口语测验

雅思口语测验是直接式口语测验的又一个代表，它采取的也是面试的形式，一个考官与一个考生进行面对面的交流，整个考试过程分为三个阶段。第一阶段为介绍(introduction)，考官在确认应试者的身份后会询问一些关于学习、工作、家乡、兴趣爱好等熟悉的话题，时间为4～5分钟；第二阶段为个人陈述(individual long turn)，考官随机抽取一张题目卡(topic card)，应试者准备1分钟，然后就该题目进行1～2分钟的个人陈述；第3阶段为相互讨论(two-way discussion)，考官和应试者围绕第二阶段的话题进行4～5分钟的交谈，但考官询问的问题在广度和深度上都有所增加。雅思口语测验在测验任务上的特点是分阶段层层推进，逐步增加难度。

目前雅思口语考试所采用的是分项等级评分方法，即从考生表达的流利性与连贯性、词汇量、句式多样性及语法准确性、语音四个单项分别评分。每一单项的评分标准分九级，四个单项分的平均值即为口试的最后得分。

雅思口语考试的分数等级为0～9分，报道分数时可以使用半分，比如可以报道6.5分，各个等级的能力水平描述为：

9分——成绩极佳，能将英语运用自如，精确、流利并能完全理解。

8分——非常良好，能将英语运用自如，只是偶尔有不连接的错误和不恰当，在不熟悉的状况下可能出现误解，可将复杂细节的争论掌握的相当好。

7分——良好，有能力运用英语，虽然在某些情况有时会发生不准确、不适当和误解，大致可将复杂的英语掌握的不错，也理解其全部内容。

6分——及格，大致能有效地运用英语，虽然有不准确、不适当和误解发生，能使用并理解相当复杂的英语，特别是在熟悉的情况时，这个分数可以作为澳大利亚移民和英国留学的分数线。

5分——基本及格，可部分运用英语，在大多数情况下可应付全部的意思，虽然可能犯下许多错误，在本身领域内应可掌握基本的沟通，这个分数可以作为加拿大移民和新西兰移民的分数线。

4分——水平有限，只限在熟悉的状况下有基本的理解力，在理解

与表达上常发生问题，无法使用复杂英语，这个分数可以作为在英国读预科的分数线。

3分——水平极有限，在极熟悉的情况下，只能进行一般的沟通理解。

2分——只属于偶尔使用英语，除非在熟悉的情况，使用单词和简短的句子表达最基本的信息，在说写方面有重大的障碍。

1分——不能通过，可能只能说几个单词，无法沟通。

0分——考生没有参加考试，没有可评估的信息。

雅思测验的优点是注重交际性和真实性，测验效度良好，缺点与OPI类似。

三、全国英语等级测验(PETS)口语测验

由教育部考试中心研制的全国英语等级测验(PETS)口语测验采用的是面试的形式，因此属于直接式口语测验。该测验的特点是每次测验采用2名考官考查2～3名应试者的形式。其中一名考官不参与交谈，专事评分；另一名主持口试，随时与应试者交谈并评分。以PETS第二级为例，测试内容为：

表5-1　PETS第二级测试内容

部分	时间	形式	为应试者提供的信息	考查要点	应试者的回答
1	2分钟	考官与应试者对话	考官提问	个人信息	提供个人信息，谈论个人状况，谈论个人经历
2	5分钟	两应试者对话	信息卡	询问或回答具体事情	询问具体事情，回答有关具体事情的询问
3	3分钟	考官与应试者对话	考官提问	提供信息，阐述观点	回答具体问题，阐述个人观点

PETS口语考试的题型为问答、角色扮演、口头报告和小组讨论等。PETS按照应试者能力水平的高低共分五级，每一级所选用的测验任务类型基本类似，但话题的难度会有不同，同时测试时间也不同，高级别的测验测试时间相对较长。

PETS的测验形式和剑桥初级证书英语考试（Cambridge First Certificate in English，FCE)中的口语测验基本相同。这种口语测验一

次能测 2～3 人，比 OPI 面试的效率高一些，但程序比较复杂，应试者相互配合的能力和个人因素对测验表现也会产生影响。

四、大学英语四、六级考试(CET)口语考试

大学英语四、六级考试口语考试（CET Spoken English Test）于 1999 年 11 月起正式开考。CET 口语考试采取 2 名考官考查 3 名考生的形式，整个考试分三部分：第一部分是考生和 CET 授权的主考进行交谈，采用问答的形式。时间约 5 分钟。第二部分包括 1.5 分钟的考生个人发言和 4.5 分钟的小组讨论。时间共约 10 分钟。第三部分由主考再次提问以进一步确定考生的口头交际能力，时间约 5 分钟。

在设计测验任务时，CET 口语考试遵循了以下几个原则：

（1）话题知识为一般性日常话题，不涉及某个具体的专业。

（2）所设计的测试任务应适合大学生的年龄特征、教育层次、背景、心理特点以及对口语测试了解和熟识程度等特性。

（3）所设计的测试任务应有利于激发情感图式，受试者能较好地对测试任务作出积极的反应。

（4）所设计的测试任务应充分考虑大学生目前的口语水平。

口语考试的另一个重要环节是评分，CET 口语考试在评分时使用以下标准：

（1）准确性：指考生的语音、语调以及所使用的语法和词汇的准确程度；

（2）语言范围：指考生使用的词汇和语法结构的复杂程度和范围；

（3）话语的长短：指考生对整个考试中的交际所作的贡献、讲话的多少；

（4）连贯性：指考生有能力进行较长时间的、语言连贯的发言；

（5）灵活性：指考生应付不同情景和话题的能力；

（6）适切性：指考生根据不同场合选用适当确切的语言的能力。

根据这样的评分标准，CET 口语考试把考生的能力水平分为四个主要等级，各等级的描述如下：

表 5-2　CET 口语考试各等级描述

等级	等级描述
A	能用英语就熟悉的题材进行口头交际，基本上没有困难
B	能用英语就熟悉的题材进行口头交际，虽有些困难，但不影响交际
C	能用英语就熟悉的题材进行简单的口头交际
D	尚不具有英语口头交际能力

CET 口语考试是国内规模最大的面试型口语考试之一。面试的测验组织方式的主要劣势是考试效率较低、成本较高，因此实施大规模考试时难度较大。为了使 CET 口语考试顺利推行，组织者规定申请参加口语考试的考生必须是大学英语四、六级笔试成绩优良的在校大学生，这样的方式虽说是不得已而为之的措施，但在客观上却使得一些口语能力较强而笔试成绩较低的考生没有机会参加考试，产生了一些不公平的现象。因为我们知道，口语能力在语言技能中是相对独立的一种技能，口语考试的成绩和笔试的成绩如果没有高相关（事实上许多研究表明两者之间缺乏高相关），那么以笔试成绩来约束口语考试的资格就存在合理性的质疑。

第二节　半直接式口语测验

半直接式口语测验是在直接式口语测验的基础上发展起来的，相比之下，半直接式测验真实性稍差而客观性与公平性增强，这是因为考官的个人因素将不会对应试者和测验产生影响，因此来自考官方面的测量误差大大降低了。然而半直接式口语测验兴起的主要原因还不仅在此，半直接式的测验方式使得测验成本大幅下降，同时测验规模却可以大幅上升，因此实用性比较强。在半直接式口语测验中，美国教育测验服务中心开发的托福口语测验 TSE（Test of Spoken English）是典型代表，美国 Ordinate 公司研发的 PhonePass 口语测验是很有特色的新秀，而国内的英语专业四级口语测验和中国汉语水平考试（HSK）的口语测验是国内半直接式测验的代表。

一、托福口语测验

托福在 2005 年改版之前的口语测验是 TSE，这是专门为申请做助教的应试者设计的专项测验。TSE 是典型的半直接式口语测验，应试者面临的不是考官而是录音机。测验内容共分 4 个部分：（1）简短问答，这一部分属于热身练习；（2）根据地图回答问题，这一部分考查表达方位的能力，应试者看地图 30 秒钟，然后在 2 分钟内回答 3 个问题；（3）看图说话，应试者先用 1 分钟构思，然后用 1 分钟叙述图画所描述的故事并回答 2～3 个问题；（4）根据话题说话。题目的回答时间比较短（10～60 秒间），应试者的发挥余地很少，属于限制性的口语测验。

新托福的口语测验是一种更典型的整合式测验，它将听、读和说结合起来，但测验的组织形式仍为半直接式。测验共有 6 个问题，第1～2

题是根据应试者较为熟悉的话题说话，准备 15 秒，回答 45 秒。第 3～4 题是先阅读一篇文章，然后再听有关这篇文章的一段讲话，最后回答问题，准备 30 秒，回答 60 秒。第 5～6 题，应试者先听一篇对话或讲座的一部分，然后回答问题，准备 20 秒，回答 60 秒。全部回答时间总共 5 分半钟。这种测验方式反映了新托福的改革思路，即语言技能融合测评。

新托福口语的评分标准与其他外语类考试的口语部分有本质上的区别。考生在口语考试中所作的回答经过数字录音并被发送到美国教育测验服务中心(ETS)在线评估。每个考生的考试录音都至少有三个以上的评分老师进行评估，有的时候一个考生的同一个部分的评估也由两个评分教师评估，这样来保证学生分数的公正性。考生的分数范围是 0～4 分，4 分为满分，0 分是考试没做任何回答。考完之后，ETS 在线评估系统要把考生的分数分别从 0～4 分转换成 0～30 分，这样就是呈现给考生的托福口语成绩。评分员主要就整体表达、语言使用和话题展开三个方面进行评估。

二、PhonePass 口语测验

PhonePass 口语测验是美国 Ordinate 公司研发的通过电话考查口语的测验，目前该项目已经归入 Harcourt 公司旗下。PhonePass 的测试内容一共有五项：(1)朗读；(2)重复句子；(3)说反义词；(4)简短问答；(5)开放式问答。

PhonePass 的测验内容举例如下。

表 5-3　PhonePass 测验内容

题型	举例
朗读	全部为句子，如："My aunt recently rescued a dog that was sick."
重复句子	"Leave town on the next train."
说反义词	听到"white"说"black"
简短问答	听到问题："Would you get water from a bottle or a newspaper?"回答："A bottle."或者"From a bottle."
开放式问答	问题与你的家庭生活或兴趣爱好有关。

PhonePass 口语测验的全部测验时间为 10 分钟，前四部分都是即问即答，最后一个部分有 8 秒钟的准备时间，回答 30 秒钟。因此 PhonePass 也属于限制性的口语测验，应试者的发挥余地很少。PhonePass 的与众

不同之处在于它的评分，除最后一个部分外，其他部分全部采用机器评分，因而 PhonePass 可以说是一种客观口语测验。

三、英语专业四级口语测验

英语专业四级口语测验采用半直接式，考试在语言实验室中进行，每个考生都佩戴耳机，根据考试要求，逐项完成任务。考生说话内容全部录在磁带上或电脑硬盘内。测试内容见表 5-4。

表 5-4　英语专业四级口语测验测试内容

部分	形式	为应试者提供的信息	准备时间	回答时间
1	复述(故事，约有 300 多词)	听一段话(连续听两遍，可以边听边做笔记)	无	3 分钟
2	口头报告(应试者独白)	话题	3 分钟	3 分钟
3	角色扮演(两应试者对话)	规定的情景和分配的角色	3 分钟	4 分钟

英语专业四级口语测验的评分过程分三个阶段：第一阶段是随机分组，将各校寄来的所有录音磁带集中后进行随机分组。将全国参加英语专业四级口试考生的录音分成若干组，每组一般有 32 名考生。从统计的角度来看，每组考生为一个随机样本，能反映整体考生的口语水平。第二阶段为教师评分，每组考生的磁带，由两名教师独立评分。评分时，每个教师要根据内容、语音语调、语法和流利度四项要求，对三项口试任务逐一评分。两位教师的平均分为每个考生在组内排名的依据。如果两位教师所给分数的差异超出一定的限度，再由另外两名教师作最后裁定。第三阶段是确定每个考生最后的得分。首先将每组内考生的分数由高到低逐一排序，然后依据正态分布的理论按 5 分制分配各个分数段的人数。

英语专业四级口试成绩由五部分组成。前三部分为三项任务的内容分，即评定复述、即席讲话、交谈内容的得分，后两部分为语音语调与语法词汇，这两部分成绩是对三项任务的综合评价。复述内容的评定属于典型的分析性评分。评分领导小组将故事内容分解为若干个意义单位，每个单位通常 4 分，分为三个等级：全对(4 分)、半对(2 分)、错(0 分)。评分领导小组根据他们所听的三组样带内容，列出三个等级的可能形式，用于对评分人员的培训。除复述成绩以外，其他四个部分的给分虽有不同等级的样本作为参照，但实际评分时，仍旧是印象分。对三项任务内容、语音语调、语法及词汇的评定标准请见表 5-5。

表 5-5　英语专业四级口语测验评分标准

	任务 1（复述）	任务 2（即席讲话）	任务 3（交谈）	语音语调	语法与词汇
优秀	能有条理地复述所听材料的详细内容	能紧扣所给的题目，有条理地进行即席讲话，内容充实，言语流畅，无不必要的停顿	能根据所规定的情景和角色灵活自如地进行双向交流	语音准确，发音清晰，语调自然	语法基本正确，明显错误很少；用词恰当，词汇量丰富
良好	能有条理地复述所听材料的重要内容	能紧扣所给的题目，较有条理地进行即席讲话，内容比较充实，讲话中有少数不必要的停顿，但对实际无影响	能根据所规定的情景和角色比较灵活地进行双向交流	语音准确，发音清晰，语调较自然	有少数明显的语法错误，但不严重；用词较为恰当，词汇量较为丰富
及格	能复述所听材料的重要内容，但条理性不够	能就所给的题目进行即席讲话，但内容不够充实或少部分内容不切题，讲话中不必要的停顿次数较多，时而影响交际	交谈内容与规定的情景和角色大致相符，基本能进行双向交流	语音基本准确，发音较清晰，语调较自然	有少数严重语法错误，但不明显影响交际的进行；用词基本恰当，词汇量尚可
不及格	遗漏重要内容，或复述内容与所听材料有较大出入	能就所给的题目进行即席讲话，但条理性不够，内容简单或与题目毫无关系，讲话中不必要的停顿频率太高，严重影响交际	和对方交谈有明显的困难，不能进行双向交流	语音不准确，发音不清晰，语调不自然	有严重语法错误，明显影响交际的进行；用词错误比较多，词汇量较小

四、中国汉语水平考试(HSK)的口语考试

中国汉语水平考试(HSK)原先只有考查高水平汉语学习者的 HSK (高等)考试有口语测验。测验形式是半直接式，主要考查汉字认读能力和口头表达能力，测试内容为：

表 5-6　HSK(高等)口语测验测试内容

部分	形式	为应试者提供的信息	准备时间	回答时间
1	朗读	文字材料		
2	口头报告(描述性的)	话题	10 分钟	10 分钟
3	口头报告(议论性的)	话题		

其中朗读文章要求语音语调正确，语音和句读停顿恰当，语气符合文章句式的要求。回答问题要求观点清楚，能用较为纯正的普通话连贯地表达思想，内容充实，表述得体。

2007 年为了满足应试者与社会的需求，北京语言大学汉语水平考试中心对 HSK 考试进行了改进，改进后的 HSK 在初级、中级和高级三个等级的考试中都增加了口语考试。下面我们分别加以介绍。

(一)HSK(初级)口语考试

HSK(初级)口语考试主要考查句子层面的口头表达能力，考试由三个部分组成，表 5-7 详细说明了考试结构及题型。

表 5-7　HSK(初级)口语考试结构及题型

HSK	分测验	题数	考试时间
(初级)	第一部分：重复句子	20	约 6 分钟
口语	第二部分：简短回答	20	约 7 分钟
考试	第三部分：口头陈述	2	约 2 分钟
总计	3	42	约 15 分钟

第一部分(重复句子)要求应试者重复听到的句子，这些句子都是初学者需要的掌握的常用句，但句子的长度、句型、用词、功能等不同，这部分主要考查应试者听懂并口头重复信息的能力。第二部分(简短回答)要求应试者简单回答问题，这些问题涉及的都是生活和学习中的常用话题，问题的难度由易到难。这部分主要考查应试者使用简单的句子进行日常口头交际的能力。第三部分(口头陈述)有两个题目，这两个题目是一个问题或者对应试者提出的一个要求，听完问题或要求后，要求

应试者马上用 5 个以上的句子进行回答，这部分主要考查应试者组织句子，进行最简单的成段表达的能力。

(二)HSK(中级)口语考试

HSK(中级)口语考试主要考查基本的成段表达能力，试卷结构及题型如表 5-8 所示：

表 5-8　HSK(中级)口语考试结构及题型

HSK (中级) 口语 考试	分测验	题数	考试时间
	第一部分：回答问题	3	约 7 分钟
	第二部分：看图说话	1	约 5 分钟
总计	2	4	约 12 分钟

第一部分(回答问题)的题目内容主要涉及日常学习和生活方面，这部分主要考查应试者在日常生活和学习情境下进行一般性口头交际的能力。第二部分(看图说话)要求应试者根据对图画的理解，清楚、完整地讲述故事，这部分主要考查应试者用汉语进行成段口头表达的能力，特别是考查应试者是否能够比较连贯地、完整地叙述一个事件。

(三)HSK(高级)口语考试

HSK(高级)口语考试要考查用汉语进行议论性的成段表达的能力，表 5-9 详细说明了试卷结构及题型。

表 5-9　HSK(高级)口语考试结构及题型

HSK [高级] 口语 考试	分测验	题数		考试时间
	第一部分：听后回答问题	1		约 6 分钟
	第二部分：二选一回答问题	可选：2	必答：1	约 4 分钟
总计	2	2		约 10 分钟

第一部分(听后回答问题)主要考查应试者就某种真实的现象、某个实际发生的事件或某种具体的观点成段地发表结构完整的讲话的能力。在这个部分，应试者首先会听到一段讲话或对话的录音，录音结束后，应试者将听到一个问题，应试者可边听边做笔记，听完再整理一下笔记，最后根据题目要求回答问题。第二部分(二选一回答问题)主要考查应试者就一般性话题成段地发表结构完整的讲话的能力，应试者可以从试卷上给出的两个问题中任选一题口头回答。

第六章
口语测验的评分

第一节　评分方法及其分类

测验的结果最终要落实到分数上，测验的使用者将根据分数对考生的能力做出推断，而这种推断是否能得到证据的支持是测验是否有效的核心表现（APA，1985）。测验的分数在很大程度上依赖于评分过程，在口语考试中评分更是一个重要环节。口语测验领域普遍认为评分员和评分方法决定了口试的信度，从而在很大程度上影响了测验的效度。口试的评分方法可以分为主观评分和客观或半客观评分两种。前者主要有总体等级评分（Holistic Rating）和分项等级评分（Analytic Rating）（李筱菊，1997；徐强，1992），后者主要有机器评分、分项客观指标评分和0/1评分等。

一、主观评分

（一）总体等级评分（Holistic Rating）

总体等级评分是口语考试中最常使用的一种评分方法，它是根据某一总体水平等级量表（Holistic Proficiency Rating Scale）来对考生的口语水平作出总体评价。这些量表一般将口语水平分为若干级别，有的还用辅助级别来表示介于两个等级之间的水平。在国内外知名口语考试中，采用总体等级评分的有 OPI 口语考试、雅思口语考试、HSK（高等）口语考试以及 ASLPR（Australian Second Language Proficiency Ratings）等。

以 OPI(The Oral Proficiency Interview)与雅思(The International English Language Testing System，IELTS)口语考试为例。OPI 的评分标准依据的是美国外语教学委员会(American Council for the Teaching of Foreign Language，ACTFL)大纲。大纲把口语能力等级分为 4 个大等级，10 个小级别，分别为初级(低、中、高)、中级(低、中、高)、高级(低、中、高)和专业级，并对每一级别都作了详细的描述和区分。描述和区分的是从总体任务和功能(global tasks and functions)、语境和内容(context and content)、准确性(accuracy)和文本类型(text type)四个方面进行的。评分时考官根据考生的表现，比照大纲对各个级别的描述将其归在 10 个级别的某一级上。

雅思把口语水平等级分为 9 级。每一个等级描述的不是语音、语法、词汇等不同方面的特征，而是每个等级水平的总体特征。例如对第 5 级的描述是：对话基本可以被理解，但其中有明显的语言形式或风格上的不足；交流时需要考官重复或解释；交际缺乏弹性；能应付交际但缺乏兴趣。

总体等级评分在评分操作上简便易行，但对评分员的要求很高，训练评分员非常不容易。首先，评分员必须要能准确地领会量表对各个水平等级的描述；其次，要能对考生的表现作出正确的判断，这些都依赖于评分员的经验。Oller(1979)[4]就认为口语考试的成功在很大程度上取决于评分员区分考生表现的能力。总体等级评分的主观随意性比较大，评分信度难以保证。导致评分信度不理想的原因有很多，其中一个重要的原因是不同评分员的注意点不同。评分员在评分时可能把注意力集中于被试言语表现的不同方面。比如有的评分员比较注重发音，而另一些评分员则比较重视语法准确性，这样他们的评分就会有出入(Lado，1961；Davis, Brown , Elder, Hill, Lumley & McNamara, 1999)。

(二)分项等级评分(Analytic Rating)

针对总体等级评分的不足，人们设计了分项等级评分。它的特点是根据分项水平等级量表(Analytic Proficiency Rating Scale)来对考生的口语水平逐项作出评价。比如评分标准中可能有语音、语法、词汇等项目，每一项内又分为不同的分数等级，评分员分别给出各项的分数。研究者们认为这样的评分方法有两个好处：其一是对评分员的要求比总体等级评分低一些，因为评分员只需要根据评分标准对各个要素分别进行评判而不需要具有把握考生总体水平的能力；其二是可以避免评分员注意点不同而带来的评分误差，评分的信度相对较高。

最具代表性的分项等级评分是美国外交学院制定的 FSI(Foreign

Service Institute)口语考试的评分方法。FSI 的分项等级评分从语法、语音、流利程度、词汇和总体可理解度 5 个方面来做出评判,评分员要在一个五级量表上分别对这五项进行评分。后来的许多口语考试分项等级评分大都沿用 FSI 的标准。

在分项等级评分中,评分员虽然被要求根据不同的项目(如流利性、语法准确性、发音等)来评价被试的言语表现,但是在实际评分时他们很难同时注意若干方面,况且这几个方面的叠加也并不完全等于该考生的口语水平(文秋芳,1999)[7]。这种评分方法带来的另一个评分误差是光环效应(Halo Effect)。它是指评分员对被试的最初印象影响了对其后继表现的评判,并且考试的过程越长这种效应越明显(Lado,1961;Henning,1987;Bachman,1990;Davis,Brown ,Elder,Hill,Lumley & McNamara,1999)。

(三)对两种评分方法的研究

在口语考试的评分方法中,分项等级评分和总体等级评分并行了许多年。有的考试比如全国英语等级考试(PETS)口语考试还在评分过程中综合使用总体等级评分和分项等级评分。PETS 口试中有两名考官,一名专事评分,另一名主持考试。专事评分者根据语法与词汇、语音语调和互动交际三个方面做出分项等级评分,而主持考试者只给出一个综合分,即总体等级分。专事评分的考官所给分数的权重占三分之二,主持口试的考官所给分数的权重为三分之一。

不少研究者对这两种评分方法进行过比较研究。Boldt 和 Oltman (1993)在研究托福(Test of English as a Foreign Language,TOEFL)的口语考试(Test of Spoken English,TSE)的构想效度时发现分项维度(发音、语法、流利性、词汇等)不能较好地支持对口语能力结构的预先假设,他们发现在做因素分析时这些维度都负荷于一个强大的第一因子。因此 Boldt 和 Oltman 认为没有必要使用分项评分,因为分项评分比总体评分的评分过程要麻烦得多。事实上美国教育测验服务中心(Educational Testing Service,ETS)在新托福的口语考试中已经放弃分项等级评分而采用了总体等级评分。

文秋芳(1999)在研究英语专业四级的评分标准时发现内容、语音语调、语法和流利性四个分项都属于同一个因素。换句话说,分项分数并没有形成独立评估学生口语水平的四个不同参数。

总体等级评分和分项等级评分是口语考试最常用的评分方法,两者的相关程度很高,在很大程度上可以相互替代,从这个意义上说总体等级评分在操作上更加简便、实用性更强。

二、客观化评分

根据 Bachman(1990)对客观考试和主观考试的区分，客观考试是指考生反应的正确性完全由既定标准决定而不需要其他判断；主观考试是指评分员必须对考生反应的正确性作出判断，而这种判断是基于评分员对评分标准的主观解释上的。由此我们可以发现，客观考试和主观考试的区别主要在于对评分标准的解释上，前者的解释是唯一确定的，后者的解释则随评分员理解的不同而有不同。因而，要保证评分的客观性就必须最大限度地保证对评分标准解释的确定性，减少评分员主观判断的成分。在口语考试的评分中，研究者们采用了许多方法减少评分的主观成分，但要做到完全的客观化非常困难。在这里，我们把在这方面做出积极探索的几种评分方法都归为客观化评分。

(一)PhonePass 的客观评分

PhonePass 口语测验是美国 Ordinate 公司研发的通过电话考查口语的测验，目前该项目已经归入 Harcourt 公司旗下。PhonePass 对朗读、重复句子、说反义词和简短问答四个题型使用了机器评分，这套评分系统采用了较为先进的言语识别系统，能够处理不流利的自然语言，从而实现客观评分。但值得提出的是该项技术目前还不能解决自然问答的评分。PhonePass 采用机器评分的仅仅是朗读、重复句子、说反义词和简短问答四个部分，对开放式的问答部分仍旧采用人工评分。实际上采用机器评分的这几个部分都不能算作真正意义上的自主表达，因而这种机器评分有一定的局限性。

(二)分项客观指标评分

为了提高口语测评的评分信度，研究者们使用某些客观指标来对言语样本进行评分。这种评分方法在二语习得研究中使用得比较广泛，评价的客观指标一般涉及发音、语法的准确性和复杂性以及表达的流利性等。

对发音的评价是建立在"可辨认性"(Intelligibility)的原则上的，ETS 认为发音是指考生的发音和能熟练正确地用该种语言发音的人，其发音相似的程度，在某种程度上可以用"可辨认性(Intelligibility)"来评判。Morley(1991)[11]也认为"可辨认的"发音是交际能力的基本成分。如果发音不可辨认，那么第二语言学习者的交际就会产生障碍。因此研究者们通常把"可辨认性"当做评判发音的客观指标。

在语法准确性方面，一般将意义可理解的、无形态变化错误和用词错误作为评判标准(Gaies，1980)。在评价语法复杂性方面，二语习得领域一般以 T-Unit① 作为主要指标。具体的表现指标有：无错误的 T-Unit的平均长度、无错误的 T-Unit 占 T-Unit 总数的比例、无错误的 T-Unit的平均长度等(Gaies，1980，Perkins，1980，Halleck，1995)。

在衡量流利性方面，一般使用停顿的次数以及平均语流长度(MLR，Mean Length of Runs，指所有每两次之间的语流的平均长度)作为有效指标(Lennon，1990，Towell，Hawkins&Bazergui，1996)。

王佶旻(2002)曾经使用上述客观指标对简答、重复句子和口头报告三种口语考试题型进行评分，结果表明这种评分方法虽然信、效度不差，但不如0/1 评分和总体等级评分的效度高。这种评分方法的致命弱点是操作过于繁琐，实用性不好。Perkin(1983)也认为客观指标评分的信度虽然比等级评分要高得多，但在实施上十分麻烦，不适合大规模考试，因此可行性不强。

(三)口语考试中的 0/1 制评分

1. Henning(1983)的研究

Henning(1983)比较了面试、模仿(imitation)和完成句子(sentence completion)三种不同测验方法的效度。针对不同题型，在评分上采用了三种方法。对于面试，采用总体等级评分和对语音、语法、流利程度的分项等级评分。对于后面两种题型，采用了 0/1 制的评分方法以及和面试相同的分项等级评分。0/1 制评分的具体办法是：句子模仿完全正确得 1 分，否则得 0 分；完成句子在语法上可接受的得 1 分，否则得 0分。结果表明：对于模仿和句子填空这两种题型，0/1 制的评分比分项等级评分更有效。

2. ETS 在 TSE 评分方法上的探索

ETS 的 Clark 和 Swinton(1979)在开发 TSE 时曾经用0/1 制的评分方法对某些题型进行过评分，比如，语法形式填空(Grammatical Patterns)的评分方法是：没有回答或回答有语法错误得 0 分，填入的语法形式完全正确得 1 分。

3. Madsen 对初学者口语客观化评分的观点

Madsen(1983)针对初学者口语测验的评分作了客观化探讨，认为可以采用0/1 的形式对包括问答、看图说话和复述等题型进行评分。对

---

① T-Unit(Minimal Terminable Unit)是 Hunt 于 1965 年首先提出来的，它是用来测量句子复杂程度的最小单位，包括主句和与其相关的分句，每一个 T-Unit 都是以大写字母开头并以句号结尾的(Richards，Platt&Platt，1992)。在第二语言习得领域，T-Unit 及其变体被广泛地使用。

于问答题，Madsen 提出可以用回答符合题意并且可以理解来作为评价标准，是则得 1 分，否则得 0 分。对于看图说话，可以事先将图画切分成若干片断，对每一片段实施 0/1 评分，然后相加得到总分。对于复述题型，也可以将所要复述的段落事先切分成若干要点，然后分别加以 0/1 评分，最后汇总得到总分。这种方法比较适合初学者，可以说是一种特殊的 0/1 评分。

(四)分部评分(partial credit scoring)

分部评分是指评分时包括对中间状态的评分。比如回答完全正确得 2 分，发音有问题但回答可以理解的得 1 分，没有回答或回答不可辨认的得 0 分。汉语水平考试(HSK)改进版初级口语考试就采用了分部评分的方法。比如，在快速回答问题题型中，评分方法如下：

表 6-1　快速回答问题题型评分方法

题型	标准	得分
重复句子 第一部分	句子完全重复正确，且语音面貌较好	3
	句子完全重复正确，但语音有问题	2
	句子成分有缺失或增加，但句子仍然可理解，并未改变原意	2
	句子成分有缺失或增加，但句子仍然可理解，并未改变原意，且语音有问题	1
	句子不完整，或改变了原意，或不可辨认	0

三、评分方法的相关问题

(一)评分方法与口语能力的定义

语言测验在设计之初首先要明确的是如何去定义语言能力，Bachman (1990)认为对语言能力可以有两种不同的定义方法，一种叫"现实法 (real-life approach)"，一种叫"成分法(interactional/ability approach)"。在"现实法"里，语言能力本身并没有被定义，它只是确定了一个由实际语言应用的特例构成的范围(域)，这个范围里的每一个应用特例，被认为是特定语言行为的表现，因而反映特定的语言能力。美国外语教学委员会的 ACTFL 水平等级大纲、欧共体的语言标准(Common European Framework，CEF)以及我国的《汉语水平等级标准》都是这样定义语言水平的。而"成分法"是把语言能力定义为由若干子能力组成。采用这种定义方法的例子很多，大家比较熟悉的有 Lado(1961)和 Carroll(1961)的语言能力双维模型、Halliday(1976)的功能框架、Munby(1978)的交际大纲、Canale和Swain(1980)的交际能力框架以及Bachman(1990)的交际能力模型(CLA)等。

口语测验的评分需要根据对口语能力的定义来制定方法与规则。在以"现实法"定义的口语测验中，评分一般采用总体等级评分，每个等级都有一组具有代表性的语言行为表现，考官或评分员根据这些语言行为表现来判定被试应当属于哪一个等级。前面所谈到的美国外语教学委员会的OPI测验和英国的雅思口语考试就是这方面的代表。在以"成分法"为核心定义的口语测验中，测验编制者把口语能力分解为几个不同的成分(或维度)，然后从这些维度分别评价被试的口语表现。与之相应，评分一般可以采用分项等级评分或分项客观指标评分。采用分项等级评分的测验实际上同时汲取了"现实法"的特点，即在每个维度的等级评分时依据这一维度的代表性表现来进行评判。分项客观指标评分则是根据所确定的成分(或维度)，找到某些客观指标来计算其数量的大小，从而测量出被试在每个维度上的能力水平。

(二)评分方法的选择

评分作为考试的重要环节，不是孤立存在的。在选择评分方法时应该综合考虑考试题目的类型、考生团体的性质和评分误差等问题。

1. 题型与评分方法的选择

在选择评分方法时首先要考虑的就是题型，不同特点的题型适合不同的评分程序。目前口语测验可以使用的题型有60余种，Underhill(1987)详细说明了包括口头报告(oral report)、小组讨论(learner-learner joint discussion)、角色扮演(role play)、重复句子(sentence repetition)和面试(interview)在内的20种题型。

在这些题型中，有的题型适合使用主观评分，有的题型则可以采用客观化评分。限制性的题型(比如重复句子)，对考生所可能产出的言语样本作了很大的限制，这使得我们能够预测到考生将要产出的言语样本会是什么样的。因此评分标准的确定性就会比较强，评分的客观化程度也就能够提高，对于此类题型就可以采用客观化评分。开放式的题型(比如面试与角色扮演等)，考生可以自由发挥的余地很大，不能够对其言语样本进行预测，在评分标准的制定上就只能采取等级制，因此适合采用主观等级评分。

2. 对不同水平的言语样本的评分问题

在学习者口语习得发展的过程中经历了三个标志性的阶段，即沉默期、套语期和结构语义简化期(Ellis，1994)。Ellis认为在二语习得过程中首先产出的是单字句、简化句，然后逐渐增加形成比较长的句子。在结构语义简化期之后，学习者开始从语句(utterance)表达进入到话语(discourse)表达，这个时期的学习者开始具备一定的话语组织能力和成段表达能力。从二语学习者口语水平的发展过程可以看出，学习者的口语表达经历了从词语或短语表达到句子表达再到语段表达三个阶段。

处于不同习得阶段的被试在口语考试中所产出的言语样本是不同的。对于同一个话题，高水平学生的表达以语段为主，而低水平学生的表达以短语和句子为主。我们很难使用 0/1 制或机器评分对语段表达进行评判，而对于短语和句子则可以执行客观化的评分标准。

另外，对于初学者来说，无论使用总体等级评分还是分项等级评分都会面临评分上的困难，即很难根据等级大纲的描述对学习者做出准确区分。正如 ACTFL 考官培训手册(ACTFL Tester Training Manual)所指出的，对初等水平的学生作出区分是比较困难的，因为他们的语言表达能力有限，很难从发音、语法、词汇或流利性上把握初学者能力的区别。因此 ACTFL 大纲把准确性定义为可接受性、质量和信息传达的正确性。对于初、中级水平考生，准确性被定义为可辨认的和可理解的，而在高级阶段则要考虑到语言使用的准确性、适合性和流利性等。

因此我们认为对于高水平学生的言语样本，采用主观等级评分还是主要的评分途径。而对于初、中级水平的学习者，则可以使用包括 0/1 评分在内的客观化评分。

3. 评分误差的控制问题

口语考试的评分环节是测量误差产生的重要来源，因而如何最大限度地减少测量误差是一个必须考虑的问题。传统的主观等级评分主要的评分误差来自评分员之间评分的不一致以及评分员自身评分的不稳定。减少这类评分误差主要有两种办法：其一是加强对评分员的培训，以期评分员能够熟练掌握评分规则；其二是对评分过程进行即时监控，这是指在评分的过程中对评分员的评分严厉度和稳定性进行监控，从而实现对评分质量的现场控制。目前北京语言大学汉语水平考试中心已经在 HSK(高等)口语考试中实现了网络化评分管理和监控。

客观化评分通过减少评分的主观成分来达到控制评分误差的目的，因此它必须在提高评分标准的确定性上下工夫。前面所提到的机器评分、分项客观指标评分和 0/1 评分三类客观化评分都在这方面做出了探索。但我们也不难看出，客观化评分在成功地控制了评分的主观成分的同时也带来了其特有的局限性，即有的题型和言语样本不能采用这种评分方式。

(三)评分方法与测验的效度

在口语测验中，我们讨论最多的就是评分的信度。实际上，口语测验评分的科学性与适当性不仅是测验信度的保障，也是测验效度的要求。美国 1985 年修订的《教育与心理测量标准》(APA)明确指出：效度指的是根据分数所做的推论在多大程度上得到了证据的支持。从上面的定义中我们不难看出，效度是与分数和分数解释密切相关的一个概念，而分数直接来源于评分，因此评分质量影响了测验的效度。

在效度研究中，表面效度被认为是一种"外行"的效度。但对于口语考试来说，表面效度是一个应该调查的因素，良好的表面效度可以调动考生的积极性使测验更能反映考生的真实水平。正如 Anastasi 和 Urbina (1997)指出的，表面效度是一种合乎需要的测验特征。如果测验内容看起来不合适，其结果是被试合作不好，而不管测验的实际效度如何。特别是在成人测验中，一个测验仅有客观效度是不够的，它还需要表面效度。口语测验的表面效度不仅体现在测验方式和题型上，也体现在评分方法上。主观评分给人以全面、直接的印象，具有比客观化评分更好的表面效度。因此在使用客观化评分时，应当清楚地给出评分方法和评分程序，以让大众充分了解评分情况，信任评分方法。

同样一个言语样本采用不同的评分方法则得到不同的测验分数，这些测验分数哪一个更能反映测验所要测的特质是效度研究的基本问题。王媛媛(2004)分析了总体等级评分和分项等级评分对测验效标关联效度的影响。她分别使用两种评分方法对 HSK(高等)口语考试进行评分，以比较两种评分方法对测验效度的影响。结果表明，两种评分方法下测验的效标关联效度没有显著差异。文章建议 HSK(高等)口语考试继续采用比较简便的总体等级评分，因为比起分项等级评分来，总体等级评分是比较经济可行的办法。王佶旻(2002)使用 0/1 评分、分项客观指标评分和总体等级评分三种评分方法对简答、重复句子和口头报告三种题型进行评分，并且比较了三种评分方法对测验效度的影响。结果表明，三种评分方法的效标关联效度都比较理想，而总体等级评分的构想效度最好，0/1 评分次之，分项客观指标评分的构想效度不太理想。

评分是给量表赋值的过程，这一过程对测量的信度和效度都产生了影响。对于口语考试来说，制定可靠、实用的评分方法与评分程序是把好测验质量关的重要环节。

第二节　评分量表

一、评分量表的特点与分类

　　口语考试的评分量表直接体现了该考试的评分标准、分数体系以及分数解释，因而是口语考试最重要的组成部分之一。Fulcher（2003）在前人的基础上提出了一个评分量表的结构框架，从三个方面对评分量表进行了定义和分类。

表 6-2　口语测验评分量表结构框架

量表的指向（orientations）
●测验使用者（user）
●评分员（assessor）
●测验执行者（constructor）
评分方法（scoring）
●分析型（analytic approach）
●综合型（holistic approach）
　☆总体评分（holistic scoring）
　☆主特征评分（primary-trait scoring）
　☆多特征评分（multiple-trait scoring）
核心（focus）
●真实世界（real world）
●理论构想（construct）

　　其中，量表的指向是指量表是制定给谁看的。使用者指向的量表描述某个水平等级的学习者的典型语言表现，评分员指向的量表意在指导评分过程，执行者指向的量表的主要功能是帮助测验的执行者选择合适的测验任务。

　　评分量表中，分析型量表和综合型量表是两个大的类别，综合型量表是指不以计算言语样本中的错误数量来作为评分依据的评分量表，而分析型量表则是以统计错误数来评分的量表（Cooper，1977）。综合型量表中，又有三个小类别。总体评分是指通过对言语样本的总体印象或者根据量表来给出一个单一的分数，主特征评分假设评分员只能通过特定的语境来对某一言语样本进行评分，所以应该根据特定的任务来制定评分标准。多特征评分是指对某一言语样本给出多个分数，每个分数针对某一个语言特征(Hamp-Lyons，1991)。

我们以几种最著名的口语水平评分量表为例来看主观性等级评分量表。在此之前，有一个概念我们需要澄清，这个概念就是"母语者(native speaker)"，有的时候我们也看到"近似母语者(native like)"或者"受过良好教育的母语者(well-educated native speaker)"的说法。这个概念和评分量表有直接的联系。评分量表最高级别或者说是终极目标就是母语者，Wilds(1975)就曾经谈到"受过良好教育的母语者"是制定FSI量表的"绝对标准"。这种现象同第二语言习得类似，从某种意义上说，外语(第二语言)学习的终极目标是母语者或近似母语者，因此，语言习得和语言测验中的很多标准都是与母语者直接或间接相关的。母语者及其特征对语言能力研究有特别重要的意义，因为评价语言能力的唯一可靠标准就是母语者。

那么什么是母语者呢？Davies(1990)认为母语者有以下 6 个特征：

(1)母语者是在他的童年时期学他的第一语言的，所以他是那种语言的母语者。

(2)在接收和输出语言时，母语者对自己的语法一具有直觉。

(3)母语者对不同于自己语法一的语法二也具有直觉。

(4)母语者具有完备的话语产出能力，这包括短语间的停顿、巨大而完备的词汇量等。在产出和理解上，母语者都显示出完备的交际能力。

(5)母语者具备创造性写作的能力。

(6)母语者具有解释和传译第一语言的能力。

许多评分量表所定义的高水平等级都瞄准"母语者"或"近似母语者"，虽然很少有二语学习者能够达到这样的水平等级，但是"母语者"的特征仍旧是二语学习和测试的绝对标准。

下面我们以几种最著名的口语考试评分量表为例来说明评分量表的性质与作用。

二、几种著名的口语测验评分量表

(一)OPI 考试的评分量表

OPI(Oral Proficiency Interview)是美国外语教学委员会主办的一项面试型口语考试，其评分量表以 ACTFL 大纲中有关口语能力的部分作为依据，并在大纲的基础上结合考试的具体程序而制定，量表的水平等级分布同大纲基本一致，我们可以具体来看一下。

1. 初级

总体能力：

①能回答一些简单的问题，这些问题是关于最普通的日常生活的。

②在同外国人交谈时，能使用孤立的词、词串、背诵的短语和一些个人重组的词或短语来向谈话者传达极少的意思。

③能满足极有限的切身需求。

(1)初级初等

①说话者不具备真正的功能性交际能力，而且因为他们的发音问题，他们可能不易被理解。

②如果给定充足的时间或者给予熟悉的提示，他们可能可以互相问候，出示身份，说出与他们直接相关的环境中一些熟悉物体的名字。

③他们不能表现出中级水平的功能或处理适合中级水平的话题，并且因此不能参与真实的会话交流。

(2)初级中等

①说话者极少交际，而且在运用一些已经学过的、用在特定背景下的单个词和背诵的短语时有困难。

②在回答直接问题时，他们完全只能一次用 2～3 个单词回答或者偶然使用惯用回复。

③当他们寻找简单词汇或者再次利用自己的或者对方的词汇时，时常会停顿。

④由于说话者的迟疑，词汇的缺乏、不准确，或者不能恰当地做出反应等原因，即使是合意的并熟悉外国人讲话的人理解起来也很困难。

⑤当被要求处理具有中级水平的行为功能上的话题时，他们时常求助于重复、利用母语中的词汇或者沉默等手段。

(3)初级高等

①学习者可以处理各种适合中级水平的任务，但是却不能维持这种中级水平的表现。

②在直接的社交情景下，可以成功地完成一些不太复杂的交际任务。

③会话只限制于一些生存在目标语言文化中所必需的可预测的话题，例如基本的个人信息，基本的事物和有限的一些行为、喜好和切身需求。

④说话者可以回答简单的、直接的问题，或者回复个人信息方面的要求；在被要求的情况下，能问极少的公式化问题。

⑤说话者能够表达个人意思，但必须高度依赖所学的短语或者对这

些短语的重组，以及使用他们从对话者那里听来的内容。

⑥他们的话语几乎都是简短的句子，有的时候甚至不完整，话语可能会迟疑或者不准确。

⑦由于他们所说的话语经常只是用一些所学的材料和常用的短语来表达，所以有时可能会惊奇地发现他们说得很流利准确。

⑧当他们尝试独自表达个人化的话语时，他们的母语会严重地影响他们的发音、词汇和句法。

⑨时常会出现不可被理解的时候，但是通过复述和改述，合意的听众一般能够理解他们的意思。

⑩当被要求处理一些适合中级水平的各种简单的话题和行为功能时，说话者有时会用中级水平的句子来回答，但是不能维持到这种水平的表现。

2. 中级

总体能力：

①说话者可以在简单且直接的会话中，参与关于日常活动和个人环境的一般性可预测话题。

②通过提问和回答问题，说话者可以获得和传达信息。

③在一些基本的、并不复杂的会话互动中，说话者可以开始、维持，并且结束这些话题。

④通过整合语言成分来形成不连续的句子和成串的句子，说话者可以生成语言并向合意的对话者传达个人的意思。

⑤能满足生存在目标语言文化中的简单的个人需求和社交需求。

(1)中级初等

①在直接的社交情景中，说话者能够通过生成语言，成功地处理有限的不太复杂的交际任务。

②会话只限于为了生存于目标语言文化环境中而必需的一些具体的交流和可预期的话题。这些话题涉及的是一些基本的个人信息，例如，关于自身和家庭的信息，一些日常活动和个人爱好及一些切身需求，譬如订餐和简单的购物。

③说话者主要是做出一些反应性行为，并且得努力才能回复一些直接问题或者对信息的要求，但是他也能问少数适当的问题。

④说话者可以通过组合和重组所知的，以及从对话者处所听到的内容，来形成一些简短的陈述，以此表达个人的意思。

⑤当他们寻找合适的语言形式和词汇，来尝试为传达的信息提供一种形式时，他们的话语经常充满了迟疑和不准确。

⑥他们的话语时常会有停顿、无效的重组和自我更正。

⑦他们的发音、词汇和句法会受到母语的强烈影响，尽管时常存在不可被理解的时候，并且需要通过重复和改述的方式去解决，但是他们一般能够被合意的对话者，特别是熟悉外国人说话的人所理解。

（2）中级中等

①在直接的社交情境中，说话者能够成功地处理各种不太复杂的交际任务。

②会话一般仅限于那些生存在目标文化中必需的、可预测的具体交流；其中包括的个人信息涉及自身、家庭、住处、日常活动、兴趣和个人喜好及身体和社会的需求，例如食物、购物、旅行和住宿。

③说话者倾向于做出反应性行为，例如，对直接的问题或者信息方面的要求做出反应。但是，当需要获得简单的信息来满足基本需求时（例如指导、价钱和服务），他们也能够提出各种问题。

④当被要求做出具有高级水平的行为或者处理具有高级水平的话题时，他们能够提供一些信息，但是在组织想法、控制时间和事情方面有困难，他们会使用一些交际策略，例如迂回表达。

⑤说话者能够通过生成语言来表达个人意思，有些部分能够通过组合和重组所知元素和会话中的输入，来生成长段的话语和一些句串。

⑥当他们在寻找合适的词汇和合适的语言形式去表达他们自己时，他们的话语可能会有停顿、重新组织和自我更正的现象。

⑦由于他们的词汇、发音、语法或/和句法上的不准确，他们仍然会有不可被理解的情况，但是说话者一般能够被习惯外国人说话的合意对话者理解。

（3）中级高等

①当处理中等水平的一些最常规的任务和社交情景时，说话者可以轻松且自信地进行会话。

②他们能够成功地处理许多不太复杂的任务，也能处理社交情景要求下的关于基本信息的交流，这些基本信息涉及工作、学习、娱乐、部分兴趣爱好和能力领域。在处理的过程中可能会有迟疑和错误的存在。

③说话者可以处理适合于高级水平的任务，但是在高级水平更广泛的话题中，他们却不能保持这种行为。说话者在主要时间内都能使用成段的连贯话语进行叙述和描述，并且这种行为状态具有持续性。

④他们在完成高级水平的任务时，可能会出现一些挫败。例如：为了使用合适的时态，说话者在语法上或者句法上不能持续叙述或者描述；话语之间没有连接性；误用连接手段；词汇量的幅度和合适性有所

递减；不能成功地委婉表达或者出现明显的迟疑。

⑤一般能够被那些并不习惯外国人说话的母语者所理解，尽管存在母语的作用（例如，使用编码转换、错误的同类词、字面翻译等）和交际中的间断。

3. 高级

总体能力：

①在许多非正式的和一些正式的情景下，说话者能积极参加一些以个人和公众的兴趣为话题的会话。

②在主要的时间内能够进行叙述和描述，并能很好地控制各方面。

③通过运用各种交际策略，能够有效地处理未预料到的复杂因素。

④能够通过恰当、准确、自信地使用连贯的成段话语和材料，以维持交际。

⑤能够满足工作和/或学习环境下的要求。

（1）高级低等

①说话者能够处理各种交际任务，尽管有时会稍微中断。

②他们能够积极地参与许多非正式的和极少一部分正式的会话，这些会话是关于学校、家庭、闲暇活动方面的内容，极少程度上，还能涉及一些工作、时事、公众和个人兴趣或与个人相关的事物。

③在大部分时间段内（过去，现在和将来），说话者有能力用成段的话语进行叙述和描写，但是在控制力方面有时还存在欠缺。

④他们可以成功地处理一些出现在常规环境或交际任务中，不太熟悉的复杂因素或者意想不到的突变带来的挑战，尽管有时他们的话语可能表现出该水平的最低限并且很紧张。在这种情况下，他们会使用一些例如改述和委婉陈述的交际策略。

⑤在他们叙述和描写的过程中，他们能将句子组合并连接成成段的连贯的话语。

⑥当要求做出完整的陈述时，他们倾向于探求和依靠最简单的话语形式。

⑦他们的话语明显没有单个的段落那么长。

⑧仍然会受母语结构的影响，会使用错误的同类词，进行字面翻译或者使用说话者的母语而非目的语的口头段落结构。

⑨说话者的语言有实质性内容，尽管语流不规则，稍微有些紧张和试探，有明显的自我更正和一定的"语法粗糙"现象。词汇主要是普通词汇。

⑩在交流中，说话者能够准确、清楚并且精确地传达他们的意图，

而不会让人误解或混乱，并且能被不习惯外国人说话的母语者所理解，即使可能要通过重复和重述的方式。

⑪当被要求处理或者表现具有专业级水平的话题时，他们话语在质和量上的水平都明显下降。

（2）高级中等

①说话者可以轻松自信地处理大量的交际任务。

②他们能积极地参加关于各种具体话题的许多非正式的和一些正式的交流，这些话题涉及的是工作、学习、家庭和闲暇活动，以及时事、公众、个人兴趣和与个体相关的内容。

③在所有的主要时间段内（过去、现在和将来），说话者有能力通过提供完整的报告，很好地控制各方面来进行叙述和描述，他们能够灵活地适应会话的要求。

④在连贯的成段话语中，说话者能够将叙述和描写结合并灵活地融合在一起，来支持事实并使事实之间有联系。

⑤他们可以成功地处理一些出现在常规环境或交际任务中，不太熟悉的复杂因素或者意想不到的突变带来的挑战。为了这种目的，他们会经常使用一些交际策略，例如，婉转陈述和改述。

⑥说话者完成高级水平的任务的主要特征就是有实际内容的语流。

⑦他们的词汇量相当广泛，即使主要还是一些普通词汇。

⑧母语的话语结构在逐渐减少，尽管话语中可能仍然反映了他们的母语而非目的语的口语段落结构。

⑨在交流中，说话者能够具体地就各种熟悉的话题，准确、清楚并且精确地传达他们的意图，而不会让人误解或混乱，并且能被不习惯外国人说话的母语者迅速理解。

⑩当他们被要求处理或者表现专业水平的话题时，他们话语的质和/或量一般会下降。说话者经常可以陈述一种观点或者引用形势；然而，他不能在延伸的话题中持续地提供结构性论据。说话者可以使用一些推迟策略，会求助于叙述、描写、解释或利用奇闻逸事等方法，或者简单地只是企图回避专业级水平任务的要求。

（3）高级高等

①说话者可以轻松自信并有能力执行所有高级的任务。

②在所有的时间内，他们能够持续地详尽解释和完整准确地叙述。

③说话者可以处理适合专业级水平的任务，但是却在该水平更广泛的话题领域内不能持续这种表现。

④他们可以为他们的观点提供具有结构性的论据，可以构建假设，

但是会有各种形式的错误出现。

⑤他们可以讨论一些抽象的话题，特别是那些关于他们的特殊兴趣和特别专业领域的话题，但是一般来说他们更适应于讨论各种具体的话题。

⑥说话者能很好地通过自如地使用交际策略，例如改述、婉转陈述和引用例证，来弥补形式上的不完善和词汇上的限制。

⑦他们可以使用精确的词汇和语调来表达意思，并且说话非常流利轻松。但是，当他们被要求表现专业级水平上各种话题中复杂的任务时，他们的口语有时很不好，或者表现不够充分，或者可能完全回避任务，例如，通过简化的手段，使用描述或叙述，而不是使用议论或者假设的方式。

4. 专业级

总体能力：

①能够充分并有效地参加正式和非正式场合的会话，这些会话的话题是关于实际需求和专业和/或学术兴趣领域方面的。

②能够为解释和维持自己的观点提供结构性的论据，并且通过延伸话题有效地提出假设。

③能够讨论具体的和抽象的话题。

④可以处理不熟悉的语言方面的情景。

⑤能够保持一个很高程度的语言准确度。

⑥可以满足专业的和学术生活方面的语言要求。

具体的：

①关于各种话题的正式和非正式场合，说话者都能准确流利地并且完全有效地从具体和抽象的两个角度来参与到会话之中。

②他们能够轻松、流利、准确地讨论他们的兴趣和特殊领域的能力，能够从细节方面解释复杂的事物，做出长而连贯的叙述。

③他们能够在一些对他们来说比较重要的话题上（例如社会和政治问题），解释他们的观点，并且为支持他们的观点提供结构性的论据。

④他们能够为了探寻多种可能性选择而构建和发展假设。

⑤在恰当的情况下，他们利用延伸话题来支撑他们的观点并说服他人，即使会使用抽象的详细阐述，这些话语中并不存在不自然的较长迟疑。

⑥话语很连贯，但是仍然会受到他们母语而非目标语言的语言方式的影响。

⑦他们能够使用各种交流和话语方面的策略，例如，通过使用句法

和词汇手段以及像音高、强调和语调等语调方面的手段来转变话题，将主要的观点和次要的信息分离开来。

⑧在使用基础结构的时候没有形式错误；但是他们可能不定时地犯一些错误，特别是在一些低频率的结构和一些复杂的高频率结构上。这种现象在正式的口语和写作上比较普遍。但这些错误并不会影响到母语对话者的理解或者妨碍交际。

ACTFL 大纲基本采用"能做"形式的描述方式，量表指向的是测验的使用者，而作为一种面试型的口语考试，OPI 量表主要为测验本身服务，指向测验的执行者和评分员（实际上，在面试的过程中，测验的执行者和评分员是同一个人。）在评分方式上，OPI 考试是典型的综合型评分，具体而言是总体等级评分，它所关注的主要是在真实世界中，考生到底能够做什么，或者说有什么样的语言表现。

(二)FSI 等级量表

前面我们说过，FSI 采用的是分项等级评分，分别从语法、语音、流利程度、词汇和总体可理解度五个方面来对学习者的语言能力做出评判，这种量表往往是评分员指向的，其关注的重点是测验的构想，即对所谓语言能力的理论构想。FSI 将语言水平分为五个等级，详情如下：

表 6-3　FSI 等级量表

水平等级 评价项目	S—1 初级能力	S—2 有限运用能力	S—3 最低专业能力	S—4 充分专业能力	S—5 双语
发音	常不易听懂	常带洋腔洋调但尚可听懂	有时带洋腔洋调但总能听懂		同母语者
语法	固定表达法的语句正确，但几乎无句法，常有错误	多数基本句法类型尚能掌握，大多能用简单句正确表达意思	掌握大多数基本句法类型，总能用较复杂的句子正确表达意思	偶有错误，但不显示缺陷的类型	同母语者
词汇	仅够生存、旅行和基本需要之用	足够简单社交会话和日常工作之用	足够参加普通谈话和特殊领域里的专业讨论之用	专业和普通词汇丰富，并能根据所在场合选择表达方式	和受过教育的母语者相等

续表

水平等级＼评价项目	S－1 初级能力	S－2 有限运用能力	S－3 最低专业能力	S－4 充分专业能力	S－5 双语
流利程度	除了背熟的语句外，讲话困难	通常结结巴巴，时常限于语法和词汇而默不作声	很少结结巴巴，总能设法维持会话不间断	就专业问题发言，显然能像用母语一样不费劲，总能使人听懂	能在一切场合至少像使用母语一样流利而不费劲
听力理解	要对方重述一下，口语速度低，只能听懂极短的语句	能听懂普通非专业性口语，但常误解，或要改用别的词语再说一遍，通常听不懂外国人之间的谈话	能大致听懂对方的话语，能听懂讲话，能与外国人进行大致清晰的谈话	能听懂受过教育的人所说的任何内容，有时听不懂方言土语	能在一切场合至少像母语一样不费劲

(三)美国教育测验服务中心的 TSE(Test of Spoken English)评分量表

美国教育测验服务中心（ETS）研发的口语考试 TSE 是一项半直接式的录音考试，考试的评分是事后进行的，依据的是一个总体等级量表，分为 5 个等级，分别为 20 分、30 分、40 分、50 分和 60 分，我们可以看一下这个量表的具体内容。

60 分——交际总是很有效：任务完成得非常完整

(1)功能表达得十分清楚和有效；

(2)能对听众或依据情境作出恰当的反应；

(3)表达连贯，能有效使用衔接手段；

(4)对语言学要素的使用总是有效和正确的，交际没有细小错误。

50 分——交际总体有效：能完整地完成任务

(1)功能大体上表达得清楚和有效；

(2)大体能对听众或依据情境作出恰当的反应；

(3)表达连贯，能有效使用一些衔接手段；

(4)对语言学要素的使用大体上有效和正确，交际大体不受错误的影响。

40分——交际在一定程度上有效：能在一定程度上完成任务

(1)功能表达在一定程度上清楚和有效；

(2)在一定程度上能对听众或依据情境作出恰当的反应；

(3)表达具有一定的连贯性，能使用一些衔接手段；

(4)对语言学要素的使用具有一定的有效性和正确性，交际有时受到错误的影响。

30分——交际总体无效：任务完成得糟糕

(1)功能表达基本不清楚，有效性较差；

(2)基本不能对听众或依据情境作出恰当的反应；

(3)表达基本不连贯，基本不能使用衔接手段；

(4)基本不能有效使用语言学要素，交际受到严重错误的影响。

20分——没有有效交际：无法完成任务

(1)没有功能表达；

(2)不能对听众或依据情境作出恰当的反应；

(3)表达不连贯，不能使用衔接手段；

(4)不能有效使用语言学要素，由于受到严重错误的影响而无法交际。

从上面的量表可以看出，TSE评分量表属于指向评分员的量表，采用的是多特征综合型评分，重点关注语言结构，即关于口语能力的理论构想。值得一提的是TSE评分量表使用程度副词来区分各个水平等级的差异，这是评分时常用的一种手段。这种评分量表评价的侧面（如语音面貌、语法和词汇、流利性等）是固定的，通过考生在这几个侧面的不同表现来判定等级。

第三节 评分方法的探索性研究

本节介绍一项关于口语测验评分方法的实证性研究。通过对三类汉语作为第二语言口语考试题型的评分研究探索口语考试评分的客观化问题。研究比较了0/1制评分、分项客观化评分和总体等级评分等评分方法的信、效度，并且探讨了题型与评分结合的问题。

一、三类题型的选择

根据研究的需要和测验实施的方便，我们选择了三种题型，分别是：A——快速问答（Question and Answer）；B——重复句子（Sentence Repetition）；C——口头报告（Oral Report）。以下分别简称为A题型、B题型和C题型。

我们设计的 A 题型是一种快速问答，考生听到问题后必须在 5～10 秒内回答。这种题型具有较好的表面效度（face validity）①，操作时指导语简洁，考生易于理解，而且可以独立评分。美国教育测验服务中心（Educational Testing Service，ETS）在 1995 年以前一直在 TSE（Test of Spoken English）中使用这种题型。

B 题型重复句子由互相独立的 40 个句子组成，每句字数为 5～14 字②。从心理语言学的观点看，重复句子是一种"组块"③（Chunk）过程。语言水平高的人能用短时记忆储存和重组所听到的信息（John L. D. Clark & Spencer S. Swinton，1979），因此这一题型是很值得心理语言学界和心理测量学界研究的。

C 题型（口头报告）是在非面试环境下诱导考生说出较长的一段话，这种题型具有较高的表面效度，能考查考生的综合表达能力。TSE、HSK（高等）口试和我国英语专业四级口语考试等都包含有这种题型。需要说明的是，本研究设计的口头报告是根据指定的话题说话。

二、对客观化评分的理解

Bachman（1990）从评分的角度区分了客观考试和主观考试，认为客观考试是指考生反应的正确性完全由既定标准决定而不需要其他判断；主观考试是指评分员必须对考生反应的正确性作出判断，而这种判断是基于评分员对评分标准的主观解释上的。由此我们可以发现，客观考试和主观考试的区别主要在于对评分标准的解释上，前者的解释是唯一确定的，后者的解释则随评分员理解的不同而有不同。因而，要保证评分的客观性就必须最大限度地保证对评分标准解释的确定性，减少评分员主观判断的成分。本文所指的客观化就是评分标准的客观化，即提高对评分标准解释的确定性。

三、研究目的

本文希望通过对三类汉语作为第二语言口语考试题型的评分研究来探讨口语考试评分的客观化问题。我们欲探讨的问题有：

---

① 表面效度指测验在表面上使被试直觉感到的有效性程度。如果一个测验使被试从表面上看来与测验的目的无关，被试就会对测验缺乏信任从而就会减弱他努力完成测验的动机和积极性，这样的测验就被认为缺乏表面效度。

② 我们选择 5 作为句子字数的起点是因为短时记忆的容量为 7±2，即一般为 7 并可在 5～9 之间波动。（Miller，1956，转引自王甦、汪安圣，1992）

③ 组块是指把小单位联合成较大单位的信息加工。

（1）0/1 制的客观化评分：即在口语考试中是否可以采用 0/1 制评分，0/1 制评分的口语考试信、效度如何？

（2）非 0/1 制的客观化评分：即在不适用 0/1 制评分的情况下如何找到客观化的评分标准，采用客观化标准评分的口语考试信、效度如何？

（3）评分方法和题型的结合问题：讨论在本文涉及的评分方法中哪一种最适合 A 题型，哪一种最适合 B 题型，哪一种最适合 C 题型？

四、客观化评分方法的探索——理论基础及操作性定义

制定一种有效的评分方法需要解决两方面的问题：第一是定义，即决定什么意味着懂得了一门语言；第二是方法，即寻找正确的测量过程（Shohamy，1998，见 Byrnes，1998）。Bachman&Palmer（1996）更加具体地指出了建立一种评分方法的三步曲：（1）对所要测量的结构（Construct）进行理论定义；（2）对结构进行操作性定义；（3）建立对被试的回答进行量化的方法。下面我们将依据这三个步骤来探讨口语考试的客观化评分方法。

（一）口语水平的理论定义

J.D，Brown（1996）在模式（Mode）和渠道（Channel）两个层面上区分了口语、听力、阅读和写作四种语言技能。Brown 认为模式有两种，一种是接受性的（Receptive），另一种是产出性的（Productive）；渠道也有两种，一种是书面的（Written），另一种是口语的（Oral）。口语渠道和书面语渠道都有接受性和产出性两种模式。正是通过这两种模式的相互作用，一定渠道的交际任务才得以完成。正如 Clark 和 Hecht（1983，转引自 Gardner，1998）所说的，语言的使用需要两个过程——产出（Production）和理解（Comprehension）相互协调，语言的习得实际上部分地包含了协调你所产出的和你所理解的。

因此从口语渠道来讲，它是听和说相互作用的结果，说话人依靠听的能力来接受信息，依靠说的能力来产出信息。Brumfit（1984）和 Celce-Murcia（1995，见 Cook&Seidlhofer，1995）就曾明确地谈到，听和说在实践中总是同时发生，不可分离的，应该被当做一种呈网状交织的会话技能（reticulate conversational skill）。Gilbert（1984，1987，转引自 Murphy，1991）、Pica（1984）和 Acton（1984）也认为听力和口语是密切相关的。

口语考试关心的是对口语水平的测量，因此我们必须明确界定口语语言水平（Oral Language Proficiency）。对语言水平（Language Proficiency）

有两种理解，其一是把它等同于语言能力（Language Competence），指内化了的语言知识（Ellis，1985）；其二是把它看做学习者使用第二语言的能力，（Oller，1979，Bachman，1990，De Jong&Ginkle，1992，Ellis，1994）我们在这里把语言水平定义在第二种理解的基础上，即学习者使用第二语言的能力。

根据对口语交际渠道和语言水平的理解，我们把第二语言口语水平定义为学习者在听说模式的口语渠道中使用第二语言口语的能力。

（二）口语水平的操作性定义

在口语考试中，对口语水平的操作性定义集中表现在不同的水平等级量表上。这些量表分为两种类型，反映了对口语水平的两种不同的操作性定义。第一种为总体水平等级量表（Holistic Proficiency Rating Scale），它把口语水平操作性地定义为学习者的总体口语表现，如 FSI（Foreign Service Institute）总体水平等级量表、ILR（Interagency Language Roundtable）量表和 ACTFL（American Council on the Teaching of Foreign Languages）量表。以 ILR 量表为例，它一共有 11 个水平等级，对每个水平等级都有详细的描述，并举例说明具有该水平的学习者应该具备哪些能力，会有哪些行为表现。

第二种为分项水平等级量表（Analytic Proficiency Rating Scale），它把口语水平操作性地定义为学习者在几个方面的口语表现，如 FSI 分项水平等级量表、TSE 在 1995 年以前使用的分项水平等级量表等。

从总体口语表现来推断其口语水平还是从口语表现的几个方面来推断其口语水平这是两种操作性定义的主要分歧。我们认为，在评价口语水平时可以将其分为几个方面来考虑。这是因为从口语习得的过程来看，发音是最基本的，语法的准确性（Accuracy）和可理解性（Comprehensibility）要在一定的发音基础上才能实现，而流利性则要在前两者的基础上才能达到（Sang et al.，1986）。这说明发音、语法和流利性这几方面的发展是不平衡的，因此在评价时应该区别对待。从评价口语水平的角度来看，人们在评价口语水平时总是带有偏向性的，街上来来往往的行人（母语者）判断第二语言学习者的口语时总是先看其发音和流利程度，其次才是语法和词汇使用的正确性（Jong&Gingle，1992），而语言教师总是把注意力集中于语法正确性上（AKZKO OKAMURA，1995）。从几个方面来评价口语水平可以在一定程度上防止偏向性的产生。同时从不同方面来评分还可以清楚地把握考生在这几个方面的不同表现。

从哪几方面来评价口语水平，这又是一个有争议的问题。FSI 从语法

(Grammar)、语音(Pronunciation)、流利性(Fluency)、词汇(Vocabulary)和理解力(Comprehension)五个部分来评价口语水平，TSE 则从语法、语音、流利程度和可理解性(comprehensibility)四个部分来衡量。Boldt 和 Oltman(1993)在研究 TSE 的构想效度时发现发音、语法和流利性这三项能够较好地支持对语言水平结构的预先假设。相应地，De Jong 和 Ginkle(1992)通过实证性研究发现，在衡量口语水平时至少有三个维度(Dimension)应该被分别报道，即发音、准确性(Accuracy)和流利性。发音是最基本的技能，流利性是控制能力和认知能力的自动运作，而准确性主要是指语法上的。

据此，本研究把口语水平操作性地定义为学习者在发音、语法和流利性三方面的口语表现。

(三)非 0/1 制的客观化评分

根据上面的操作性定义我们将从发音、语法和流利性三方面来探讨评价口语水平的客观化标准，我们暂且把这样的方法叫做分项客观化评分。

1. 发音(pronunciation)分项的客观化评分

(1)发音正确的含义

Martha 和 Richards(1986)认为发音不仅是表达意义的系统，而且是交际过程中动态的相互作用的重要组成部分。他们认为发音正确应该包括以下几个部分的正确性：①音段(segmental)特征；②韵律(prosodic)特征：包括重音和语调；③声音背景(voice-setting)：指言语片段(stretches of speech)总的发音特征。Morley(1991)也提出了类似的有关发音正确的详细描述。

我们可以把以上对发音正确性的精细划分当做评价发音的上限(upper limit)，它包括在音段(segmental)和超音段(super-segmental)上的完美表现。

另一种对发音的评价是建立在"可辨认性"(Intelligibility)的原则上的，ETS(Educational Testing Service)认为发音是指考生的发音和能熟练正确地用该种语言发音的人，其发音相似的程度，在某种程度上可以用"可辨认性(Intelligibility)"来评判。Morley(1991)也承认，"可辨认的"发音是交际能力的基本成分。如果发音不可辨认，那么第二语言学习者的交际就会产生障碍。ACTFL 认为对初级水平的学生，可辨认性是判断其发音的标准。因此我们可以把"可辨认性"当做评判发音的下限(lower limit)。

我们主张用下限来评判发音的正确性，因为如果用上限来要求第二语言初学者，我们会发现，他们的发音多数是不合格的。但是在实际的交际过程中，那些"不合格"的发音并不会给他们带来障碍，因为它们是"可辨认的"。

(2)发音的操作性定义

发音正确是指考生的发音是否能被母语者所辨认。由于汉语的声母、韵母和声调都有区别意义的作用，因此我们认为"可辨认性"包括发音在音段特征(声母、韵母)和超音段特征(声调)三部分上清晰可辨。在此基础上我们用正确的发音字数占总的发音字数之比来作为评价发音的指标。

2. 语法(Grammar)分项的客观化评分

(1)衡量语法的标准

在衡量第二语言学习者口语表达的语法水平时，常常会遇到这样的情况，一名学习者说出一句很短很简单的句子但是没有任何语法错误，另一名说出一句很长很复杂的句子但是其中有一些小错误，我们很难断定究竟是哪一位的语法水平高，因为这里涉及衡量语法水平的两个不同要素：准确性(Accuracy)和复杂性(Complexity)。语法的准确性涉及语法错误的多少，语法的复杂性涉及句法的复杂程度，二者都是研究者们关心的问题。Crookes(1989)，Foster 和 kehan(1996)以及 Wigglesworth(1997)都主张从准确性和复杂性两个方面来衡量口语语法水平。本研究也将从这两方面来探讨语法的评分标准。

(2)语法正确的含义

TOEFL 和 TSE 的信息公告牌(Bulletin of Information for TOFEL and TSE)将语法描述为语言结构和该语言的规则是否相符，TSE 用这一标准来衡量口语表达中的语法准确性。但这一标准比较含糊，在评分时较难把握。

Gaies(1980)将语法正确的句子定义为意义可理解的、无形态变化错误和用词错误的句子。我们倾向于这样的便于操作的定义，鉴于汉语和英语的不同，我们认为评判汉语口语表达的语法正确性可以从以下几个方面考虑：①意义是可理解的；②语序正确；③在虚词的使用上无错误；④词语搭配正确。

(3)T-Unit 和语法复杂性(Grammar Complexity)

T-Unit(Minimal Terminable Unit)是 Hunt 于 1965 年首先提出来的，它是用来测量句子复杂程度的最小单位，包括主句和与其相关的分句，每一个 T-Unit 都是以大写字母开头并以句号结尾的(Richards，Platt&Platt，1992)。在第二语言习得领域，T-Unit 及其变体被广泛地用作衡量口语及书面语复杂程度的指标。

Vann(1978)发现，无错误的 T-Unit 的平均长度、无错误的 T-Unit 占 T-Unit 总数的比例和 TOEFL 成绩显著相关(Gaies，1980)。同年，Larsen-Freeman 也通过实验证明这两项指标可以很好地区分不同水平的被试(Perkins，1980)。

Perkins(1980)用 10 项客观化指标来测量被试的写作能力，结果发现，无错误的 T-Unit 个数、无错误的 T-Unit 所含的字数、每个 T-Unit的错误个数和总的错误个数这四项指标显著地区分了不同水平的被试。同年，Perkins 和 Homburg 通过另一项实验又一次证明了总的错误个数和每个 T-Unit 的错误个数能够很好地区分不同写作水平的学习者。

相应地，Flahive 和 Snow(1980)通过实验证明，T-Unit 的长度和每个 T-Unit 所含的从句比例这两项指标能有效地区分不同写作水平的被试(Perkins，1983)。

更值得我们注意的是 Halleck(1995)的研究。他分别采用总体等级评分和有关语法成熟度的客观评分来评价口语水平。Halleck 的客观指标是：①T-Unit 的平均长度；②没有语法错误的 T-Unit 的平均长度；③没有语法错误的 T-Unit 占所有 T-Unit 个数的比例。结果表明，客观评分和总体等级评分之间存在高相关。

第二语言习得的研究成果启发我们：语言表达中的语法错误和 T-Unit的长度共同说明了第二语言学习者的语法水平，用它们可以来区分不同水平的第二语言学习者。如果 T-Unit 的长度较长而语法错误较少，那么语法水平就较高，这在英语、法语、德语、西班牙语和阿拉伯语中都得到了证实。

(4)语法的操作性定义

口语表达中的语法指语法的准确性和复杂性，它是二者的统一体。本研究用无错误的 T-Unit 的平均长度来量化这两项指标，根据 T-Unit 的定义，我们把一个句子当做一个 T-Unit，它的长度以所含的字数来计算(不包括重复、自我纠正和插话①)。

3.流利性(Fluency)分项的客观化评分

(1)流利性及其操作性定义的历史回顾

评价流利性是口语考试评分中的一个难点。要对流利性进行客观化

---

① 插话(Aside)指说话中插入无关话题，比如对任务的评论、对主试发问等。(lennon, 1990)。

的评判，首先要对其进行操作性定义，在此基础上进行定量分析。

在第二语言口语流利性的研究中，Faerch et al(1984)区分了语义流利性、词汇句法流利性和发音流利性。而 Sajavaara(1987)认为流利性至少包括语言的可接受性和言语的流畅连续性。对第二语言口语流利性的操作性定义有独特见解的是 Lennon(1990)，他认为，语言地道得体、词汇丰富、句法复杂等现象均可以归于语言知识，而流利性是纯粹的言语行为。如果说话人的言语计划和言语产生的心理语言过程运作有效而且毫不费力，就能给听话人造成表达流利的印象。某种程度上讲，流利性反映的是说话人通过话语使听话人的注意力集中于信息的能力，而不是让听话人的注意力集中于言语产生机制的运作之上。

Schmidt(1992)基本赞同 Lennon(1990)的观点，认为流利性是一种"自动化的程序性的技能"，是真正使用语言时对语言的处理能力。持类似观点的还有 Brumfit(1984)，他将流利性看作是对所习得的语言系统的自然使用和最大限度的有效运作。

张文忠(1999)在综合了各家的观点之后将第二语言口语流利性定义为使用一种可被接受的第二语言变体，流畅、连贯地表达思想的能力，其流畅性、连贯性和可接受性应为言语听辨者所感受到。

我们认为，口语流利性不同于语音和语法的正确性，不能用对错来评判。它是说话人表达思想的流畅程度的体现，反映了说话人有效操纵语言，使之快速运作的能力。

(2)定量分析流利性的实证性研究回顾

Lennon(1990)以及 Towell，Hawkins 和 Bazergui(1996)都做过这方面的研究。

Lennon(1990)列出测量流利性需要考虑的 12 项指标，分别记为 F1，F2…F12。研究方法是让四名以英语为第二语言的学习者在英国学习六个月。此前对他们的口语流利性进行前测，六个月后再进行测验。测验的评分采取两种形式，用 12 项指标进行客观评分，同时让资深的评分员进行主观评分。主观评分的结果证明经过六个月的学习，四名被试的口语流利性有显著提高。相应的，在 12 项指标中，有 3 项指标显著地改变了，这三项指标是：

F2——一分钟内除去自我纠正(self-correct)、重复(repeat)、插话后所说的字数提高了。

F5——填补性停顿(filled pause)[①]和 T-Unit 之比下降了。

---

① 填补性停顿是指没有语词但常常带有三个有意识的停顿标记"er""en""mm"。

F10——带有停顿的 T-Unit(percent of T-Units followed by pause)占所有 T-Unit 的比例下降了。

Lennon 的实验启示我们：随着第二语言学习者口语流利性的提高，单位时间内除去自我纠正、重复和插话后所说的字数增加了而停顿的次数减少了。这说明这两项指标和流利性密切相关。

Towell，Hawkins 和 Bazergui(1996)用 4 项指标来测量口语流利性：

①语速(SR，Speaking Rate)，指一个言语样本的音节总数和产生该言语样本所需的时间总量之比。

②发音时间比(PTR，Phonation/Time Ratio)，指用于发音的时间总量与用于产生该言语样本所需的时间总量之比。

③发音速度(AR，Articulation Rate)，指用于发出所有音节的总时间内平均每秒所发出的音节数。

④平均语流长度(MLR，Mean Length of Runs)，指所有每两次达到或超过 0.28 秒停顿①之间的语流的平均长度。表示为言语样本(Speech Sample)的音节总数与(除首段外)所有达到或超过 0.28 秒停顿的总次数之比。

他们的实验结果表明，只有平均语流长度(MLR)显著地提高了。平均语流长度是以言语样本的音节总数与所有停顿次数之比来表示的，所以这一指标实质上反映的是一定时间内所说的字数的增加和停顿次数的减少。

(3)流利性的操作性定义

综合以上两个实验，我们发现：单位时间内表达的有效字数和停顿的次数是口语流利性的两个标志。在单位时间内，考生表达的有效字数多而停顿次数少则流利性高。我们把单位时间内表达的有效字数称作净语速，代表单位时间内除去自我纠正、重复和插话以外所说的字数。对于停顿时间，参照前人的研究和考虑实验条件我们选择 1 秒钟为界。我们把第二语言口语流利性操作性地定义为学习者连贯表达的有效字数，

---

① 停顿时间长短的切分是很重要的，如果标准制定得太严就会混淆了正常的句法、语义或语气停顿，制定的太宽又会忽略了许多应该重视的停顿现象。最早 Goldman-Eisler(1968)以 0.25 秒为界，以后 Grosjeant 和 Deschamps(1972，1973，1975)、Towell(1987)、Raupach(1987)都沿用 0.25 秒作为标准。Griffiths(1991)以 0.1～0.3 秒为界来衡量犹豫性非填补式停顿(hesitation unfilled pause)，Riggenbach(1991)则区分了三个层次的停顿：微小停顿以 0.2 秒为界，犹豫以 0.3～0.4 秒为界，非填补性停顿以 0.5～3 秒为界。Towell et al(1996)在研究中用 0.28 秒为界。——Towell et al(1996)

表示为净语速和单位时间内停顿次数之比。

(四)0/1 制的客观化评分

由于 0/1 制评分只适合以成功完成测验任务的数目来计算的题型，因此在本研究中只适合 A 题型和 B 题型，而不适合 C 题型。

1. 对 A 题型的 0/1 制评分

快速问答是用一定数量的题目测量考生在很短的时间(5～10 秒)里对问题作出迅速反应的能力，因此考生产出的言语样本容量是很小的。针对这样的小容量样本，我们拟用回答是否符合题意且能够被母语者所理解(comprehensibility)、所接受(acceptability)来评判。"是"得 1 分，"否"得 0 分。

2. 对 B 题型的 0/1 制评分

B 题型是迅速重复所听到的句子。对此类题型的评分我们沿用 Henning(1983)的 0/1 制评分方法，即全部答对得 1 分，否则得 0 分。

五、测试

(一)研究工具

研究的主要工具为上文提到的 A(快速问答)、B(重复句子)、C(口头报告)三类题型组成的口语考试。

1. 试题设计

A 题型包括相互独立的 40 个小题，其中前 20 题的回答时间为每题 5 秒钟，后 20 题的回答时间为每题 10 秒钟，问题内容均为日常话题。B 题型共 40 小题，其中前 20 题的回答时间为每题 5 秒钟，后 20 题的回答时间为每题 8 秒钟。每一小题都是一个完整的句子，且句子之间相互独立，无语义联系。其中单句 30 个，复句 10 个。句子字数为 5～14 字，共 10 个字数段，每一字数段都包含 4 个句子。C 题型包含一个生活话题，被试听完话题后先准备 30 秒钟，然后回答 90 秒钟。

2. 辅助工具

本研究的辅助工具为教师评价调查问卷和学生自我评价调查问卷。教师评价调查问卷包括总体印象分和分项等级评分两部分。总体印象分要求教师对学生的口语水平做出总的评价(以百分制计算)。这是我们在综合了 FSI、ACTFL、ILR 和 TSE 等第二语言口语考试评分内容的基础上构拟的。学生自我评价调查问卷只包含分项等级评分，内容与教师分项评分一致。

(二)被试

本次测试的被试来自北京语言文化大学汉语速成学院速成系。速成系是汉语速成强化班，每周课时为 30 小时，分班时按学生汉语水平由低到高分为 1～8 班。我们的被试来自 4～8 班，共 39 人，全部参加了 HSK（初中等）考试，其中 37 人获证，获证率约 95％。因此我们可以把本研究被试的汉语水平定义在大致相当于 HSK（初中等）的水平上。被试具体情况如下：

表 6-4　正式测试被试总体情况

总人数	男	女	平均年龄	获 HSK 中等证书	获 HSK 初等证书	未获证
39	12	27	26.34	19	18	2

表 6-5　正式测试被试母语及分班情况

母语背景	日	韩	泰	印尼	菲律宾	英	法	德	意	总计
4 班	4	0	0	4	0	0	1	0	1	10
5 班	6	1	0	0	0	1	0	1	0	9
6 班	2	1	0	1	1	0	0	0	0	5
7 班	3	0	2	1	0	0	0	0	0	6
8 班	5	3	0	0	0	1	0	0	0	9
共计	20	5	2	6	1	2	1	1	1	39

(三)测试过程

本研究涉及的测试全部在语言实验室进行，被试每人得到一份学生卷和一盒空白磁带。测试时，题目带和学生空白带同步放录。被试的回答统一录在学生空白带上，以便评分时使用。口语测试完成后，被试回答调查问卷。教师调查问卷由各班口语老师完成。

(四)评分

1. 0/1 制评分

完全正确计 1 分，否则 0 分。

2. 分项客观化评分

使用分项客观化评分对 A、B、C 三类题型进行评分，评分时我们把发音记作 P，语法记作 G，流利性记作 F。

对于发音 P，评分时需要收集两组数据：每个言语样本总的发音字数和其中错误的发音字数，分别记做 P_t 和 P_w。根据前文评价发音的操作性定义（正确的发音字数占总的发音字数之比），对发音 P 的评分记做 $P = (P_t - P_w) \div P_t$。

对于语法 G，评分时也需要收集两组数据：言语样本中无语法错误的 T-Unit 的个数和每个无语法错误的 T-Unit 所含的字数，分别记做 T_n 和 T_1。根据前文对语法的操作性定义，我们需要计算言语样本中无语法错误的 T-Unit 的平均长度，表示为 $G = \sum (T_1)/T_n$。另外，由于 B 题型每一题即是一个 T-Unit，在计算无语法错误的 T-Unit 的个数时数量均为 1。

对于流利性，评分时同样需要收集两组数据：净语速和单位时间内的停顿次数，分别记为 F_S 和 F_P。根据对流利性的操作性定义，表示为 $F = F_S/F_P$。

需要说明的是，由于 A、B 两题型均包含若干小题，我们把每一小题当做一个言语样本进行评分，再求各题结果的总分。另外，在 A 题型中如果回答不合题意或不可理解则 P、G、F 均为 0 分，在 B 题型中如果考生只字未说，则 P、G、F 均为 0 分。

3.C 题型的总体等级评分

目前，TSE 和 HSK(高等)口语考试都包含有 C 题型，并且在评分方法上均采用总体等级评分。为此我们对 C 题型也进行了总体等级评分，以便和分项客观化评分进行信、效度对比。评分量表是我们参考了 TSE 总体等级量表和 HSK(高等)口语考试五级标准后制定的。

(五)分数转换

在分项客观化评分中，发音、语法和流利性的记分方法是不同的，因此所得分数具有不同的平均分、标准差和分布形态，无法直接进行加减、平均和比较。这时只有将原始数据转换为非线形 T 分数方可进行运算和比较。

非线形 T 分数是一种正态化的标准分数，平均数为 50，标准差为 10。它具有以下的优点：

(1)单位是等矩的。

(2)全为正值而且全部是整数。

(3)分数的分布正态化，因此可以使不同测验的 T 分数进行比较或加权求和。

(4)根据累积比率和 T 分数对照表，可以知道低于或高于某一 T 分数的人数比率。（王孝玲，1989）

我们把分项客观化评分中发音、语法和流利性的原始分转换为非线形 T 分数后，就可以将这三组分数相加得到总分，也可以在同一量表上比较这三组分数。

六、信度检验

(一)信度计算的方法

对于 A、B 两题型，我们计算其内部一致性信度。对于 C 题型，计算其评分者间信度。其中，连续记分用皮尔逊积差相关来估算，等级评分用斯皮尔曼等级相关来估算。

(二)各种评分方法的信度检验

1.0/1 评分的信度

A 题型：$\alpha =.810$　B 题型：$\alpha =.890$

2. 分项客观化评分的信度

表 6-6　分项客观化评分的信度

	发音	语法	流利性	总分
A 题型(α)	.842	.896	.901	.911
B 题型(α)	.865	.899	.914	.937
C 题型(R_{tt})	.826	.890	.957	.896

R_{tt} 为皮尔逊积差相关

3.C 题型总体等级评分的信度

C 题型总体等级评分的评分者间信度用斯皮尔曼等级相关来估算（共有 2 名评分员），结果为 $R_{tt}=.687$。

(三)小结

通过对各项信度数据的分析，我们可以得出以下结论：

(1)0/1 评分的口语考试题型具有较高的内部一致性信度，A、B 两题型在此评分方法下 α 系数均超过 .8。这说明对于这两类题型，0/1 制的客观化评分能够较好地保证测验信度。

(2)采用分项客观化评分方法的口语考试具有较高的评分信度。A、B 两题型的内部一致性信度系数 α 均超过 .9，C 题型评分者间信度亦达到 .896。

(3)对于 A、B 两题型，分项客观化评分的信度高于 0/1 评分。

(4)对于 C 题型，分项客观化评分的评分者间信度高于总体等级评分。

结论(2)(3)(4)都表明分项客观化评分具有较高的评分信度，并且在三类题型中都得到了验证。这说明我们所定义的发音、语法和流利性的评分标准客观化程度较高，在较大程度上提高了评分标准解释的确定性，减少了评分员主观判断的成分。

(5)无论是哪种题型，在分项客观化评分的发音、语法和流利性三项中，总是发音的评分信度最低，语法次之，流利性的评分信度最高。

(6)无论采用 0/1 评分还是分项客观化评分，B 题型的内部一致性信度总是高于 A 题型。

七、效标关联效度的检验

(一)效标的选取

所谓效标就是确能显示或反映所欲测量的属性的变量，它是考查测验效度的一个参照标准。郑日昌(1987)认为一个好的效标必须具备以下几个条件：有效性、可靠性、客观性、实用性。参照这几个条件，我们选用了以下四组效标：

(1)教师总体印象分

总体印象分反映了教师对学生口语水平的总体把握，是教师对学生的口语表现进行一个学期的观察后得出的结论。我们认为它能较好地反映学生的真实口语水平，是较为理想的效标。在本研究中，教师总体印象分是四项效标中最重要的一项。

(2)教师分项等级评分

(3)学生自我分项等级评分

(4)HSK(初中等)成绩

(二)结果

1. 针对教师总体评价

(1)A 题型

表 6-7　教师总体评价和 A 题型的相关

	0/1 评分	客观化总分	发音	语法	流利性
教师总体评价	.446＊＊	.592＊＊	.589＊＊	.544＊＊	.531＊＊

(2)B 题型

表 6-8　教师总体评价和 B 题型的相关

	0/1 评分	客观化总分	发音	语法	流利性
教师总体评价	.560＊＊	.615＊＊	.631＊＊	.592＊＊	.605＊＊

（3）C 题型

表 6-9　教师总体评价与 C 题型的相关

	客观化总分	发音	语法	流利性	总体等级评分
教师总体评价	.570＊＊	.350＊	.621＊＊	.384＊＊	.581＊＊

（4）分析

A、B 两题型的 0/1 评分以及分项客观化评分的总分、发音、语法、流利性和教师总体评价均有显著相关（P＜.01），且相关系数均超过 .4，这表明以上各项和效标存在实质性关系（桂诗春、宁春岩，1997）。

在 C 题型的评分中，我们采用了分项客观化评分和总体等级评分。结果表明，两种评分方法所得的总分和教师总体评价均有显著相关（P＜.01），且相关系数分别达到 .570 和 .581。为了进一步对两种评分方法的效标关联效度进行比较，我们对这两个相关系数的差异进行了 T 检验①，结果表明，相关系数的差异不显著，说明分项客观化评分的效标关联效度并不比总体等级评分差。

2. 针对教师分项评价

（1）A 题型

表 6-10　教师分项评价和 A 题型的相关

	0/1 评分	客观化总分	发音	语法	流利性
教师分项评价	.368＊	.502＊＊	.528＊＊	.311＊	.382＊＊

（2）B 题型

表 6-11　教师分项评价和 B 题型的相关

	0/1 评分	客观化总分	发音	语法	流利性
教师分项评价	.638＊＊	.602＊＊	.555＊＊	.694＊＊	.619＊＊

（3）C 题型

表 6-12　教师分项评价和 C 题型的相关

	客观化总分	发音	语法	流利性	总体等级评分
教师分项评价	.320＊	.085	.228	.368＊	.347＊

---

①　检验由同一组被试算得的两相关系数的差异是否显著，用下式进行 T 检验：

$$T = \frac{(r_{12} - r_{13})\sqrt{(n-3)(1+r_2)}}{2(1 - r_{12}^2 - r_{13}^2 - r_{23}^2 + 2r_{12}r_{13}r_{23})}$$

（4）分析

A 题型 0/1 评分和教师分项评价的相关为 .368（P＜.05），分项客观化评分总分和效标的相关为 .502（P＜.01）。虽然两相关系数的大小和显著性水平都不同，但经过 T 检验，二者并无显著差异。

B 题型的 0/1 评分以及分项客观化评分和教师分项评价有显著相关（P＜.01），且相关系数均超过 .55，体现了较好的效标关联效度。

在 C 题型上，分项客观化评分总分与总体等级评分和效标的相关分别为 .320（P＜.05）和 .368（P＜.05），相关系数无显著差别，但都不太高。

3. 针对自我评价

（1）A 题型

表 6-13　自我评价和 A 题型的相关

	0/1 评分	客观化总分	发音	语法	流利性
自我评价	.420＊＊	.541＊＊	.508＊＊	.569＊＊	.603＊＊

（2）B 题型

表 6-14　自我评价和 B 题型的相关

	0/1 评分	客观化总分	发音	语法	流利性
自我评价	.391＊＊	.484＊＊	.428＊＊	.418＊＊	.464＊＊

（3）C 题型

表 6-15　自我评价和 C 题型的相关

	客观化总分	发音	语法	流利性	总体等级评分
自我评价	.511＊＊	.233	.453＊＊	.511＊＊	.415＊＊

（4）分析

A、B 两题型的 0/1 评分、分项客观化评分和自我评价都有显著相关（P＜.01）且各相关间无显著差别。这一结果和教师分项评价的结果基本一致。在 C 题型上，分项客观化评分总分与效标的相关为 .511（P＜.01），总体等级评分和效标的相关为 .415（P＜.01），两相关系数均较高且无显著差异。

4. 针对 HSK(初中等)

(1)A 题型

表 6-16　HSK(初中等)和 A 题型的相关

	HSK 总分	HSK 听力	HSK 语法	HSK 阅读	HSK 综合
0/1 评分	.395＊＊	.590＊＊	.447＊＊	.124	.243
客观化总分	.639＊＊	.707＊＊	.705＊＊	.335＊	.437＊＊
发音	.569＊＊	.754＊＊	.638＊＊	.212	.413＊＊
语法	.667＊＊	.614＊＊	.726＊＊	.451＊＊	.463＊＊
流利性	.608＊＊	.599＊＊	.666＊＊	.370	.402＊＊

(2)B 题型

表 6-17　HSK(初中等)和 B 题型的相关

	HSK 总分	HSK 听力	HSK 语法	HSK 阅读	HSK 综合
0/1 评分	.368＊	.650＊＊	.466＊＊	.004	.231
客观化总分	.431＊＊	.727＊＊	.536＊＊	.041	.268＊
发音	.464＊＊	.736＊＊	.578＊＊	.091	.278＊
语法	.307＊	.600＊＊	.488＊＊	－.038	.124
流利性	.386＊＊	.683＊＊	.505＊＊	.001	.231

(3)C 题型

表 6-18　HSK(初中等)和 C 题型的相关

	HSK 总分	HSK 听力	HSK 语法	HSK 阅读	HSK 综合
客观化总分	.647＊＊	.621＊＊	.643＊＊	.491＊＊	.441＊＊
发音	.409＊＊	.322＊	.545＊＊	.336＊	.249
语法	.701＊＊	.617＊＊	.624＊＊	.581＊＊	.515＊＊
流利性	.253	.331＊	.321＊	.128	.095
总体等级评分	.387＊＊	.545＊＊	.459＊＊	.271＊	.212

(4)分析

第一，A、B 两题型的总分以两种方式表示，一是 0/1 评分的总分，一是分项客观化评分的总分。C 题型的总分也以两种方式表示：一是分项客观化评分的总分，一是总体等级评分的得分。从上面的相关表可以看出，各题型的总分和 HSK 总分都有显著相关。

第二，各题型的总分和 HSK 听力部分都有非常显著的相关(P<.01)，且相关系数最高达 .727，最低的也超过 .5，这表明我们所测的口语水平和考生的听力水平确有密切的关系，也从一个侧面验证了我们对口语听说模式的理论假设。

第三，A、B 两题型发音分项和 HSK 听力部分的相关分别达 .754 和 .736(P<.01)，C 题型发音分项和 HSK 听力部分的相关不太高，但也达到了显著性水平。

第四，各题型的语法分项和 HSK 语法部分都有较高的相关(R<.4，P<.01)。A、B 两题型的语法分项和 HSK 语法部分的相关显著地高于和阅读以及综合填空的相关，但是并不显著地高于和听力部分的相关，这暗示着听力和口语表现中的语法有密切的关系。

在 C 题型上，分项客观化评分的语法分项和 HSK 四部分的相关都较高(R>.5，P>.01)，而且各相关系数间没有显著差异。更值得注意的是，语法分项和 HSK 总分的相关达到 .701(P<.01)。如此高的相关暗示我们，分项客观化评分的语法分项和 HSK 有非常密切的关系。

第五，各题型的流利性分项和 HSK 听力、语法的相关均达到了显著性水平。其中 B 题型的流利性分项和 HSK 听力以及语法部分的相关显著地高于和阅读、综合填空的相关。

(三)小结

以上我们通过四种效标调查了采用不同评分方法的 A、B、C 三类口语考试题型的共时效度。在调查的过程中我们发现，对于前三种效标，A、B 两题型无论采用 0/1 评分还是分项客观化评分和效标都有显著相关。经过 T 检验，C 题型分项客观化评分的效标关联效度系数和总体等级评分也无显著差别。

在第四种效标的调查中，情况有所不同。A 题型分项客观化评分和 HSK 总分的相关显著地高于 0/1 评分和 HSK 总分的相关。C 题型分项客观化评分和 HSK 总分的相关也显著地高于总体等级评分和 HSK 总分的相关。B 题型分项客观化评分和 HSK 总分的相关也高于 0/1 评分和 HSK 总分的相关，但是没能达到显著性。因此我们可以说，采用分项客观化评分和 HSK 总分的相关高于采用其他评分方法。但是我们不能就此认为分项客观化评分的效度优于其他评分方法，因为 HSK 测量的毕竟不是考生的口语水平。

注：(1)以上数据除分项客观化评分的总分外，均使用原始分。

（2）以上显著性检验均为单尾检验，＊＊表示相关在.01水平上显著，＊表示在.05水平上显著。

（3）以上统计样本容量均为39人。

（4）计算相关时，涉及总体等级评分和教师、学生分项等级评分的用等级相关，其他用积差相关。

八、构想效度的检验和比较

(一)方法

构想效度(Construct Validity)是效度的核心问题，它要考查的是一个考试的结果在多大程度上和我们根据某一理论作出的预测相一致，要验证的是我们所做的假设是否有效(桂诗春、宁春岩，1997)。

考查构想效度的方法有很多，Campbell，D.T 和 Fiske，D.W.二人于1959年提出的"多元特质多重方法矩阵"(Multitrait-Multimethod Matrix，MTMM)是其中较为有效的一种。MTMM 关心两个方面的问题，一是使用不同方法测量同一成分，另一是使用同一方法或不同方法测量不同的成分。用不同方法对同一成分进行测量，所得结果具有高相关则称测验具有聚敛效度(Convergent Validity)；而用同一方法或不同方法对不同成分进行测量，所得的相关比前者低则称测验具有判别效度(Discriminant Validity)。如果一个测验既具有聚敛效度又具有判别效度，则称测验具有较高的构想效度。

Henning(1983，1987)在研究语言测验的构想效度时应用并拓展了MTMM，将之命名为多种成分多重方法(Multicomponent-Multimethod，简称 MCMM)研究，它从构想效度的角度来检验和比较各种成分和方法的效度问题。Henning(1983)曾经用此法对模仿句子(Imitation)、完成句子(Completion)和面试(Interview)三类口语考试题型的构想效度进行过研究。

我们认为，运用 MCMM 方法能够全方位地考查和比较各种评分方法的构想效度，同时能够探讨评分方法和题型的结合问题，比较适合本研究的构想效度分析。参照 Henning 的方法，本研究的 MCMM 中，成分是指我们所定义的五种评分方法的评分结果，即总体评分(包括 A、B 两题型的 0/1 评分和 C 题型的总体等级评分)，发音分项，语法分项、流利性分项和分项客观化评分总分。方法即 A、B、C 三类题型。

(二)构想效度的检验

运用 MCMM 方法分析构想效度首先要得到一个说明成分之间、方法之间以及成分和方法之间相关程度的 MCMM 矩阵：

	a1	a2	a3	a4	a5	b1	b2	b3	b4	b5	c1	c2	c3	c4	c5
a1	(.810)	.852	.722	.747	.752	.696	.656	.726	.685	.670	.767	.459	.251	.512	.536
a2		(.842)	.756	.716	.889	.773	.834	.766	.750	.790	.627	.596	.473	.457	.700
a3			(.896)	.944	.905	.577	.550	.618	.563	.607	.692	.485	.460	.554	.670
a4				(.901)	.892	.608	.567	.673	.617	.646	.728	.392	.474	.590	.631
a5					(.911)	.762	.732	.740	.689	.761	.721	.508	.556	.555	.741
b1						(.890)	.838	.897	.887	.924	.570	.244	.289	.470	.461
b2							(865)	.889	.879	.940	.473	.431	.446	.394	.574
b3								(.899)	.927	.936	.511	.279	.240	.492	.424
b4									(.914)	.950	.516	.286	.334	.451	.463
b5										(.937)	.547	.314	.369	.474	.516
c1											(.687)	.370	.430	.747	.723
c2												(.826)	.488	.111	.713
c3													(.890)	.234	.803
c4														(.957)	.593
c5															(.896)

注：a、b、c分别代表三类题型，1、2、3、4、5分别代表5种成分。

图 6-1　MCMM 矩阵

在此矩阵中包含了四类相关：

（1）位于主对角线上的数值，这是用同样方法测相同成分所得的相关，实际上就是信度系数。

（2）实线三角形内的数值，这是用同样方法测不同成分所得的相关，此相关高，说明被试的行为主要由方法决定而与成分关系不大。

（3）虚线三角形内的数值，这是用不同方法测不同成分所得的相关，这实际上反映了成分和方法的交互作用对测验分数的影响。

（4）虚线三角形之间的两条对角线上的数值，这是用不同方法测相同成分所得的相关，此相关高，说明被试的行为主要是由成分决定的而与方法关系不大，这被视为测验的效度系数。

从理论上讲，一个测验如果要有构想效度就必须满足以下几个要求：

（1）效度系数（虚线三角形之间的两条对角线上的数值）显著地大于0，即用不同方法测量同一成分应有正相关。这反映的是聚敛效度。

（2）效度系数高于实线三角形内的数值，即用不同方法测相同成分所得的相关应高于用同样方法测不同成分所得的相关。这就是说，成分的差异必须比方法的差异显得更重要。这反映的是判别效度，在这里我们称为判别效度(1)。

(3)效度系数高于虚线三角形内的数值,即用不同方法测相同成分所得的相关应高于用不同方法测不同成分所得的相关。这就是说,成分之间的相关不应该来自于方法交互作用的假效果。这反映的也是判别效度,称为判别效度(2)。

在上面的 MCMM 矩阵中,效度系数除了 B 题型语法分项和 C 题型语法分项相关(.240)未达到显著性外,其他相关均在 .01 水平上显著,因此基本满足了要求(1),说明测验具有较好的聚敛效度。

对于要求(2),必须满足效度系数大于相应实线三角形内的任一数值。比如,上面 MCMM 矩阵中,第一行第六列的效度系数 R_{16}(.696)必须大于第一行和第六行实线三角形内的任一数值(.852,.722,.747,.752,.838,.897,.887,.924)。这样的要求对于各成分都得不到满足,因此判别效度(1)不理想。

对于要求(3),必须满足效度系数大于相应虚线三角形内的任一数值。如此,R_{16}(.696)必须大于第一行、第六行以及第六列虚线三角形内的任一数值(.656,.726,.685,.670,.459,.251,.512,.536,.773,.577,.608,.762,.244,.289,.470,.461)。这一要求也得不到充分满足,说明判别效度(2)也不是很理想。

(三)构想效度的比较

虽然各成分的判别效度都不太理想,但是运用 Henning(1983,1987)介绍的方法,我们能比较各成分及方法的聚敛效度和判别效度,从而得到一个相对的构想效度指标。由于有五种成分和三种方法,我们将得到 15 个项目,即 A 题型的 0/1 制评分结果、发音分项评分结果、语法分项评分结果、流利性分项评分结果、分项客观化评分总结果,B 题型的 0/1 制评分结果、发音分项评分结果、语法分项评分结果、流利性分项评分结果、分项客观化评分总结果,C 题型的总体等级评分结果、发音分项评分结果、语法分项评分结果、流利性分项评分结果、分项客观化评分总结果,分别对应 MCMM 矩阵中的 a1、a2、a3、a4、a5、b1、b2、b3、b4、b5、c1、c2、c3、c4、c5。

由于每个项目都有两个聚敛效度系数(比如,a1 有 .696 和 .767),我们把这两个相关系数进行平均,得到一个平均聚敛效度作为该项目的聚敛效度指标(见表 6-19 第 1 列)。又由于每一个聚敛效度系数都对应于 8 个实线三角形内的数值和 16 个虚线三角形内的数值,因此每一个平均聚敛效度系数就对应了 16 个实线三角形内的数值和 32 个虚线三角形内的数值。

为了比较各成分的判别效度(1)，我们把 16 个实线三角形内的数值进行平均得到一个平均值（见表 6-19 第 4 列），然后把这个平均值当做分母，把上面得到的平均聚敛效度系数当做分子，这样就能得到一个比值（见表 6-19 第 5 列）。我们把这个比值叫做平均判别比率(1)，并把它作为衡量判别效度(1)的指标。依照同样的方法，我们能够得到判别效度(2)的指标（见表 6-19 第 7、8 列）。

这样我们就得到了每一个项目的平均聚敛效度系数、平均判别比率(1)和平均判别比率(2)。最后，依照这三个指标对 15 个项目进行排名并由此得出最终的累积名次，代表其相对的构想效度。

需要说明的是，由于相关系数的非等矩性，以上运算均要先进行Fisher-Z 转换。

下表为具体的分析结果：

表 6-19　各成分及题型的构想效度比较

题型及成分	多法单质 平均聚敛	排名	单法多质		排名	多法多质		排名	累积名次
			平均分母(1)	平均比率(1)		平均分母(2)	平均比率(2)		
A 题型	.685	1	.817	.623	1	.577	.855	1	1
1 0/1 评分 a	.734	3	.778	.716	1	.580	.889	1	2
2 发音 a	.737	2	.782	.716	1	.588	.885	2	1
3 语法 a	.561	10	.828	.491	12	.531	.791	10	11
4 流利性 a	.604	9	.817	.543	9	.562	.800	9	9
5 总分 a	.751	1	.867	.629	4	.621	.873	3	3
B 题型	.599	2	.843	.509	3	.558	.799	2	2
6 0/1 评分 a	.638	8	.814	.579	6	.573	.820	6	6
7 发音 b	.681	4	.809	.629	4	.553	.870	4	4
8 语法 b	.449	14	.847	.370	15	.512	.694	14	14
9 流利性 b	.539	11	.840	.457	13	.551	.750	13	13
10 总分 b	.656	6	.889	.503	11	.596	.815	7	8
C 题型	.557	3	.763	.556	2	.544	.774	3	3

续表

题型及成分	多法单质平均聚敛	排名	单法多质		排名	多法多质		排名	累积名次
			平均分母(1)	平均比率(1)		平均分母(2)	平均比率(2)		
11 总体等级	.681	4	.742	.702	3	.588	.843	5	5
12 发音 c	.518	13	.709	.571	7	.511	.769	11	10
13 语法 c	.376	15	.763	.374	14	.484	.634	15	15
14 流利性 c	.524	12	.743	.543	9	.535	.751	12	12
15 总分 c	.642	7	.838	.557	8	.594	.805	8	7

注：Campbell 和 Fiske(1959)在论及 MTMM 矩阵的各项数据时曾明确指出，效度从典型意义上讲是聚敛的概念。因此，在计算中若所得的累积名次相同，我们视其平均聚敛效度的大小来决定最终的累积名次。

(四)小结

通过构想效度的分析我们可以得出以下几个初步的结论：

(1)A、B、C 三题型中，A 题型的总体构想效度最好，B 题型次之，C 题型最差。

这与 Henning(1983)的研究有相似之处，Henning 发现面试的构想效度不理想，而在我们的研究中，C 题型的构想效度是最不理想的。这一结果与人们的一贯想法有所不同。在三类题型中，C 题型(根据话题说话)是应用最广的。它之所以被广泛采用是因为有良好的表面效度并且被认为能够有效地考查被试的口语水平。反之，诸如 B 题型(重复句子)这样的题型则被认为缺乏表面效度，难以反映被试的口语水平。而本研究的结果显示：被认为缺乏表面效度的 B 题型其构想效度要优于表面效度良好的 C 题型。

(2)对于 A、B 两题型，0/1 评分的效度优于分项客观化评分。

这一结果是我们所期盼的，因为同属于客观化评分方法，0/1 评分在评分程序上简便易行，实用性更强。

(3)对于 C 题型，总体等级评分的效度优于分项客观化评分。

这一结果再一次验证了总体等级评分的有效性。目前，几乎所有著名的口语考试(如 FSI、ACTFL、ILR 等)都采用这种评分方法，TSE 在 1995 年改版时也从过去的几种不同评分方法改为全部采用总体等级评分。这说明总体等级评分的效度是比较理想的，它所面临的挑战主要来自评分信度。

分项客观化评分的效度不及总体等级评分，但二者的排名相差并不悬殊，在表 6-19 的累积名次中，前者排名第七，后者排名第五。事实上，总体等级评分和分项客观化评分之间有很高的相关（R＝.723，P<.01）。

（4）我们所操作性定义的发音、语法和流利性三项中，发音的效度最好，流利性次之，语法最差。我们可以把表 6-19 累积名次中的有关数据整理如下：

表 6-20　发音、语法、流利性的累积名次比较

	发音分项	语法分项	流利性分项
A 题型	1	11	9
B 题型	4	14	13
C 题型	10	15	12

从表 6-20 可以看出，结论（4）对于 A、B、C 三类题型都成立。也就是说，在我们所操作性定义的发音、语法和流利性三个分项中，发音分项最能有效地反映被试的发音水平。从另一个角度说，也就是我们所操作性定义的发音成分最稳定，它不受方法因素的影响也不受方法和特质交互作用的干扰。而语法成分的稳定性最差，容易受方法因素的影响。

在我们的研究中，方法指的是三类题型，其中 A、B 两题型属于语句（Utterance）层面而 C 题型属于话语（Discourse）层面①。发音分项最稳定，说明我们所操作性定义的发音成分在两个层面上都适用。事实上，关于发音的各种因素（包括元音、辅音、连读、弱化、同化、重音、语调等）大多是在语句层面的，因此被试在语句层面上的发音表现就已经可以反映其基本的发音水平了，到了话语层面，发音表现也不会有太大的变化。

我们可以再看一下发音的排名，属于语句层面的 A、B 两题型的发音分项在 15 个项目中的排名十分靠前（分别为第一和第四），这说明在语句层面上测量发音具有良好的效度。C 题型发音分项的排名虽然相对落后（为第十），但排名在它之前的多是总体评分，在各分项评分中 C 题

① 话语（discourse）就是连贯的话，常指较大的语言单位，如段落、会话、采访等。Henry G. Widdoson 认为语句（utterance）是话语的基本单位，也就是言语的基本单位，和句子（sentence）是不同的，后者是语法的基本单位，也就是语言的基本单位。（盛炎，1990）

型发音分项的排名依旧是较好的。

　　我们所操作性定义的语法成分（无错误的 T-Unit 的平均长度）受方法（题型）因素的影响相对较大。让我们看一下用各种题型测量语法成分的相关：

表 6-21　各题型语法成分的相关

A 题型和 B 题型	A 题型和 C 题型	B 题型和 C 题型
.618＊＊	.497＊＊	.240

　　从表 6-21 可以看出，同属于语句层面的 A、B 两题型的语法分项相关最高，A 题型和 C 题型的相关次之，而 B 题型和 C 题型的相关很低。这说明语句层面上的语法和话语层面上的语法是不同的。若干句子组成一个段落，句子和句子之间不仅有意义上的联系，也常常有形式上的联系，许多语法现象只有在话语里才看得清楚，语法受话语的影响（盛炎，1990）。Rob Batstone（1995，见 Cook&Seidlhofer，1995）深入分析了语法和话语的关系，认为二者是既独立又相关的。语法本身是意义构成的形式，在传达意义上具有独立性，但在话语中常常出现一些含糊的或是笼统的概念，必须依靠话语语境才能传达和被理解。

　　因此，被试在语句层面和话语层面上的语法表现是不同的：两个层面上可能出现的语法错误类型和数量不同，T-Unit 的长度也不同，这提醒我们，用一个单一的指标（无错误的 T-Unit 的平均长度）来衡量不同题型的语法表现似乎不太妥当。

　　流利性分项也存在同样的情况，在三类题型的流利性项目中，A 和 B 的相关（.617）最高，A 和 C（.590）次之，B 和 C 的相关（.451）最低。Butler－Wall（1986，转引自 Freed，1995）就认为语句层面的流利性不同于话语层面的流利性。Riggenbach（1989，转引自 Freed，1995）用 19 种不同的指标从语句层面和话语层面研究了流利性，结果表明：流利性好的被试停顿次数少且语速快，这和我们的理论假设是一致的；但是她又进一步提醒说，停顿的位置，停顿聚合（Cluster of dysfluencies）的程度，停顿的类型和可能的功用与停顿的次数同样重要，这更集中地表现在话语层面上。

　　我们认为，流利性分项的效度问题可能是由于停顿的位置和类型的不同而造成的。停顿的位置有句首、句中和句间三种情况，而我们在评分时忽略了句首停顿，因此问题只在于句中和句间的不同。在语句层面上，停顿的位置大多在句中，而句中停顿一般是由于语言知识方面的障碍造成的，比如搜索词汇，思考合适的语法结构等，我们在这里称之为语言性停顿。在话语层面，停顿的位置可能在句中也可能在句间。句间停顿的情况比较复杂，可能因为语言知识方面的障碍，也可能是因为思考欲表达的内容或是缺乏相应的背景知识(Topical Knowledge)，也就是非语言性停顿。

停顿的类型主要有三种：填补性停顿(filled pause)、非填补性停顿(unfilled pause)和拉长调(drawls)。Raupach (1984，转引自 Freed，1995)从不同的语言水平上研究了流利性，结果表明，在初级阶段，学习者的停顿大多为非填补性停顿，即沉默；或者是某种固定形式的填补性停顿，比如"en""m"等。在第二阶段出现了新的形式，即拉长调。可见，停顿类型的不同也说明了学习者语言水平的不同。

九、回归分析

(一)方法

正如前文所提到过的，在我们搜集到的资料中，教师总体评价和 HSK 听力部分是最能代表被试口语水平的。为了进一步比较在 MCMM 方法中所定义的各成分的效度，我们分别将教师总体评价和 HSK 听力部分当做因变量(分别记做因变量 1 和 2)，把各成分当做自变量进行逐步回归分析。

逐步回归是按各个自变量对因变量作用的大小，从大至小逐个地引入回归方程。每引入一个自变量都要对回归方程中每一个自变量(包括刚引入的那个)的作用进行显著性检验，若发现作用不显著的自变量就将其剔除，这样逐个地引进或剔除，直至没有自变量可引入，也没有自变量应从方程中剔除时为止。这时的回归方程一般来说是最优的(张厚粲，1986)。

(二)结果

在进行逐步回归分析时，我们没有把各题型的分项客观化总分和 C 题型总体等级评分当做自变量，因为分项客观化总分是发音、语法和流利性三项分数进行转换后的累加，不适合与三个分项同时引入回归方程，而总体等级评分为顺序变量，不适合回归分析。因而此时我们要讨论的成分为 A 题型 0/1 评分、B 题型 0/1 评分以及 A、B、C 三类题型的发音、语法、流利性分项客观化评分，共 11 项。

逐步回归的结果显示，对于因变量 1，各成分中只有 B 题型发音分项和 C 题型语法分项进入了回归方程。对于因变量 2，只有 A 题型发音分项和 C 题型语法分项进入了最后的回归方程。具体的分析结果见

表 6-22(因变量 1)和表 6-23(因变量 2)。

表 6-22　以教师总体评价为因变量的回归结果

步骤	成分	累积相关系数	回归系数	标准误	校正回归系数	T 值
1	B 题型发音分项	.631	1.004	.286	.442	3.506＊＊
2	C 题型语法分项	.736	.274	.081	.423	3.359＊＊

复相关系数 R＝.736，复相关系数平方 R2＝.542，调整相关系数 Ra2＝.516，F 值＝21.266(P＜.000)

回归方程：JSPJ＝33.81＋1.004×BP＋0.274×CG

表 6-23　以 HSK 听力部分为因变量的回归结果

步骤	成分	累积相关系数	回归系数	标准误	校正回归系数	T 值
1	A 题型发音分项	.754	.976	.182	.595	5.357＊＊
2	C 题型语法分项	.810	.191	.063	.335	3.018＊＊

复相关系数 R＝.810，复相关系数平方 R^2＝.655，调整相关系数 Ra^2＝.636，F 值＝34.226(P＜.000)，回归方程：HSKL＝0.976×AP＋0.191×CG－0.194

注：(1)以上数据均为原始分；

(2)＊＊代表 T 值在 .01 水平上显著；

(3)以上样本容量均为 39 人；

(4)回归方程中，JSPJ 代表教师总体评价，AP 代表 A 题型发音分项，BP 代表 B 题型发音分项，CG 代表 C 题型语法分项，HSKL 代表 HSK 听力部分。

(三)小结

在对教师总体评价和对 HSK 听力部分的逐步回归中，首先进入回归方程的分别是 B 题型的发音分项(R＝.631)和 A 题型的发音分项(R＝.754)，这和 MCMM 的分析结果基本一致，在各成分中效度相对较好的依然是 A、B 两题型的发音分项。这一结果再一次验证了我们所操作性定义的发音成分在语句层面的有效性。

C 题型语法分项进入了回归方程有点出乎我们的意料，在前面的 MCMM 分析中，语法分项的构想效度是最差的，我们分析其中的原因可能是无错误的 T-Unit 的平均长度在语句层面和话语层面上有不同的表现，但是由于语法分项在各个题型上的累积排名都很靠后，我们无法断定无错误的 T-Unit 的平均长度适合评价哪一个层面的语法表现。回归分析的结果似乎显示，我们所操作性定义的语法比较适合话语层面。

十、讨论与分析

(一)客观化评分能在很大程度上保证测验的评分信度

信度是效度的前提，一个考试如果没有信度就谈不上有效度。对于不同的语言测验，有不同的信度要求。Lado(1961)认为，好的词汇、语法和阅读测验的信度系数应在 .90 以上，听力测验应在 .80 以上，口语测验应在 .70 以上。另外，信度系数在较大程度上受考生异质程度的影响，考生的异质程度越高越容易得到较高的信度指标。Lado et al (1992)认为，一个大的信度系数常常可以通过对足够大的异质被试群体施行测验而获得。就单一测验而言，得到 .96 还是 .50 的信度系数主要依赖于被试群体。

我们借用 HSK 成绩来调查一下本研究被试的异质程度。本研究被试的 HSK 总分分布情况如下：

表 6-24　被试 HSK 成绩的描述性统计

样本容量	平均分	标准差	全距	偏态值	峰态值
39	124.15	22.50	88	—.243	—.469

从上表可以看到，被试 HSK 成绩的标准差为 22.50，全距为 88，比 HSK 标准样组[①]的标准差(37.01)和全距(141)要小得多。再者，从前面的被试基本情况表(表 3-1 和表 3-2)中可以获知，89.74％的被试为日韩及东南亚国家的考生，95％的考生获得了 HSK(初中等)证书，且获中等和初等的人数基本一样。

以上调查的结果表明本研究被试的异质性程度不大，可以排除由于异质程度过高而高估了信度系数。如此，我们可以比较有把握地说，客观化评分方法，包括 0/1 评分和分项客观化评分的评分信度是比较高的(在三类题型中都高于 .80)，在很大程度上保证了测验的信度。同时也证实了我们对提高口语考试信度的基本想法，即提高评分标准解释的确

[①] 所谓标准样组，也可称作常模参照组。它是按照一定的抽样原则和方法，从考生总体中抽取的具有某种典型性和代表性的考生样本。HSK 以北京语言文化大学为主要的常模参照点，以北京大学和北京师范大学为辅助的常模参照点，标准样组人数 240 人，其中一年级 120 人，二年级 120 人，对考生的国别也有一定的控制。(刘英林、郭树军，1991)

定性，减少评分员主观判断的成分。

(二)题型会在一定程度上影响评分信度

在前面的信度研究中，我们发现，无论采用何种评分办法，B 题型的评分信度总是优于 A 题型，这说明题型也会在一定程度上影响评分信度。Arthur Hughes(1989)在讨论提高信度的方法时就曾经谈到：(1)不要让被试太自由，尽量使题目的内容固定，减少被试选择和发挥的机会。比如，在作文考试中，如果让被试在几个题目中选择一个会降低考试的信度。(2)把被试的行为作直接的比较，这与第一点有相似之处。如果被试的行为一致性强，就比较容易作直接的比较。

同理，在本研究中，回答 B 题型时被试发挥的余地很小，行为表现的一致性强，比之有较大发挥余地的 A 题型信度就相对高一些。因此，从提高信度的角度考虑，在设计试题时，应该尽量限制被试的行为表现以期获得较为一致的行为样本。

(三)A 题型和 B 题型更适用 0/1 评分

我们对 A、B 两题型采用了 0/1 评分和分项客观化评分两种方法，信度调查的结果显示，两种评分方法的信度都较高(.80)，其中分项客观化评分的信度更高一些。而效度调查的结果则表明，0/1 评分的效度好于分项客观化评分。

我们认为，在保证了较好的信度的前提下，效度是最重要的。因此，从获取更好的效度的角度看，采用 0/1 评分更好一些。另外，从实际操作的角度看，和 0/1 评分比较起来，分项客观化评分的最大缺点是评分程序比较繁琐，若实行大规模评分比较费时费力，采用 0/1 评分在操作时就相对简便得多。出于上述考虑，我们认为 A 题型和 B 题型更适用 0/1 评分。

(四)C 题型的分项客观化评分有较好的信度和共时效度，但构想效度不甚理想

比起 A、B 两题型，分项客观化评分对 C 题型有更大的实用价值，因此我们非常关心其信、效度如何。实证性研究表明，分项客观化评分有较好的评分信度($R_{tt}=.896$)，比总体等级评分($R_{tt}=.687$)高得多。同时，分项客观化评分和几项主要的效标之间的相关都达到了显著性水平，体现了较好的共时效度。

但是我们也不得不承认，对于 C 题型那样的题型，总体等级评分具有在构想效度方面的优势。MCMM 的分析表明，总体等级评分的构想效度优于分项客观化评分。这告诫我们，分项客观化评分的操作性定义

还存在构想效度方面的威胁，需要在理论上做进一步的探索。

（五）在对发音、语法和流利性进行评价时，应区分语句和话语两个不同的层面

在本研究中，A 题型和 B 题型考查的是语句层面的口语水平而 C 题型考查的是话语层面的口语水平。MCMM 和逐步回归的分析都提示我们，本文所操作性定义的发音、语法和流利性在这两个层面上的表现是不同的。发音成分受不同层面的影响不是很大，但在语句层面上具有更好的效度，因而更适合考查语句层面的能力。语法成分在两个层面上的表现极为不同，逐步回归的分析表明它更适合话语层面，但是下这样的结论我们的把握并不大。不过有一点必须清醒地认识到：语句层面的语法表现和话语层面的语法表现应该用不同的标准来衡量。流利性的缺乏在两个层面上的产生原因是不同的，语句层面的犹豫和停顿多是语言性的，而话语层面的停顿则可能是非语言性的。因此我们在操作性地定义话语层面的流利性时应该注意区分语言性的和非语言性的停顿，以期更加准确地把握第二语言口语流利性。

（六）对于初中等水平的考生，用 A 题型和 B 题型比用 C 题型更为有效

MCMM 的分析结果显示，对于本研究的被试，A 题型和 B 题型的总体构想效度要好于 C 题型。也就是说，对于汉语水平相当于 HSK（初中等）的被试，用 A 题型和 B 题型比用 C 题型更为有效。我们认为，这是因为初中等水平的考生已经具备了语句层面的表达能力，但是话语层面的表达能力还比较有限。因此，在我们的研究中，用考查语句层面口语水平的 A 题型和 B 题型比用考查话语层面口语水平的 C 题型显得更为有效。

十一、结语

口语考试评分的客观化问题是语言测试界非常关心的一个问题，这里借助 A（快速问答）、B（重复句子）和 C（口头报告）三类考试题型探讨了两种客观化评分方法，即 0/1 评分和分项客观化评分。实证性研究的结果表明，A、B 两题型的 0/1 评分信效度都比较理想，加之这种评分方法操作上十分简便，对评分员的要求也不太高，因此对于此类题型，采用 0/1 评分是具有可行性的。

分项客观化评分在评分信度上的优势是明显的，它在三类题型中都获取了较高的信度系数，尤其是在 C 题型中，同样使用没有经过严格训练的评分员，分项客观化评分的评分信度要比总体等级评分高得多。同时我们也获得了比较理想的共时效度，但是我们没有把握认为采用该评分方法是十分可行的。这是出于对此类评分方法构想效度的担忧，MC-MM 的分析结果表明，0/1 评分和总体等级评分的构想效度都要优于分项客观化评分。

据此，我们想到了两方面的问题。第一是关于口语水平的操作性定义的，我们把口语水平定义在发音、语法和流利性三个维度上是否有所欠缺，是否还有其他因素未加考虑。或者，口语水平本身就是一个整体，不能进行条块分割。这似乎又引发了长期困扰语言测试界的一个问题，即语言能力究竟是单维的还是多维的。第二是关于评分标准的，我们制定的评分标准是否能有效地反映发音、语法和流利性的本质。这两方面的问题都值得我们在今后的研究中继续探讨。

本研究是对第二语言口语考试的客观化评分所做的一次理论探讨和实验尝试，涉及的考试题型和实验规模都比较小，因而只能当做在该领域的一次试航。

第四节 评分信度的实证研究

测验的信度是测验效度的前提保证，如果一个测验没有信度也就谈不上什么效度，由于口语测验多采用主观或半主观评分，信度研究就显得更加重要。本节是一项比较完整的测验信度研究。

一、测验概况

本研究所采用的测验方式、试卷、评分方法以及被试都与第二章第三节中实证研究的预测阶段材料相同，这里不再赘述，请读者参考第二章第三节中的相关内容。

二、经典测验理论下的信度分析

（一）内部一致性信度

施测后，我们分析了试卷的内部一致性信度。A、B 两题型每一题都是 0/1 评分而 C、D 两题型每一题的分数是连续记分分数（数据采用三位评分员评分的均值），因此统一使用 α 系数估计测验内部一致性信度，结果如下：

表 6-25 预测试卷信度分析

题型	题数	样本容量	α 系数
A 快速问答	40	52	.865
B 图片比较	40	53	.911
C 听后复述	2	52	.782
D 看图说话	2	52	.700
全测验	84	52	.928

α 系数估计测验内部一致性信度是信度的最低限（王孝玲，1989），也就是说是最严格的要求。本测验 84 题的 α 系数达到 .928 是比较高的，说明题目质量比较好。

(二)评分者一致性信度

虽然本测验的评分规则在一定程度上减少了评分者的主观性，但不能像机器评分那样完全消除主观判断，因而对评分者间的一致性信度进行调查是相当必要的。

我们分别请三位评分员对 52 名被试的口语测验样本进行评分，三位评分员中一位为资深初级汉语教师（但非被试的任课教师），两位为有一定教学经验的在读研究生。我们希望通过评分结果观察资深教师和研究生之间评分的一致性程度如何。目前在大规模口语测验中很难满足都由资深教师来担任评分的要求，实际上研究生的评分队伍已经成为重要力量。根据这样的情况我们选择了一位资深教师和两位研究生作为评分人员。

在经典测验理论下可以用肯德尔和谐系数来计算评分员评分的一致性程度。在对评分者间信度进行估算时使用各个分测验的总分，结果如下：

表 6-26 试卷评分者间肯德尔和谐系数

分测验	评分者人数	肯德尔和谐系数	χ^2	显著性
快速问答第一部分	3	.890	136.12	.000
快速问答第二部分	3	.883	135.11	.000
图片比较第一部分	3	.929	142.06	.000
图片比较第二部分	3	.923	141.29	.000
听后复述第一题	3	.949	145.16	.000
听后复述第二题	3	.942	144.15	.000
看图说话第一题	3	.908	138.01	.000
看图说话第二题	3	.898	137.34	.000

在四种题型中，评分者一致性信度由高到低依次为：听后复述、图片比较、看图说话和快速问答。这也说明评分者的一致性信度和评分标准的确定性以及评分员主观判断的程度有关。听后复述和图片比较题型对考生回答的限制性比较强，考生回答的变式很少，因此在评分时评判的标准比较确定，不需要评分员作出太多的主观判断，评分员间的评分一致性程度也就比较高。而在快速问答题型中，由于考生的回答内容变式比较多，增加了评分标准的不确定性，也就是说增加了评分员主观判断的成分，因此评分者间的一致性程度就有所下降。所以从评分者信度的角度讲，听后复述和图片比较这样的题型要优于看图说话和快速问答题型。

总的来说，各分测验的评分者间信度都比较好，这也说明本研究评分方法的评分标准是比较易于把握的，资深教师与研究生的评分呈现高相关。由此我们产生了一个想法，是否可以在正式测验中仅使用一位评分员进行评分，以达到既公平又经济的目的。为此我们采用概化理论来检验测验的信度并推断是否可以在正式测验中仅使用一位评分员。

三、概化理论下的信度分析

(一)概化理论的基本概念

概化理论(Generalizability Theory)是能够较好地控制测量误差的现代测量理论，它分析影响测验分数的各种来源(如被试水平的差异、评分者的评分差异等)。概化理论认为任何测量都是在特定的测量情境下进行的，测量的根本目的并不是为了获得特定条件下的测量结果，而是要以此来推断更广泛的条件下可能得到的测量结果。为此概化理论给出了几个基本概念：(1)测量目标，即测量所要描述和研究的那个心理特质；(2)测量侧面(facet)是指影响测量过程和测量结果的各种内外在因素。一个测量侧面就是某一方面的测量条件，测量情境则是由测量目标和测量侧面构成的。我们研究测量问题主要关心测什么和怎么测。测量目标解决测什么的问题，而测量侧面则涉及怎么测。显然测量的侧面是测量误差的重要来源，它对测量的信度有重要的影响。当测量目标引起的分数变异所占比重较大，而测量侧面引起的分数变异所占比重较小时，测量被看做是有较高信度的。(陈社育、余嘉元，2001，杨志明、张雷，2003)

概化理论的研究分为两个步骤，即 G 研究(generalizability study)和 D 研究(decision study)。G 研究首先确定测量目标和测量侧面，提出收集数据的初始测量研究设计，设计类型与方差分析 ANOVA (analysis of variance)的设计类型相类似。然后,使用 ANOVA 等方法进行变异分量估计,即获得测量目标效应、各测量侧面效应以及测量侧面和测量目标的交互效应等的方差分量。D 研究是在 G 研究的基础上开展的,D 研究中通常会计算初始测量设计下的类信度系数(相对决策下的概化系数 $E\rho^2$ 或绝对决策下的可靠性指标 Φ 系数)。相对决策关心的是被试的得分排名,目的在于区分被试水平的高低,绝对决策涉及对测量结果做出绝对解释,如划定合格线等。更为重要的是,D 研究可以在 G 研究的测量情境关系范围内,通过改进测量侧面结构、测量模式或样本容量,用方差分量来估计各种改进的测量设计条件下的概化系数或可靠性指标的变化,即提供各种测量设计方案下不同的信度指标,以探求有效控制误差、提高信度的最佳设计方案,提出最可行的实际测验决策。D 研究中将修改设计方案后所形成的新的全域称为概化全域(universe of generalization),它区别于 G 研究的观察全域,把研究初始设计中代表性样本的统计结果推广或概化(generalize)到了新的全域。这就是概化理论之"概化"的真正内涵(严芳,2002[5][p.2])。概化理论在主观性测验的评分中有着广泛的应用价值和应用前景。

(二)研究问题

本研究将运用概化理论解决两个问题:

(1)检验初学者口语测验的评分信度;

(2)探讨在评分中使用多少位评分员才能够保证评分信度,在本测验中是否可以只使用一位评分员来评分以达到既可靠又经济的目的。

(三)研究过程

我们分别请三位评分员对 52 名被试的口语测验样本进行评分,三位评分员中一位为资深初级汉语教师(但非被试的任课教师),两位为有一定教学经验的在读研究生。我们希望通过评分结果观察资深教师和研究生之间评分的一致性程度如何。目前在大规模口语测验中很难满足都由资深教师来担任评分的要求,实际上研究生的评分队伍已经成为重要力量。根据这样的情况我们选择了一位资深教师和两位研究生作为评分人员。

1. 随机双面交叉设计

本测验中,分测验一(快速问答第一部分)、分测验二(快速问答第二部分)、分测验三(图片比较第一部分)和分测验四(图片比较第二部分)各有 10 个题目。因此在概化理论下,测量侧面有题目和评分员两个,应当采用随机双面交叉设计($P*I*R$)。其中,P 表示被试的能力,为测量目标;I 表示测验题目,R 表示不同评分员的评分,二者为测量侧面。

分测验一至分测验四的 G 研究和 D 研究结果如下（使用 SPSS 统计分析软件作为统计分析工具，下同）：

（1）分测验一的 G 研究和 D 研究

表 6-27　分测验一（快速问答第一部分）的 G 研究

变异来源	自由度	变异分量估计	占总变异的百分比
P	51	.0375	21.7％
I	9	.0184	10.7％
R	2	.0013	0.8％
P＊I	459	.0830	48.1％
P＊R	102	.0001	0.1％
I＊R	18	.0002	0.1％
P＊I＊R	918	.0320	18.5％

结果表明，来自被试能力（P）的变异分量占总变异的 21.7％，是主要变异来源之一，但所占比例偏少。来自题目（I）的变异分量占总变异的 10.7％，代表总变异中有 10.7％来自题目的难度，而评分员（R）的变异分量只占到总变异的 0.8％，说明评分员评分的差异对分数变异的影响很小，评分员的评分信度比较高。被试与题目的交互作用（P＊I）的变异分量占 48.1％，是最主要的变异来源，说明某些被试擅长某些题目。被试与评分员的交互作用（P＊R）的变异分量仅占 0.1％，而评分员与题目的交互作用（I＊R）的变异分量也仅占 0.1％，说明评分员自身的评分稳定性很好，即评分员对不同被试或不同题目的评分能保持稳定。被试、题目和评分员三者的交互作用（P＊I＊R）的变异分量占 18.5％，也是主要变异来源之一。

要知道分测验一的信度究竟如何，需要进行下一步的 D 研究。因为分测验一的题目数量为 10 个。因此 D 研究时首先固定题目侧面的样本容量为 10，然后分析在题目数为 10 的情况下，需要多少评分员才能保证测验信度（其他分测验亦同）。在 D 研究中首先计算相对误差变异分量 $\sigma^2(\delta)$ 和绝对误差变异分量 $\sigma^2(\Delta)$。在随机双面交叉设计（P＊I＊R）中，所有与测量目标（P）有关联的交互作用构成测量的相对误差变异，而所有主效应以及侧面之间的交互作用都不会影响测量的相对误差。绝对误差变异则不同，除了被试（P）的主效应外，所有其他变异分量都是测量误差变异的组成成分。计算出了 $\sigma^2(\delta)$ 和 $\sigma^2(\Delta)$，就可得到概化系数 $E\rho^2$ 和可靠性指数 Φ。

表 6-28　分测验一(快速问答第一部分)固定题目侧面的 D 研究

评分员人数主要指标	1	2	3	4	5
相对误差变异分量 $\sigma^2(\delta)$	.0116	.0100	.0094	.0091	.0090
绝对误差变异分量 $\sigma^2(\Delta)$	.0148	.0125	.0117	.0113	.0111
概化系数 $E\rho^2$	.764	.790	.800	.805	.807
可靠性指数 Φ	.717	.750	.762	.768	.772

在随机双面交叉设计($P*I*R$)中，概化系数大于.6 说明信度比较高，而大于.8 则说明信度优良。在本次实测评分中，有三位评分员参加评分，此时概化系数为.800，达到优良指标。同时从表 6-28 可以看出，如果随机选取一位评分员评分，测验的信度为.764，已经接近优良水平。

(2)分测验二的 G 研究和 D 研究

表 6-29　分测验二(快速问答第二部分)的 G 研究

变异来源	自由度	变异分量估计	占总变异的百分比
P	51	.0360	19.8%
I	9	.0196	10.8%
R	2	.0014	0.8%
P*I	459	.0867	47.8%
P*R	102	.0000	0%
I*R	18	.0015	0.8%
P*I*R	918	.0365	20%

表 6-30　分测验二(快速问答第二部分)固定题目侧面的 D 研究

评分员人数主要指标	1	2	3	4	5
相对误差变异分量 $\sigma^2(\delta)$	.0123	.0105	.0099	.0096	.0094
绝对误差变异分量 $\sigma^2(\Delta)$	.0158	.0132	.0124	.0119	.0117
概化系数 $E\rho^2$	.745	.774	.784	.790	.793
可靠性指数 Φ	.695	.732	.744	.752	.755

（3）分测验三的 G 研究和 D 研究

表 6-31 分测验三（图片比较第一部分）的 G 研究

变异来源	自由度	变异分量估计	占总变异的百分比
P	51	.0452	28.6%
I	9	.0120	7.6%
R	2	.0009	0.6%
P * I	459	.0690	43.7%
P * R	102	.0004	0.3%
I * R	18	.0003	0.2%
P * I * R	918	.0302	19%

表 6-32 分测验三（图片比较第一部分）固定题目侧面的 D 研究

评分员人数主要指标	1	2	3	4	5
相对误差变异分量 $\sigma^2(\delta)$	.0103	.0086	.0081	.0078	.0076
绝对误差变异分量 $\sigma^2(\Delta)$	.0124	.1028	.0096	.0092	.0090
概化系数 $E\rho^2$	.814	.840	.848	.853	.856
可靠性指数 Φ	.785	.815	.826	.831	.834

（4）分测验四的 G 研究和 D 研究

表 6-33 分测验四（图片比较第二部分）的 G 研究

变异来源	自由度	变异分量估计	占总变异的百分比
P	51	.0430	24.3%
I	9	.0182	10.3%
R	2	.0008	0.5%
P * I	459	.0788	44.5%
P * R	102	.0003	0.2%
I * R	18	.0000	0%
P * I * R	918	.0360	20.2%

表 6-34 分测验四(图片比较第二部分)固定题目侧面的 D 研究

评分员人数主要指标	1	2	3	4	5
相对误差变异分量 $\sigma^2(\delta)$	.0118	.0098	.0092	.0089	.0087
绝对误差变异分量 $\sigma^2(\Delta)$	.0144	.0121	.0113	.0109	.0106
概化系数 $E\rho^2$	.785	.814	.824	.829	.832
可靠性指数 Φ	.749	.781	.792	.798	.802

分测验二、三、四的研究结果与分测验一基本相同,说明这四个分测验的评分信度都比较好。同时从研究结果可以推断,仅使用一位评分员进行评分的评分信度也能够达到或接近优良水平。

2. 随机单面交叉设计

分测验五(听后复述)和分测验六(看图说话)都只有 2 个题目,因而可以采用随机单面交叉设计(P * R)来分析信度,其中 P 表示被试的能力,为测量目标;R 表示不同评分员的评分,为测量侧面。各题的 G 研究和 D 研究结果如下:

(1)分测验五的 G 研究和 D 研究

表 6-35 分测验五(听后复述)第一题的 G 研究

变异来源	自由度	变异分量估计	占总变异的百分比
P	51	3.43	94.2%
R	2	.012	0.3%
P * R	102	.200	5.5%

表 6-36 分测验五(听后复述)第一题的 D 研究

评分员人数主要指标	1	2	3	4	5
相对误差变异分量 $\sigma^2(\delta)$	.200	.100	.067	.050	.040
绝对误差变异分量 $\sigma^2(\Delta)$	.212	.106	.071	.053	.042
概化系数 $E\rho^2$	.945	.972	.981	.986	.989
可靠性指数 Φ	.942	.970	.980	.985	.988

表 6-37 分测验五(听后复述)第二题的 G 研究

变异来源	自由度	变异分量估计	占总变异的百分比
P	51	2.421	92.4%
R	2	.032	1.2%
P * R	102	.167	6.4%

表 6-38　分测验五（听后复述）第二题的 D 研究

评分员人数主要指标	1	2	3	4	5
相对误差变异分量 $\sigma^2(\delta)$	.167	.084	.056	.042	.033
绝对误差变异分量 $\sigma^2(\Delta)$	.199	.100	.066	.050	.040
概化系数 $E\rho^2$	.936	.967	.977	.983	.987
可靠性指数 Φ	.924	.960	.973	.980	.984

（2）分测验六的 G 研究和 D 研究

表 6-39　分测验六（看图说话）第一题的 G 研究

变异来源	自由度	变异分量估计	占总变异的百分比
P	51	3.228	87.2%
R	2	.1	2.7%
P * R	102	.374	10.1%

表 6-40　分测验六（看图说话）第一题的 D 研究

评分员人数主要指标	1	2	3	4	5
相对误差变异分量 $\sigma^2(\delta)$	.374	.187	.125	.094	.075
绝对误差变异分量 $\sigma^2(\Delta)$	.474	.237	.158	.119	.095
概化系数 $E\rho^2$	.896	.945	.963	.972	.977
可靠性指数 Φ	.872	.932	.953	.965	.971

表 6-41　分测验六（看图说话）第二题的 G 研究

变异来源	自由度	变异分量估计	占总变异的百分比
P	51	.994	86.1%
R	2	.014	1.2%
P * R	102	.147	12.7%

表 6-42　分测验六（看图说话）第二题的 D 研究

评分员人数主要指标	1	2	3	4	5
相对误差变异分量 $\sigma^2(\delta)$	.147	.074	.049	.037	.029
绝对误差变异分量 $\sigma^2(\Delta)$	.161	.081	.054	.040	.032
概化系数 $E\rho^2$	.871	.931	.953	.964	.972
可靠性指数 Φ	.861	.925	.948	.961	.969

分测验五和六的 G 研究结果表明，绝大部分的变异来自被试的能力，而来自评分员的变异非常小，说明评分员之间的评分差异很小。D 研究表明，题目的评分信度很高。在使用一位评分员时，概化系数已经达到优良水平。

四、讨论及结论

依据经典测量理论（Classical Test Theory，CTT），我们分析了测验的内部一致性信度和主观评分的评分者信度。评分者信度主要采用肯德尔和谐系数来估计，结果表明评分者之间的一致性程度较高，评分信度良好。

对于主观评分的信度研究，概化理论比经典测验理论更具优势。对同一次测量，概化理论可以根据研究目的的不同提供多个测量信度。事实上，当测量目标发生变化时，或者当测量的结果被推论的范围不同时，测量的信度都会发生变化（杨志明，张雷，2003）。因此，我们可以根据研究目的和实际需要在可以接受的误差范围内做出某种推断。在本例中，我们希望知道是否可以仅使用一位评分员进行评分以达到既保证评分信度又节省开支的目的。这时候我们就需要研究在评分员这个测量侧面发生变化时评分信度的相应变化，从而推断出如果仅使用一位评分员，测量的误差有多大，评分信度是否可以保证。

本次研究结果表明，汉语初学者口语测验的评分信度良好。同时，在随机双面交叉设计（P * I * R）中，分测验一至分测验四的 D 研究都表明当随机选取一名评分员时，测验的概化系数 $E\rho^2$ 都能达到或接近优良水平（$E\rho^2 \geqslant 0.8$）。若增加评分员的数量，信度系数的提高幅度并不大，而测验成本却要大大增加。实际上，从各分测验 G 研究的结果分析，题目的效应要远远大于评分员的效应，因而如果要追求很高的信度，则增加题目数量是既经济又有效的方法。Lee（2006）在研究新托福的口语考试评分时也做出了相同的结论。然而，题目数量过多又可能使被试产生疲劳感和厌烦感，从而影响测验的效度。因此我们需要找到题目数量与评分员数量的最佳结合点。在本次测验中，如果没有特殊要求，使用 10 题和一位评分员是最实用的办法。随机单面交叉设计（P * R）的研究结果也表明，分测验五和分测验六的评分者信度很高，随机选取一位评分员评分的概化系数 $E\rho^2$ 均大于 0.8，而增加评分员的数量对提高测验信度的作用十分微薄。概化研究的结果说明仅使用一位评分员可以保证比较好的平均信度。

　　由于口语测验的评分是人工评分，因此测验的成本中人工费用是重要的一部分。另外，本测验面向的是数量众多的初学者，因此测验的评分压力也很大。从评分效率上讲，多位评分员对同一份测验进行盲评，所需要的时间和精力都是成倍的，评分的效率不高。任何一个测验都应该同时具有可靠、有效并且经济实用的特点。概化理论的信度分析表明增加评分员的数量并不能对提高评分信度做出很大贡献反而增加经济负担，因此出于保证测验的良好信度以及降低测验成本、提高评分效率的多重考虑，我们认为在今后的测验中可以仅使用一位评分员评分。

第七章
口语测验表现的影响因素

第一节　影响因素的理论模型

　　语言交际能力理论认为语言测验涉及的主要因素有语言能力、被试个人特性以及测验任务特点等。这其中语言能力是我们要测量的特质，被试个人特性属于学习者影响因素，而测验任务特点则是编制者可以调控的测验内部影响因素。

一、影响测验表现的测验内部因素研究

(一)Candlin 的模型

　　Candlin(1987)认为影响测验表现的因素主要有 5 个。第一是认知负荷，包括排序的自然性、参与者的数目以及测验元素的多少。第二是交际压力，Candlin 认为交际压力主要来自考官或参与者的语言水平和地位。第三是特殊性和一般性，主要指测验目的是否清楚，解释是否明晰。第四是编码复杂性和转换难度，前者指的是语言本身的复杂程度，后者指使用语言编码时操作的复杂性。第五是处理的连贯性，主要指对任务类型的熟悉度以及学习者把所遇到的任务同自己熟悉的任务联系起来的能力。Candlin 的模型考虑十分细致，但 Skehan(1998)认为这个模型没有和任务的基本元素很好地结合起来，研究起来不方便。

(二)Skehan 的模型

　　Skehan(1996；1998)在 Candlin(1987)模型的基础上提出了自己的

测验表现模型。Shehan 认为有三个因素影响了考生的任务表现，即编码复杂性、认知复杂性和交际压力。编码复杂性指的是完成任务所需要的语言的复杂程度，包括语言形式的复杂性和变化、词汇负荷和变化以及语言的冗余度和密度。认知复杂性指的是完成任务的思考过程，包括认知过程和认知熟悉度，认知过程包括信息的组织、计算、信息的清晰度和充足度以及信息的类型，认知熟悉度包括对话题的熟悉度、话题的可预测性，对话语风格的熟悉度，对任务的熟悉度。而交际压力指的是完成任务的表现条件，与测验方式有关。包括时间的限制和时间压力，陈述的速度，参与者的数量，话语长度以及反应类型等。

（三）Robinson 的模型

Robinson(2001)认为任务复杂性、任务情景和被试任务难度知觉是影响测验任务表现的因素，并在此基础上提出了自己的模型。可以表示为：

任务的复杂性	任务的情景	被试任务难度知觉
(a)资源指向	(a)参与变量	(a)情感变量
如：＋/－ 元素少	如：开放/封闭	如：动机
＋/－ 这儿，现在	单向/双向	焦虑
＋/－ 没有推理要求	聚合/发散	自信
(b)资源损耗	(b)参与者变量	(b)能力变量
如：＋/－ 准备时间	如：性别	如：能力倾向
＋/－ 单一任务	熟悉度	口语水平
＋/－ 先前经验	权利/地位	智力

任务复杂性排序的标准　　　配对或者分组的影响

图 7-1　Robinson(2001)口语测验任务模型图

Robinson 的模型实际上包含了认知因素、互动因素和被试个体因素三个方面，前两个因素与 Skehan 所提到的影响因素是基本一致的，被试个体因素严格地讲不能算作测验内部影响因素，而应该作为学习者因素来专门讨论。Robinson 的模型考虑的细节比较多但操作性并不强，从这个意义上说，Skehan 的模型显得更加实用。

（四）小结

综合前人的理论观点，我们认为影响口语测验表现的测验内部因素主要包括认知复杂性与任务条件两个方面。认知复杂性包括话题熟悉度和测验准备时间，任务条件包括组织形式和引导方式。具体表现为：

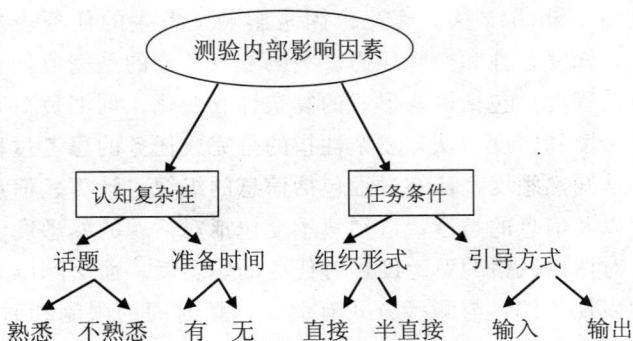

图 7-2　口语测验内部影响因素图

在口语测验的开发中，测验内部影响因素是编制者可以加以选择和控制的，这些因素包括话题的熟悉度、答题的准备时间、测验的组织形式和引导方式。

话题熟悉度对考生的影响是显而易见的，学习者对自己熟悉的话题会感到有话可说而且所产生的心理压力也比较小。Foster 和 Skehan (1996)的研究发现熟悉的话题使被试的口语表达更加流利，即话题的因素与流利性有显著相关。Chang(1999)也发现话题的熟悉度对口语流利性有显著影响。Clapham(1996)的研究则表明话题的熟悉度对被试的总体口语表现有显著影响。因此在话题的选择上应该尽量选择学生熟悉的内容，以降低由于话题因素所带来的对测验效度和测验公平性的威胁。这一点对于编制初学者口语测验显得尤为重要。

准备时间对测验表现的影响是研究者们比较关注的一个问题。Wiggleworth(1997)对这一问题进行了系统研究。研究结果表明：(1)准备时间会影响口语表现的流利性、准确性和复杂性；(2)准备时间对复杂和难度大的任务的影响比对简单、熟悉的任务影响大。何莲珍、王敏(2003)在调查口语测评任务复杂度对学生语言表达准确性的影响时发现，有准备情况下语言输出的准确度明显高于无准备情况。我们认为准备时间降低了认知的负荷从而降低了任务难度，因而对于初学者来说应该给予比较充分的准备时间。

口语测验从组织形式上分主要有直接式和半直接式两种。对于考生来讲直接式口试所带来的交际压力要大于半直接式。因为在直接式测验中，考生将面对考官或其他参与者，正如 Robinson(2001)所谈到的，考官或参与者的性别、态度、地位等都会给考生带来不同的压力。而在半直接式测验中，考生无需面对真实的考官，只需要按照题目要求对着机器回答即可。从减轻考生的考试压力和焦虑感的角度讲，初学者的口语测验采用半直接式更为妥帖。

口语测验的任务类型一般情况下是以引导方式来区分的。不同的引导方式包含了不同的测验输入、测验反应及其相互作用，从而形成了不同的测验任务特点。

二、影响测验表现的学习者因素研究

影响测验表现的学习者因素属于被试个人特性因素。Bachman 和 Palmer(1996)在谈及测验中的被试个人特性时将之归为四类，即：

(1)个人背景特点，包括年龄、性别、国籍(民族)、社会地位、母语背景、受教育程度、参加测验的经验等 7 个因素。

(2)个人的知识面，Bachman 和 Palmer 认为如果题目涉及被试所熟知的知识领域，则对他(她)来说回答起来就会容易得多，反之就会增加难度。

(3)个人情感因素，这里的情感因素是指被试对题目的情感态度，Bachman 和 Palmer 解释说题目的话题如果涉及诸如堕胎、枪支、民族自治等敏感话题就会对被试的情感产生伤害从而影响其发挥。

(4)语言能力。

(一)测验编制时应当考虑的学习者因素

我们认为在测验的编制和应用时应该对以上因素加以考虑。在编制阶段就要充分考虑到被试的个人知识面与情感因素对测验表现的影响。前面我们已经谈到了话题熟悉度的问题，为了减少个人知识面和情感因素对测验表现的影响，应当在话题的选择上考虑一般性原则和敏感性原则。所谓一般性原则是指话题应当没有特定的受众范围、具有较高流行度和为大众所熟悉。所谓敏感性原则是指观点积极或中性，摒除消极的、反面的观点，包括禁绝一切可能在政治、宗教信仰、民族、性、毒品等方面在考生群体中引起敏感反应的内容。Bachman 和 Palmer (1996)也指出在对测验进行控制后可以基本消除个人知识面和情感因素对测验表现的影响。

(二)测验应用时应当考虑的学习者因素

考生个人背景特点和语言能力是相对复杂的因素，但却是在测验的应用时应该关注的问题。在汉语作为第二语言的初学者口语测验中，我们所面临的考生对象有着比其他考生更加复杂的个人背景特点，这些特点不仅包括上述 7 类因素，还包括不同的学习目的、是否有华裔家庭背景等。考生的语言能力是我们所要测量的特质，但在口语测验中，我们关心的是口语能力，那么考生的其他语言技能(听力、阅读和写作)和口语能力又有什么样的关系呢？这些问题恐怕也是在测验的应用时值得讨论的方面。

按照研究的需要，我们把影响口语测验表现的学习者因素分为在测验编制阶段应当考虑的因素和在测验应用阶段应当考虑的因素两类，具体用图表示如下：

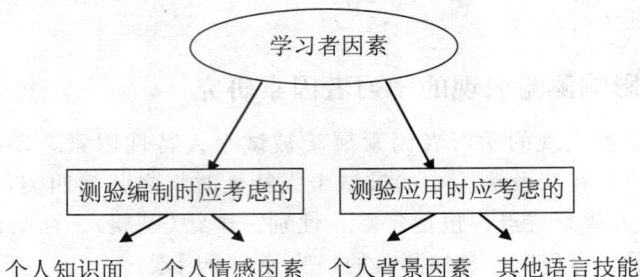

图 7-3　影响口语测验表现的学习者因素图

第二节　测验影响因素的实证研究

第一节我们探讨了口语测验表现的影响因素及其理论模型，本节我们将结合对理论模型的认识做一个实证研究。

一、研究的前期准备

(一)编制与实施口语测验

本研究所采用的测验方式、试卷、评分方法以及被试都与第二章第三节中实证研究的正式测验阶段材料相同，这里不再赘述，请读者参考第二章第三节中的相关内容。

(二)教师调查问卷的编制与实施

在访谈的基础上我们编制了调查问卷对 56 名从事初级汉语教学的一线对外汉语教师进行了问卷调查。请他们对可能影响口语能力的 11 种因素进行评价，以了解其影响程度的大小。量表为 5 级计分，影响程度不大为 1，影响程度很大为 5。调查结果如下：

表 7-1　口语能力影响因素的评价结果

	影响因素	影响程度评价的平均得分
1	性别	3.18
2	年龄	3.68
3	国别	3.94

续表

	影响因素	影响程度评价的平均得分
4	学习目的	3.39
5	母语背景	3.02
6	受教育程度	2.21
7	职业	1.85
8	华裔/非华裔	2.89
9	阅读能力	2.84
10	写作能力	2.95
11	听力能力	4.56

从上表我们可以看出教师对口语能力的影响因素的基本判断，听力能力平均得分 4.56，是最直接的影响因素。性别、年龄、国别、学习目的和母语背景 5 项平均得分大于 3，可以认为对口语能力有一定的影响，而华裔/非华裔、受教育程度、职业以及阅读能力和写作能力 5 项的平均得分在 3 以下，说明教师认为华裔学生的口语能力并没有明显好于非华裔学生，而受教育程度和职业的因素对口语学习影响不大。在各项语言技能中，教师认为阅读和写作能力对学生口语能力影响不大。

（三）学生个体背景调查问卷的编制与实施

学生调查问卷调查学生背景资料，包括性别、年龄、国籍、母语背景、职业、学习目的、教育程度和是否为华裔背景等 8 项内容。在第一节中我们已经谈到，学习者个人背景因素是口语测验表现的影响因素之一。Bachman 和 Palmer(1996)把个人背景因素分为年龄、性别、国籍、社会地位、母语背景、受教育程度、参加测验的经验等 7 个因素，再加上研究者们普遍关注的留学生的学习目的和华裔家庭背景因素，一共有 9 类值得研究的学习者背景因素。对学生的问卷调查显示，除了学校的期末口语考试(面试)以外，只有 4 人参加过其他口语测验，因此可以认为本次被试没有参加测验的经验。这样，本研究所涉及的留学生背景因素为 8 项，我们将分别探讨这 8 类因素与口语测验表现的关系。

二、研究内容

这项研究所涉及的研究问题包括：

(1)分析一年级上被试(117 人)和一年级下被试(106 人)在口语测验

表现上的总体情况及其差异；

（2）分析留学生背景因素对口语测验表现的影响；

（3）比较不同听力、阅读和写作水平的学生在口语测验上的表现差异；

（4）选取有代表性的被试进行个案分析。

三、研究的方法、过程与结果

（一）两个年级被试测验表现的总体情况及其差异

根据一年级上（117 人）和一年级下（106 人）的测试结果，计算出两组学生在 6 个分测验以及总测验得分的平均数和标准差，并用独立样本 T 检验对其进行比较分析。具体情况见下表：

表 7-2　一年级上和一年级下学生测验得分差异比较

变量名	一年级上			一年级下			T 值
	N	M	SD	N	M	SD	
分测验一	117	5.04	2.84	106	7.21	1.95	−5.28＊＊
分测验二	117	5.00	2.98	106	6.74	1.86	−4.15＊＊
分测验三	117	5.69	2.40	106	7.24	1.66	−4.26＊＊
分测验四	117	3.57	2.79	106	6.26	2.53	−6.06＊＊
分测验五	117	5.16	4.31	106	8.67	3.77	−5.18＊＊
分测验六	117	5.84	4.08	106	9.19	2.26	−5.94＊＊
总测验	117	31.31	16.92	106	45.31	12.87	−6.25＊＊

从上面的结果可以看出，一年级下的被试在各个分测验以及总测验上的得分都要显著高于一年级上的被试，说明测验能够有效地区分不同学习阶段的学生的口语能力，这也从另一个方面再次证实了测验的有效性。

根据上面的数据，我们发现，一年级上的学生在分测验一、二、三中得分较高，说明这一阶段的学生已经具备了短语与句子的口头表达能力，对于自己所熟悉的话题能够做比较流利的回答。这一阶段的学生在分测验四、五、六中得分偏低，分测验四考查的是独白模式的句子表达能力，这一部分要求考生具有比较强的句子组织能力，一年级上的学生在这一部分得分低说明其独立进行句子组织的能力还有待提高。分测验五和六考查的是话语组织能力，即语段层面的口语能力。正如文献探讨部分所提到的，我们所定义的初学者的口语水平正处于从句子表达向语段表达过渡的阶段，实测的结果表明，一年级上的学生有相当一部分还不具备语段表达能力，在这一方面还需加强。而一年级下的学生在短语、句子和语段层面的口语表达能力都已经建立起来，因此在各个分测验上的得分都比较高。另外我们看到，一年级上样本在总测验和各个分测验上的得分标准差都大于一年级下样本，说明一年级上学生的口语能力的差距要大于一年级下，这提示我们学生在口语学习的入门阶段学习成就的差异会比较大。

(二)留学生背景因素对口语测验表现的影响

1. 性别与口语测验表现的关系

关于性别是否会影响学习者的口语能力，各家的研究结果不太一致。有的研究者认为女性的口语表达能力好于男性。比如，Halpern(1986)在研究第一语言口语能力的基础上推测，女性的第二语言运用和口头交际能力优于男性。肖德法、向平(2005)对 2003 年 3 月 PETS 口试成绩的性别差异进行了统计分析，结果也显示，总体上来说，女性的成绩明显高于男性，呈极其显著的差异。但有的研究却不支持女性口语能力比男性强的假说。Hyde 和 Linn(1988)的研究结果显示，男女的口语能力几乎没有差异。曹贤文、吴淮南(2002)对 51 名来华留学生进行的调查研究也表明性别与学习成就没有显著相关。

本研究将分析男生和女生在本次口语测验上的表现是否有显著差异，以进一步了解性别与口语能力的关系。独立样本 T 检验的结果如下：

表 7-3　男、女生测验得分差异比较

变量名	男			女			T 值	显著性
	N	M	SD	N	M	SD		
分测验一	124	6.10	2.65	99	6.29	2.93	−.502	.616
分测验二	124	5.85	2.60	99	5.75	2.54	−.309	.758
分测验三	124	5.29	2.95	99	4.87	3.14	1.023	.307
分测验四	124	4.76	2.93	99	4.65	2.98	.275	.784
分测验五	124	5.65	4.12	99	6.86	4.60	−2.076 *	.039
分测验六	124	8.10	3.77	99	7.79	3.88	.603	.547
总测验	124	35.46	16.32	99	36.54	17.65	−.472	.637

由上可知，男生和女生只在分测验五（听后复述）上表现有显著性差异，在口语测验的其他各分测验及总测验上表现都没有显著差异。在听后复述分测验中，女生的成绩要明显好于男生，这可能是由于女生更善于对所听的东西进行记忆和复述，而男生则不擅长这样的题型。

2. 年龄与口语测验表现的关系

许多学者认为年龄作为一个重要的生理因素对语言习得的影响很大。儿童和少年模仿能力强，短时记忆强，学习更加灵活，敢于表现自己，因此在获得准确、地道的语音和流利的口语方面占有优势（刘珣，2000）。照这样的理论，儿童或青年学习者应该在口语表现上好于年龄较大的学习者。

本研究针对的是成年人，因此不涉及儿童汉语学习者。根据来华留学生年龄分布的特点（以 30 岁以下的青年学习者居多）和本次测验被试的年龄范围（18～56 岁，其中 50 岁以上的仅 2 人），我们将被试分为两个年龄组，即 30 岁以下的青年组和 30 岁以上的中年组。使用独立样本 T 检验分析青年组和中年组被试在口语测验上的表现是否有显著差异，结果如下：

表 7-4　不同年龄组测验得分差异比较

变量名	青年组			中年组			T 值
	N	M	SD	N	M	SD	
分测验一	178	7.18	2.08	45	5.55	2.61	4.435＊＊
分测验二	178	6.75	1.93	45	4.93	2.55	5.254＊＊
分测验三	178	6.38	2.39	45	4.04	2.77	5.664＊＊
分测验四	178	5.98	2.41	45	3.06	2.48	7.208＊＊
分测验五	178	7.64	3.88	45	4.40	3.98	·4.978＊＊
分测验六	178	9.51	2.26	45	5.82	4.59	7.677＊＊
总测验	178	43.45	11.61	45	27.82	15.75	7.465＊＊

结果表明，青年组和中年组在各分测验上的表现均有显著差异，青年组的表现明显好于中年组，说明年龄对口语能力有显著影响。

3. 学习目的与口语测验表现的关系

这里所说的学习目的是指不同的动机类型。二语/外语学习动机的研究在国外已有四五十年的历史，研究的主要理论依据是社会心理学和主流动机心理学，其中最具影响力的是 Gardner 提出的融合型动机

（integrative motivation）和工具型动机（instrumental motivation）。所谓融合型动机是指为了跟目的语社团直接进行交际，与目的语文化有更多的接触，甚至想进一步融合到第二语言社团中成为一员。工具型动机是指把第二语言用作工具的实际目的，如查阅资料、寻找工作、通过考试、改善社会地位等（刘珣，2000）。本研究也将从这两种动机类型出发来调查学习动机对口语能力的影响。换言之，我们关注的只是动机类型而非动机的大小或强弱程度。

在学生背景因素的问卷调查中，我们让学生回答了具体的学习目的。问卷所列的学习目的有：（1）在中国上学；（2）找工作；（3）升职；（4）喜欢汉语；（5）喜欢中国文化；（6）长期在中国生活。根据融合型动机和工具型动机的定义，在问卷整理时，我们把前三项归为工具型动机，而把后三项归为融合型动机。由于部分被试未回答或未按要求回答此项内容，最后有效回答此项的被试为 198 人。研究结果如下：

表 7-5　不同学习动机组测验得分差异比较

变量名	工具型动机			融合型动机			T 值	显著性
	N	M	SD	N	M	SD		
分测验一	100	6.49	2.39	98	6.24	2.69	.678	.499
分测验二	100	6.04	2.35	98	5.94	2.40	.269	.788
分测验三	100	5.33	2.89	98	5.48	2.97	−.383	.702
分测验四	100	4.84	2.98	98	5.26	2.83	−.535	.594
分测验五	100	6.75	3.78	98	5.89	4.43	1.455	.147
分测验六	100	7.91	3.79	98	8.11	3.93	−.368	.713
总测验	100	37.36	15.57	98	36.75	15.94	−.270	.787

从上面的图表可知，持工具型动机的学生在口语测验上的表现与持融合型动机的学生无显著差异，说明学习目的并不能对口语能力产生显著影响。

4. 国别与口语测验表现的关系

教师普遍反映来自不同国家的留学生口语水平有较大差异，因此我们将国别也作为一个重要因素来分析。根据教师的建议，我们把留学生根据国别不同分为东亚及东南亚国家、欧美国家（包括大洋洲）和其他国家三类，分别记作：东亚及东南亚组、欧美组、其他组。使用单向方差分析检验不同组别的学生在口语测验上的表现有无显著差异。结果如下：

表 7-6　不同国别组测验得分差异比较

变量名	1. 东亚及东南亚组			2. 欧美组			3. 其他组			F 值	事后比较
	N	M	SD	N	M	SD	N	M	SD		
分测验一	106	6.77	2.29	58	7.28	2.08	59	5.31	2.79	9.802＊＊	1＞3 2＞3
分测验二	106	6.17	2.13	58	6.38	1.94	59	5.49	2.83	4.378＊	2＞3
分测验三	106	5.93	2.58	58	6.59	2.47	59	3.52	2.85	20.310＊＊	1＞3 2＞3
分测验四	106	5.38	2.75	58	6.12	2.51	59	3.17	2.61	17.466＊＊	1＞3 2＞3
分测验五	106	6.38	4.30	58	7.87	4.32	59	5.66	3.69	3.711＊	2＞3
分测验六	106	8.24	3.43	58	9.67	3.15	59	6.35	4.43	10.608＊＊	2＞1 2＞3 1＞3
总测验	106	38.89	14.75	58	44.38	12.46	59	29.53	16.67	13.217＊＊	2＞1 2＞3 1＞3

结果显示，不同国别的学生在口语测验上的表现有显著差异，其中，欧美组学生在所有分测验上的表现都要优于其他组，同时欧美组在分测验六上的表现以及在测验的总体表现上要好于东亚及东南亚组。而东亚及东南亚组在分测验一、三、四、六上的表现要好于其他组。这一结果说明不同国别背景的学生口语能力有显著差异。这一结果同时证实了老师们的经验判断，即欧美学生的口语水平要好于其他国家的学生。

5. 母语背景与口语测验表现的关系

在第二语言习得研究中，学生的母语背景一直被当做一个重要因素加以研究。母语背景与国别并不是完全对应的，南美国家的学生母语可能是葡萄牙语或西班牙语，而非洲国家的学生母语可能是英语或法语。在学生问卷调查中，我们让学生回答了母语背景，并按照语言的谱系分类，将学生的母语背景分为印欧语系、日语与朝鲜语[①]以及其他语系三类。由于少数考生没有填写这项内容，关于母语背景的有效问卷共 217 份。研究结果如下：

表 7-7　不同母语背景组测验得分差异比较

变量名	1. 印欧语系			2. 日语与朝鲜语			3. 其他语系			F 值	显著性
	N	M	SD	N	M	SD	N	M	SD		
分测验一	105	6.54	2.58	75	6.40	2.18	37	6.73	2.82	.222	.801
分测验二	105	6.29	2.33	75	5.64	2.33	37	6.54	2.34	2.484	.086
分测验三	105	5.80	2.89	75	5.52	2.59	37	5.16	3.01	.743	.477
分测验四	105	5.16	2.80	75	4.91	2.62	37	5.22	3.41	.224	.800
分测验五	105	7.16	4.16	75	5.73	4.24	37	6.46	4.38	2.512	.083
分测验六	105	8.85	3.44	75	7.80	3.67	37	7.43	4.15	2.944	.055
总测验	105	39.82	15.20	75	36.00	14.76	37	37.54	17.54	1.362	.258

结果表明，不同的母语背景的学生在口语测验的 6 个分测验和总测验上的得分均没有显著差异，这一结果与上面所分析的国别与口语测验表现的关系并不一致。

6. 教育背景与口语测验表现的关系

Bachman 和 Palmer(1996)认为学习者受教育程度的不同会对其语言能力产生影响。在学生问卷调查中，我们让被试填写了学历作为受教育程度的指标，并将其分为高中以下、高中、大学、研究生四类。223 名被试中有 210 名正确回答了这项内容，在对数据进行整理后我们发现 210 名被试中没有高中以下学历的，因而我们将教育背景归为高中、大学和研究生三类，并使用单向方差分析研究三类不同教育背景的学生在口语测验表现上的差异。结果如下：

---

① 日语和朝鲜语因为至今没有弄清其亲属关系，所以不能归入任何语系，应该单独列出。

表 7-8　不同教育背景组测验得分差异比较

变量名	1. 高中组			2. 大学组			3. 研究生组			F 值	显著性
	N	M	SD	N	M	SD	N	M	SD		
分测验一	41	6.53	3.37	148	6.52	2.62	21	6.42	1.91	.013	.987
分测验二	41	5.92	3.39	148	6.10	2.34	21	6.00	2.38	.086	.918
分测验三	41	5.73	2.95	148	5.79	3.04	21	5.09	2.42	.504	.605
分测验四	41	4.97	3.07	148	5.33	2.96	21	4.90	2.64	.364	.695
分测验五	41	6.46	5.12	148	6.81	4.43	21	5.52	4.34	.757	.470
分测验六	41	7.92	3.83	148	8.49	3.73	21	7.61	3.65	.747	.475
总测验	41	37.56	19.23	148	8.49	3.73	21	35.57	13.43	.461	.631

结果表明不同教育背景的考生在口语测验上的表现没有显著差异，这或许与我们的被试总体受教育程度都比较高有关。

7. 职业背景与口语测验表现的关系

由于被试是来自 53 个不同国家和地区的留学生，在定义他们的社会地位时比较困难，因而调查被试的职业背景以代替社会地位因素。我们将职业分为 5 类，即学生、教师、在政府部门工作、在公司工作和其他，共有 188 人正确回答了这个项目。不同职业背景的考生在口语测验上表现的差异研究结果如下：

表 7-9　不同职业背景组考生在各分测验及总测验上的平均分和标准差

变量名	学生组 N=110		教师组 N=15		政府组 N=14		公司组 N=31		其他组 N=18	
	M	SD	M	SD	M	SD	M	SD	M	SD
分测验一	5.45	3.08	5.86	2.64	4.78	3.28	5.87	2.90	5.88	2.42
分测验二	5.54	2.95	5.46	2.38	4.64	2.79	5.35	2.13	5.72	2.29
分测验三	4.68	3.22	3.80	3.74	3.71	3.95	5.00	2.82	4.44	3.23
分测验四	4.26	3.07	4.13	3.48	4.28	4.10	4.19	2.52	4.77	3.17
分测验五	5.60	4.62	4.93	3.10	5.57	5.07	5.48	3.65	4.00	3.80
分测验六	7.93	3.89	6.53	4.83	5.57	5.07	7.74	3.47	7.66	4.51
总测验	33.48	18.44	30.73	17.16	27.78	22.34	33.64	14.59	32.50	17.82

表 7-10　不同职业背景组考生在各分测验及总测验上的差异检验

变量名	F 值	显著性
分测验一	.448	.773
分测验二	.394	.813
分测验三	.623	.647
分测验四	.129	.972
分测验五	.635	.638
分测验六	1.329	.261
总测验	.377	.825

可见，不同职业背景的考生在口语测验的 6 个分测验及总测验上的表现均没有显著差异，说明职业背景对口语测验表现没有显著影响。

8. 华裔家庭背景与口语测验表现的关系

在汉语作为第二语言的教学和习得研究中，华裔学生的学习是大家非常关心的问题之一。在本次研究样本中，华裔学生有 42 名，占 18.8%，非华裔学生 181 名，占 81.2%，华裔学生和非华裔学生在口语测验上表现的差异研究结果如下：

表 7-11　华裔组与非华裔组测验得分差异比较

变量名	华裔			非华裔			T 值
	N	M	SD	N	M	SD	
分测验一	42	7.88	1.61	181	6.15	2.55	5.521＊＊
分测验二	42	7.83	1.84	181	5.69	2.27	6.464＊＊
分测验三	42	7.19	1.82	181	5.08	2.94	5.910＊＊
分测验四	42	6.85	2.30	181	4.56	2.81	4.919＊＊
分测验五	42	8.28	4.42	181	6.07	4.09	3.101＊＊
分测验六	42	9.50	2.53	181	7.74	3.99	3.588＊＊
总测验	42	47.54	10.87	181	35.31	15.72	5.983＊＊

研究结果表明华裔在口语测验的各个分测验上的表现都要明显优于非华裔。说明华裔这一特殊家庭背景对其口语能力的发展有显著影响。

(三)其他语言技能对口语测验表现的影响

这里所指的其他语言技能是从语言的听、说、读、写四类技能的划分而言的。正如前文所提到的，听力、阅读和写作等语言技能对口语测验表现也会产生影响，在初学者口语测验的应用研究中，我们有必要对此问题作出研究与梳理。

我们收集了考生的期末听力成绩、阅读成绩和写作成绩（由于考生为汉语初学者，真正意义上的写作能力比较弱，因此以比较简单的书面表达测验作为写作能力的代表）来作为听力、阅读和写作能力的指标。

我们按三科成绩把考生划分为优良、普通与不良三组，并对这三组考生在口语测验上的表现进行比较分析。对于听力成绩、阅读成绩和写作成绩的优良、普通与不良的划分是以下面的原则进行的。以听力成绩为例，首先按照测量学通行的做法，把前27％的学生称作高分组，而把后27％的学生称作低分组，中间的一段为普通组。然后按27％的比例把参加汉语初学者口语能力正式测验的考生按照其期末听力成绩分为三组，前27％的学生我们称之为听力技能优良组，后27％的学生称之为听力技能不良组，中间46％的学生称之为听力技能普通组。由于一年级上和一年级下所进行的期末考试内容不同，因而我们在比较分析时分别作为两个样本进行研究，即一年级上样本（117人），一年级下样本（106人）。

对三组学生进行口语测验表现的差别比较有以下两个目的。一方面，通过比较，了解其他语言技能优良、普通和不良的学生在口语测验表现上有什么差异，会在哪些分测验上产生差异。另一方面，由此也可以从另一侧面验证我们编制的口语测验的效度，并且进一步探讨语言技能间的关系问题。我们使用单向方差分析检验不同组别的学生在口语测验上的表现有无显著差异，研究的具体结果可见表。

1. 对一年级上考生的分析结果

表 7-12 　一年级上听力技能优良组、普通组和不良组在测验表现上的差异比较结果

变量名	1. 优良组			2. 普通组			3. 不良组			F 值	事后比较
	N	M	SD	N	M	SD	N	M	SD		
分测验一	32	8.03	1.20	53	5.42	1.99	32	1.81	1.97	95.708**	1>2 1>3 2>3
分测验二	32	7.94	1.58	53	5.17	2.01	32	1.84	2.27	75.617**	1>2 1>3 2>3

变量名	1. 优良组			2. 普通组			3. 不良组			F 值	事后比较
	N	M	SD	N	M	SD	N	M	SD		
分测验三	32	8.06	0.95	53	6.51	1.27	32	3.09	2.44	80.953**	1>2 1>3 2>3
分测验四	32	5.63	2.14	53	3.45	2.32	32	1.09	2.02	34.237**	1>2 1>3 2>3
分测验五	32	8.84	4.23	53	4.51	3.11	32	1.56	2.43	39.464**	1>2 1>3 2>3
分测验六	32	9.41	2.26	53	6.89	3.61	32	2.06	3.68	40.943**	1>2 1>3 2>3
总测验	32	47.91	8.54	53	31.94	9.91	32	11.47	12.89	97.389**	1>2 1>3 2>3

由上可知，一年级上不同听力成绩的学生在口语测验的 6 个不同分测验及总分上的表现均有显著不同。事后检验表明，在口语测验 6 个分测验及总分上，听力成绩优良组的得分均显著高于普通组和不良组，普通组又显著高于不良组。

表 7-13 一年级上阅读技能优良组、普通组和不良组在口语测验表现上的差异比较结果

变量名	1. 优良组			2. 普通组			3. 不良组			F 值	事后比较
	N	M	SD	N	M	SD	N	M	SD		
分测验一	32	7.78	1.36	53	5.23	2.45	32	2.38	2.28	50.338**	1>2 1>3 2>3
分测验二	32	7.81	1.42	53	4.77	2.69	32	2.63	2.35	40.793**	1>2 1>3 2>3
分测验三	32	7.91	0.93	53	6.08	2.12	32	3.97	2.58	30.320**	1>2 1>3 2>3

续表

变量名	1. 优良组			2. 普通组			3. 不良组			F 值	事后比较
	N	M	SD	N	M	SD	N	M	SD		
分测验四	32	5.47	2.08	53	3.57	2.65	32	1.06	1.44	31.723**	1>2 1>3 2>3
分测验五	32	8.28	4.62	53	4.28	3.18	32	2.50	3.37	21.148**	1>2 1>3 2>3
分测验六	32	9.53	2.20	53	6.28	4.03	32	2.94	3.88	27.150**	1>2 1>3 2>3
总测验	32	46.78	8.64	53	30.21	14.09	32	15.47	13.40	49.213**	1>2 1>3 2>3

结果表明，一年级上不同阅读成绩的学生在口语测验的 6 个不同分测验及总分上的表现均有显著不同。事后检验结果说明在口语测验 6 个分测验及总分上，阅读成绩优良组的得分均显著高于普通组和不良组，普通组又显著高于不良组。

表 7-14　一年级上写作技能优良组、普通组和不良组在口语测验表现上的差异比较结果

变量名	1. 优良组			2. 普通组			3. 不良组			F 值	事后比较
	N	M	SD	N	M	SD	N	M	SD		
分测验一	32	7.75	1.32	53	5.28	2.53	32	2.31	2.10	51.696**	1>2 1>3 2>3
分测验二	32	7.69	1.53	53	5.04	2.67	32	2.31	2.12	45.146**	1>2 1>3 2>3
分测验三	32	7.75	1.08	53	6.23	2.16	32	3.88	2.49	29.690**	1>2 1>3 2>3
分测验四	32	5.47	1.90	53	3.64	2.67	32	0.94	1.39	35.133**	1>2 1>3 2>3

续表

变量名	1. 优良组			2. 普通组			3. 不良组			F 值	事后比较
	N	M	SD	N	M	SD	N	M	SD		
分测验五	32	8.28	4.26	53	4.51	3.41	32	2.13	3.21	23.776**	1>2 1>3 2>3
分测验六	32	9.72	2.23	53	6.25	3.82	32	2.81	3.93	31.224**	1>2 1>3 2>3
总测验	32	46.66	7.97	53	30.94	13.88	32	14.38	13.02	55.171**	1>2 1>3 2>3

由上面的图表可知，一年级上不同写作成绩的学生在口语测验的 6 个不同分测验及总分上的表现均有显著不同。事后检验表明，在口语测验 6 个分测验及总分上，写作成绩优良组的得分均显著高于普通组和不良组，普通组又显著高于不良组。

2. 对一年级下考生的分析结果

表 7-15 一年级下听力技能优良组、普通组和不良组在口语测验表现上的差异比较结果

变量名	1. 优良组			2. 普通组			3. 不良组			F 值	事后比较
	N	M	SD	N	M	SD	N	M	SD		
分测验一	29	8.45	1.09	48	6.98	2.16	29	4.90	2.39	23.126**	1>2 1>3 2>3
分测验二	29	7.76	1.24	48	6.38	2.02	29	4.48	2.28	21.330**	1>2 1>3 2>3
分测验三	29	8.34	0.94	48	6.96	1.96	29	5.24	2.03	22.607**	1>2 1>3 2>3
分测验四	29	7.28	2.25	48	5.46	2.52	29	3.21	2.02	22.413**	1>2 1>3 2>3

续表

变量名	1. 优良组			2. 普通组			3. 不良组			F 值	事后比较
	N	M	SD	N	M	SD	N	M	SD		
分测验五	29	10.24	3.11	48	7.50	3.47	29	3.66	3.00	30.100**	1>2 1>3 2>3
分测验六	29	10.52	1.40	48	9.31	2.60	29	6.69	4.16	13.516**	1>2 1>3 2>3
总测验	29	52.00	7.67	48	42.79	11.23	29	28.17	11.71	37.999**	1>2 1>3 2>3

由上面的图表可知，一年级下不同听力成绩的学生在口语测验的 6
个不同分测验及总分上的表现均有显著不同。事后检验表明，在口语测
验 6 个分测验及总分上，听力成绩优良组的得分均显著高于普通组和不
良组，普通组又显著高于不良组。这一结果与一年级上的情况一致。

表 7-16　一年级下阅读技能优良组、普通组和不良组在口语测验表现上的差异比较结果

变量名	1. 优良组			2. 普通组			3. 不良组			F 值	事后比较
	N	M	SD	N	M	SD	N	M	SD		
分测验一	29	7.34	2.00	48	7.54	1.97	29	5.07	2.55	13.179**	1>3 2>3
分测验二	29	7.00	6.65	48	6.65	2.05	29	4.79	2.27	9.732**	1>3 2>3
分测验三	29	7.66	1.84	48	7.35	1.78	29	5.28	2.02	14.820**	1>3 2>3
分测验四	29	6.13	2.27	48	5.93	3.12	29	3.45	2.23	11.329**	1>3 2>3
分测验五	29	8.93	4.40	48	7.58	3.80	29	4.59	3.34	9.790**	1>3 2>3
分测验六	29	9.93	2.30	48	9.69	2.53	29	6.66	3.92	12.112**	1>3 2>3
总测验	29	46.79	13.53	48	44.94	10.82	29	29.83	11.78	18.900**	1>3 2>3

由上面的图表可知，一年级下不同阅读成绩的学生在口语测验的 6 个不同分测验及总分上的表现均有显著不同。事后检验表明，在口语测验 6 个分测验及总分上，阅读成绩优良组的得分显著高于不良组，普通组也显著高于不良组。但是优良组的得分并不显著高于普通组，这一点与一年级上的情况不同。

表 7-17 一年级下写作技能优良组、普通组和不良组在口语测验表现上的差异比较结果

变量名	1. 优良组			2. 普通组			3. 不良组			F 值	事后比较
	N	M	SD	N	M	SD	N	M	SD		
分测验一	29	7.55	1.76	48	7.35	2.18	29	5.17	2.54	11.338**	1>3 2>3
分测验二	29	7.24	1.84	48	6.33	2.11	29	5.07	2.42	7.625**	1>3 2>3
分测验三	29	7.62	1.42	48	7.21	2.10	29	5.55	2.09	9.590**	1>3 2>3
分测验四	29	6.14	2.81	48	5.90	2.54	29	3.62	2.32	9.057**	1>3 2>3
分测验五	29	8.59	4.01	48	7.96	3.82	29	4.55	3.29	10.253**	1>3 2>3
分测验六	29	10.24	1.55	48	9.17	3.08	29	7.21	3.93	7.543**	1>3 2>3
总测验	29	47.14	10.92	48	43.92	12.67	29	31.17	12.92	14.212**	1>3 2>3

由上面的图表可知，一年级下不同写作成绩的学生在口语测验的 6 个不同分测验及总分上的表现均有显著不同。事后检验表明，在口语测验 6 个分测验及总分上，写作成绩优良组的得分显著高于不良组，普通组也显著高于不良组。但是优良组的得分并不显著高于普通组，这一点与一年级上的情况不同。

(四)个案分析

上面的研究对于留学生个体背景以及听力、阅读、写作三项语言技能对口语测验表现的影响采用统计方法作了分析，但这样的方法仅仅只是对学生的总体情况作出了分析，对于每一个学生个体而言，统计分析

方法就显得有些呆板，提供的信息也不丰富。个案分析能够从微观的角度更加细致、生动地展现问题。我们根据学生的背景情况及语言水平进行了个案分析。

个案一：A，男，20岁，一年级上学生，来自厄瓜多尔，中学毕业，为了将来有更好的工作机会来中国学习汉语。在口语测验中表现很差，只在快速问答中回答对了2个问题，原始总分为2分，百分位为1.6，标准九段分数为1，属于能力很差。同时他的期末成绩为：综合42、阅读43、听力47，分别位居一年级上所有考生的倒数第三、倒数第一和倒数第三。因而该生是典型的听、说、读、写都很差的学生，需要进行全面的提高。

个案二：B，男，26岁，一年级上学生，来自法国，在公司工作，大学毕业，因为喜欢中国文化以及希望能在中国工作而学习汉语。口语测验分数（标准九段分数）为：分测验一4分，分测验二4分，分测验三6分，分测验四6分，分测验五1分，分测验六5分，总分4分。

从总分来看属于表现一般，但从各个分测验来看，该生在分测验一、二、五中表现比较差，特别是分测验五表现非常差，也就是说该生听—说模式的口语能力比较弱而独白模式的口语能力相对较强。观察他的期末成绩，综合93、阅读91、听力63，分别位于一年级上所有考生的第7名、第12名和第96名。可见该生听—说模式的口语能力不足是由于听力能力差引起的。听力能力差使得他在分测验五（听后复述）中陷入困境，不能正常回答。像B生这样的情况在欧美学生中虽不多见，但需要引起我们的重视，不能简单地认为欧美学生一定是汉字、阅读弱而听、说能力强。

个案三：C，女，23岁，一年级上学生，加拿大华裔，大学生，因为喜欢汉语而来中国学习。该生口语测验的成绩在全部考生中名列第一，具体成绩（标准九段分数）为：分测验一9分，分测验二9分，分测验三8分，分测验四8分，分测验五9分，分测验六8分，总分9分。作为一名一年级上的学生，她的成绩超过了所有的一年级下的学生，这是十分不容易的。通过访谈，我们获知该生的父母是广东移民，但她在家中很少说粤语，在来中国之前也没有学习过汉语。在期末考试中，她的各科成绩为：综合91、阅读94、听力90，分为位居第10名、第8名和第6名。说明该生是各项语言技能均衡发展、很有语言天赋的成功语言学习者。

个案四：D，男，44岁，一年级下学生，大学文化程度，来自日本，公司派来学习汉语。他在口语测验中表现比较差，分测验一5分，分测验二 4 分，分测验三 4 分，分测验四 4 分，分测验五 1 分，分测验六 1 分，总分 19 分。从总分上看，该生的成绩较大程度地低于平均水平，作为一名一年级下的学生，这样的成绩是不尽如人意的。但具体分析该生的表现特点，我们发现他在前四个分测验上的得分还不算低，主要是在后两个分测验上表现很差，说明该生在短语和句子层面上的表达能力尚可，但在语段层面的表达能力很差，应该加强这方面的训练。

　　个案五：F，女，23 岁，一年级下学生，来自韩国，大学生，为了有更好的就业机会而学习汉语。该生在口语测验中的总分为 5 分，成绩属于中等。但他在各分测验上的表现非常不同，分测验一 9 分，分测验二 7 分，分测验三 5 分，分测验四 4 分，分测验五 9 分，分测验六 3 分。我们发现该生在分测验一、二、五上表现不俗而在另外三个分测验上表现不好，说明 F 生听—说模式的口语表达能力高于独白模式的口语表达能力。再看他的期末成绩：综合 82、阅读 86、听力 92，分别位于所有一年级下考生的第 42 位、第 37 位和第 4 位，可见该生的听力能力非常好，这也就为其在听—说模式口语表达的测验中获得高分奠定了良好的基础。该生在独白模式口语能力测验中的表现不好可能源于对根据图画进行口语表达的方式不太适应。

　　个案六：D，女，27 岁，一年级下学生，来自以色列，研究生，因为喜欢中国文化以及做有关中国文化的课题而学习汉语。该生口语测验成绩非常好，分测验一 9 分，分测验二 8 分，分测验三 8 分，分测验四 8 分，分测验五 8 分，分测验六 8 分，总分 8 分，属于名列前茅的学生。其各科成绩也十分优异，综合 91、阅读 91、听力 90，分别位居第 6 名、第 10 名和第 8 名。是各项语言技能全面发展的优秀学生。

第三节　测验影响因素的分析与模型构建

　　本节将结合上一节的实证研究对口语测验表现的影响因素进行再分析，并在此基础上重构影响因素模型，同时探讨对口语教学的启示。

一、初学者口语能力的特点

　　从初学者口语测验的结果来看，初学者口语能力表现出以下两个主要特点。

　　第一，具备用短语和简单的句子表达的能力，但成段表达能力较差。

　　初学者处于语言习得的起点阶段，因此他们所具有的语言表现特点和能力结构与中、高级水平的语言学习者是不同的。在中、高级阶段，教师们普遍关心的是学生的话语组织能力，也就是怎样更好地进行成段表达。而对于初学者来说，只有部分优秀的学生具有成段表达能力，多数学生还没有能够达到这样的能力层次。初学者口语测验的结果表明，这一阶段的学生已经具备了短语与简单句子的口头表达能力，对于自己所熟悉的话题能够做比较流利的回答。总的来说初学者的成段表达能力是比较弱的，但我们也看到了这种能力在学习过程中的发展变化。仅学习过半年的初学者多数还不具备成段表达能力，但学习了一年左右的学生有相当一部分已经具备了一定的成段表达能力，这暗示着从半年到一年的学习阶段是学生成段表达能力发展的关键阶段。

第二，能做简单的叙述或描述，但很难完成提问、解释或议论的任务。

在预测卷第一部分快速问答中，我们所提出的 40 个问题中大部分要求学生做出简单的叙述或描述，有少数题目要求学生做简单的提问、解释或议论。预测分析的结果表明，学生在前一类任务中的表现好于后一类任务。在 40 个问题中，有 34 个问题属于前一类，只有 6 个问题属于后一类。前一类 31 个问题的平均通过率为 .61，而后一类的 6 个问题的平均通过率为 .30，显然后一类问题对于被试来说难度非常大。

二、关于学习者因素与口语能力的关系

(一)关于学生背景因素与口语能力的关系

测验的应用研究表明，学生的个人背景因素有的对口语测验表现有显著影响，有的则没有显著的影响。在我们所研究的 8 类背景因素中，年龄、国别和华裔家庭背景 3 项对其口语测验表现有显著影响，而性别、学习动机类型、受教育程度和母语背景等 5 项对其口语测验表现无显著影响。对于这一研究结果我们将逐项予以分析讨论。

(二)关于性别

本研究的结果表明，女生在听后复述部分的得分显著高于男生，在其他分测验及测验总分上男女生没有显著差异，说明性别差异对口语能力的影响不大。但我们也发现，在分测验一、二、五，即听—说模式的口语能力方面女生的得分高于男生，而在分测验三、四、六，即独白模式的口语能力方面，男生的得分高于女生。听—说模式的口语能力是课堂和生活口头交际中最常见的模式，女生在这一方面表现出的优势使得教师形成了女生的口语好于男生的印象，这也解释了为什么在访谈和问卷调查中教师都反映女生的口语能力要好于男生。本研究的结果与

Lumley 和 O'Sullivan(2005)在一项半直接式口语测验中的研究结果十分相似，他们也发现性别对口语能力的影响不大，但在某些题型上，男女的表现各有特点。另外持同一研究结论的还有 O'Loughlin, K. (2002)，他在研究雅思面试考试中发现男女生的表现并无显著差异。这些结论使我们不得不对传统的看法——即女生语言水平尤其是口语水平好于男生作出新的思考。

(三)关于年龄

二语习得领域普遍认为年龄是影响口语习得的重要因素，但其中多数研究是比较儿童与成人的口语习得(Long, 1990；Singleton, 1989)，这些研究都表明儿童比成人更容易获得成功。

本研究的所有被试都是成人，因此研究并不涉及儿童与成人的对比，但结果仍然表明年龄对口语习得产生了显著影响。青年组在口语测验的各个分测验以及测验总分上的表现均好于中年组，说明年龄对二语口语能力有显著影响，这与教师的想法也基本一致。造成这个结果的原因可能有两方面，其一是因为青年学习者比起年龄较大的学习者来说更加乐于交际，因而口语表达能力提高得更快；其二是因为年龄较大的学习者一般听力能力比较弱，这就在一定程度上影响了口语交际。这一点在访谈中也有教师提到过。

(四)关于学习动机类型

Gardner 和 MacIntyre(1993)在研究中发现，有融合性取向的学生要比工具性取向的学生在学习中更加主动，成就更大，于是他们认为，融合性取向要优于工具性取向。曹贤文、吴淮南(2002)对 51 名来华留学生进行的调查研究表明持融合型动机的学生的学习成绩要显著好于持工具型动机的学生。金泉元等(2004)在 CET－4 通过者口语能力及相关因素的调查研究中也发现持工具型动机的学习者口语能力低于持融合型动机者。

而冯小钉(2003)在对 73 名短期来华留学生进行学习动机的调查研究中发现，留学生的学习动机中工具型动机所占的比重要大于融合型动机，而具有工具型动机的学生的语言水平也要高于融合型动机。汤闻励(2005)在动机因素影响英语口语学习者的调查与分析研究中亦得到了工具型动机在口语学习中所起的作用远远大于融合型动机的结论。

在本研究的调查中，持融合型动机的学习者和持工具型动机的学习者人数相当，统计分析的结果表明持融合型动机的学习者和持工具型动机的学习者在口语测验上的表现无显著差异，说明学习动机类型对其口语能力的影响不大。在事后与学生的谈话中我们了解到，在长期学习汉语的学习者当中，很少有完全持单纯的工具型或融合型动机的，多数学生往往是兼而有之。而我们在问卷中要求学生只选最重要的一项，因此两种动机兼而有之的情况无法体现出来。由此我们想到，在来华汉语学习者中，特别是在长期生当中，学习动机往往是复杂的，不能机械地划分为工具型或者融合型，应该有针对性地做更加深入的调查研究。另外，由于本研究关心的只是动机类型而非动机的大小或强弱程度，对于在同一动机类型中，动机程度强的学生是否比动机程度弱的学生口语水平高也应当专门立项研究。

(五)关于国别与母语背景

这里我们将国别与母语背景放在一起讨论。国别与母语背景是既有联系又有区别的两个因素。由于历史和政治的原因，在有的情况下，国别与母语背景是一致的，有的情况下却并不一致。在前期的教师访谈和问卷调查中，教师们普遍反映欧美学生的口语水平高于日韩和其他国家的学生，但并不认为母语背景对口语能力有很大的影响，我们后期的研究结果也证实了这一看法。

在汉字或语法习得研究中，研究者们往往会把学习者的母语背景当做一个非常重要的因素来加以考虑(江新，2003；孙德金，2002；余文青，2000)。汉字文化圈的存在使得日、韩等国学生在汉字习得上占有优势，而不同的母语语法对学生习得第二语言语法也将起到一定作用。但我们的研究表明母语背景并没有对学生的口语能力产生显著影响，倒是不同国家的学生所表现出来的口语能力有着显著的差异。这一结果是令人深思的，母语对口语发音有一定的迁移作用，但口语能力是一种综合能力，发音只是口语表达的载体，真正要提高口语能力需要多交流多练习，在这一方面欧美学生做得更好，因此在口语学习上提高得也就比较快。

(六)关于教育背景

在对高中、大学及研究生三组不同教育背景的学生在口语测验上的表现差异进行分析后，我们没有发现受教育程度不同的被试在口语测验上的表现有显著不同，也就是说，受教育程度的高低与口语习得的关系并不密切。这一结果与教师的判断基本一致，与我们的预想也比较符合。我们的被试最低的教育背景为高中，因此被试间受教育程度的差别不大，对语言学习不会产生显著影响。

(七)关于职业背景

在对五组不同职业背景的被试在口语测验上的表现差异进行研究后，我们发现五组被试在六个分测验以及总测验中得分均没有显著差异，说明职业的不同对初学者的口语习得没有显著影响。这样的结果与教师们的判断基本一致，在教师问卷调查中，职业背景对口语能力的影响得分为 1.85 分，是所有因素中得分最低的。

(八)关于华裔家庭背景

华裔是汉语第二语言学习者中的特殊人群，在对外汉语教学的各项研究中对华裔群体的研究是十分重要的一部分。通过对教师的访谈和问卷调查，我们发现在日常的口语教学中，教师并没有感觉华裔学生的口语能力明显高于其他非华裔学生。但我们的研究表明华裔学生无论在听一说模式的口语表达中，还是在独白模式的表达中都显著好于非华裔。据我们的调查，这些华裔都是在国外出生的，有相当一部分在家中并不说汉语方言。华裔口语能力进步比较快可能源于他们更容易融入中国社会，更易于同中国人打交道，因而交流的机会更多。

三、关于其他语言技能与口语能力的关系

研究的结果表明不同听力、阅读和写作水平的学生在口语测验上的表现有显著差异。这一结果和教师问卷调查中教师对其他语言机能对口语能力影响的主观判断不一致。

在研究中我们发现了一些值得讨论的问题。在对一年级上 117 名学生的研究中发现，听力优良组、普通组和不良组在口语测验上的表现有显著差异，在总测验及各个分测验上，优良组的得分都显著高于普通组和不良组，普通组的得分又显著高于不良组，说明听力能力强的学生口语能力也强。阅读及写作优良组、普通组和不良组在口语测验上的表现情况也是如此，说明阅读能力强的学生口语能力强，写作能力强的学生口语能力也强。但在对一年级下 106 名学生的研究中情况有所不同，听力优良组、普通组和不良组在口语测验上的表现有显著差异，在总测验及各个分测验上，优良组的得分都显著高于普通组和不良组，普通组的得分又显著高于不良组，这样的情况与一年级下相同。但阅读优良组在口语测验上的表现并没有明显好于普通组，写作优良组在口语测验上的表现也没有明显好于普通组。但阅读及写作优良组和普通组的口语能力都明显好于不良组。

这一结果让我们对语言技能的发展及其相互关系有了进一步的思考。虽然对于语言能力的理解有技能/成分说、一元化理论和交际能力说等不同观点，但在实际的语言教学中，教师通常会根据听、说、读、写等语言技能来进行教学。因此关注学生语言技能的发展会对教学有启发意义。总的看来，听力、阅读或写作能力强的学生口语能力也强，说

明初学者听、说、读、写四项语言技能的发展比较平衡，但这种均衡随着学习的深入被渐渐打破了，这从一年级上和一年级下的不同研究结果可见一斑。一年级上是真正的入门阶段，听力、阅读、写作优良组、普通组和不良组学生在口语测验上的表现都有显著差异，换句话说，听力、阅读和写作能力对口语能力都有极其显著的影响。然而到了一年级下，听力优良组的口语能力仍然比普通组强，但阅读、写作优良组的口语能力并不比普通组强。可以看出，在这个阶段，听力仍旧是影响口语能力的重要因素，而读、写对口语能力的影响已经不大了。这也说明随着学习的深入，语言技能的发展开始产生了不平衡的现象。有的学生听说能力强，有的则是读写能力强。我们在对 HSK（初、中等）考生的能力结构分析中常常会得到听和读两个相对独立的因素（张凯，1997；郭树军，1997），而在 HSK（基础）的研究中很难得到相同的结果，这恐怕也是出于上面的原因。朱锦岚（2005）在研究高级阶段学生言语技能的发展中也发现，无论是有汉字背景还是无汉字背景的学生在听说技能和读写技能上的发展是不平衡的，这与我们的推测相符。另外一方面我们也可以看到，在入门阶段，口语能力的发展受到听、读、写等其他语言技能的制约，而当语言学习进入一定阶段后，口语能力可以相对独立地发展。这提示我们，在语言学习的最初阶段，应该帮助学习者在语言技能的各个方面协调发展，而不能仅仅为了口语而单独学习口语。

四、对口语能力培养的启示

(一)来自测验的启示

初级阶段教学中教师的指导比重较大，教学中通常以词—语句—语段为口头表达的训练过程。语段训练方法常用提问式、描述式、学生补充式等（刘晓雨，2001）。这一培养过程与本研究的理论假设基本一致。本研究的结果表明汉语初学者对自己所熟悉的话题能够做一定程度的口语表达，但同时也发现一年级上学期的学生与一年级下学期的学生口语能力的特点有一定区别。一年级上的学生在成段表达上比较困难，而一年级下的学生则已经具备了一定的成段表达能力。这暗示着从学习者学习汉语半年到一年的阶段是口语成段表达的关键过渡期，应该加强这一方面的引导和培养。实际教学中，教师们经常采用听后或读后复述的方法来培养学习者成段表达的能力，本研究显示这种方法能够比较好地区分学习者是否具有成段表达的能力，但鉴于该方法对学生尤其是成绩较差的学生压力较大，我们建议在表达时配以图片作为提示，以减轻学生的压力。

在初级阶段，话题的熟悉度对学生口语表达的影响比较大，因此在口语训练中要尽量使用学生熟悉的话题以使学生有话可说。此外，在平时的口语训练中要注意培养学生主动提问的能力以及根据某一个熟悉的话题进行解释和议论的能力。测验的题目分析表明，初学者在提问、解释和议论方面的能力比较弱。虽然进行这样的口语表达要比进行叙述或描写性的表达难得多，但培养学生在这方面的能力也是十分重要的。比如主动提问的能力就是口语表达中非常重要的一个方面，ACTFL 大纲把在面试中是否有主动提问的行为作为区别考生口语水平等级的重要因素。在课堂上往往是教师提问学生回答，因此学生习惯于被动地答题而不积极提问，建议教师在口语操练中要注意有意识地提供机会让学生提问。

对于初学者来说，评价其口语能力的最主要因素是交际的成功与否而非语音、语法等单项成分。因此在平时的口语训练中，教师应首先对学生的整体交际效果做出评价，而不要打断学生进行发音、用词或语法的纠错工作。

（二）来自学生背景因素的启示

测验的应用研究表明，性别、职业、母语背景、受教育程度和学习动机类型等因素对口语能力没有显著影响，而年龄、国别和华裔家庭背景对口语能力有显著影响。其中，青年初学者的口语能力好于中老年初学者；欧美国家初学者口语水平相对较高，东亚和东南亚国家次之，其他国家的初学者口语水平相对较弱；华裔初学者口语水平显著好于非华裔初学者。因此不同年龄、国别和家庭背景的学生在口语学习中组成了不同的学生亚群体，在对不同的亚群体进行口语教学时也要注意区别对待。

比如，年纪大的学生在口语课堂上常常会感到跟不上其他同学的节拍，长期下去会影响学习的自信心。因此在开展口语训练时，可以根据不同年龄分组，使教学计划和进度更加符合学生年龄的特点。欧美学生比较善于交际，在课堂上往往喜欢主动表现，有时会不自觉地占据了其他同学的表达时间。如果在口语训练时按照国别分类，就会迫使其他不爱交际的同学也不得不开口说话。

（三）来自个案分析的启示

教师经常要对学生进行个别口语辅导，这个时候要特别注意学生的个体差异，也就是要对症下药、因材施教。从前面的个案分析可以看出，不同的学生口语能力的薄弱环节十分不同。有的学生在各个方面都比较差，这时就要从最简单的短语或句子的表达开始，逐渐培养其基本的表达能力，而不要按照教学进度盲目追求成段表达。有的只是某些方面有欠缺，需要在欠缺的方面加强训练。比如有的学生听力能力差，以致在口语交际时常常处于被动，久而久之口语学习就受到了阻碍，这个时候要注意从提高听力入手，逐步树立起学生口语交际的自信心。

五、初学者口语能力及其影响因素模型

口语测验的编制是建立在对口语能力结构的理论思考之上的。我们把初学者的口语能力定义为学习者在口头渠道运用语言的能力，同时操作性地定义为学习者在听—说的模式下的口语表达能力和在独白模式下的口语表达能力，并且从短语、句子和语段三个层面来进行考查。口语能力并不是简单的成分组合，而是语言表达模式与表达内容相互作用的结果。Fulcher(2003)在总结使用相关分析、因素分析和多特质多方法研究等方法对口语测验的构想效度进行实证研究时也得到了类似结论。

通过实证研究，我们发现在被试个人背景特性中，年龄、国别和华裔家庭背景对其口语能力有显著影响，同时被试的听力、阅读和写作的能力对口语能力也有比较显著的影响。这样我们可以把汉语初学者的口语能力及其影响因素模型用图表示如下：

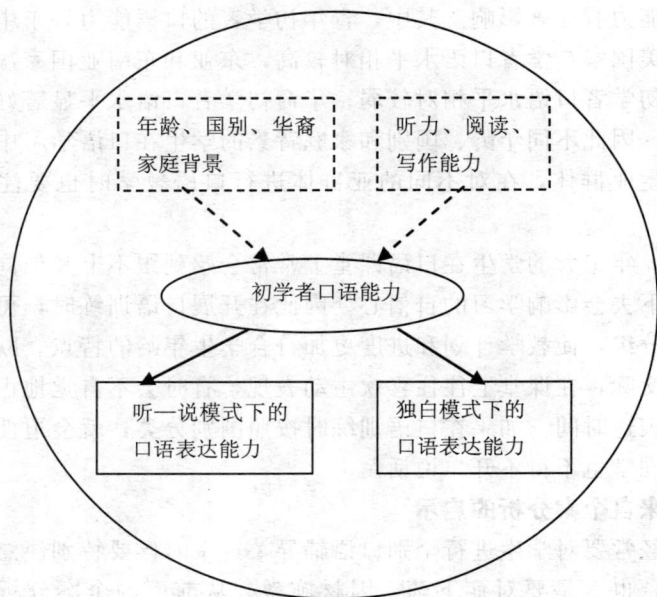

图 7-4　口语初学者口语能力及影响因素模型图

第八章

面试型口语测验

第一节　面试型口语测验的研发

面试型口语测验是口语测验的一个类型，这种测验方式的主要特点是测验组织形式是完全的直接式组织形式。在面试的过程中，面试官可以根据应试者的表现随时调整交谈的内容，并根据应试者的整体表现判断其语言水平，因而面试官可能承担三个角色，即命题者、测验的主持人和评分员。由于面试的过程是完全的面对面的直接对话，测验的真实性被认为是最高的，测验的外部效度得到了较好的保障。当然，不同的面试型口语测验在考查方式和评分过程方面会略有不同，本节主要介绍测试母语非汉语者的汉语口语水平的面试型口语考试(实用汉语水平认定考试[C. TEST]口语考试)的设计与开发。

一、设计理念

语言测验成为一门相对独立的学科是从 1961 年 Robert Lado 发表著作"Language Testing : The Construction and Use of Foreign Language Tests"开始的。在这本书中 Lado 说道："说的能力毋庸置疑是语言技能当中最重要的一项，但是对说的能力的测评却是发展最慢的。"四十余年过去了，口语测验仍旧面临着同样的尴尬。由于口语测验从开发、实施到评分都比较困难，相关领域的研究一直是滞后的。

不少人认为测验的研发应用性强而理论贡献少。实际上，一个测验的开发过程一方面要基于坚实的理论基础之上；另一方面，它也是一个理论探讨和检验的过程。在第二语言测验界，对口语能力及其影响因素等问题至今没有统一的认识。C. TEST 口语考试的开发，不仅反映研究者对口语能力的内涵、结构和作用的理解，也为研究口语能力同其他相关因素的关系奠定了基础。因此本研究希冀通过测验的开发对上述理论问题进行梳理和探讨，使测验开发的过程成为理论研究的过程。

C. TEST 口语考试作为一种面试型口语考试需要建立在对口语水平发展和口语能力描述研究的基础上，而这方面的研究能够在很大程度上为汉语口语能力标准的研究提供参考。

在口语考试中，面试型口语考试是一种被社会和用户广泛认可的效度较高的形式，但它在面试官的培训、考试引导技术和评分方面面临许多难题。口语面试的研发将为汉语作为第二语言的面试型口语考试提供这些方面的理论基础。

口语面试是目前为止对外汉语教学界唯一的大型面试型口语考试，该考试的研发将填补汉语测试领域的一项空白。本研究对汉语教学与学习也有重要的实践价值。教师能够从中了解到评价学生口语水平的方法，并据此鉴别和诊断学生的学习水平和学习状况，从而及时调整教学方法与内容。

二、用途与形式

C. TEST 口语考试，旨在考查国际环境中母语非汉语人士在社会生活以及日常工作中运用汉语进行口头交际的能力。该考试将对应试者在商务、贸易、文化、教育等国际交流环境中的汉语口语交际能力做出科学和权威的评价。考试的结果将为用人单位在人员招聘、选拔、晋升等决策过程中评价相关人员的汉语口语交际能力提供参考依据。

C. TEST 口语考试采用面试的测验组织形式，由两名面试官对同一名应试者进行考查与评价。两名面试官中，一名为主面试官，负责控制整个面试程序，包括提问、引导、互动等环节；另一名为副面试官，负责对应试者在各个环节的表现进行记录和评价（副面试官负责完成对各个环节进行评价的面试评估手册）。两名面试官各司其职，但在面试结束后都给应试者打分。北京语言大学汉语水平考试中心将对两名面试官给出的分数进行监控，如有 2 个等级以上的出入，我们将会根据现场录像聘请专家进行复评。

需要说明的是，培训面试官时不区分主面试官与副面试官，所有合格的面试官都必须具备三项能力：(1)懂得面试引导技术；(2)能有效控制考试程序；（3）能够准确评分。考试时，两名面试官为一组，一名担任主面试官，一名担任副面试官。为消除疲劳效应，保证考试的信、效度，每隔一段时间主、副面试官调换角色。

三、考试程序

面试型口语考试所面临的困境之一是考试缺乏标准程序，面试的过程往往随意性比较强，这就使得不同组别的应试者所经历的面试过程不同，从而导致考试的不公平。为了最大限度地保证考试的公平性，我们设计了标准化的面试程序和测验任务，面试官须在规定的程序和框架下展开面试，这样就保证了面试过程的统一性。考试程序由以下三个阶段组成：热身（warm up）、反复评估（Iterative-Process）和结束（wind down）。

热身部分的目的是为了缓解应试者的紧张情绪，适应面试官的发音，以便开展进一步的交流。这部分的内容为自我介绍和简单问答，话题包括兴趣爱好、工作、家庭、日常活动等方面的情况。

反复评估阶段为面试的主要阶段，目的是为了最终确定应试者的水平等级，在这个阶段面试官通过多种形式和难度层次的测验任务来估计被试的语言水平，测验任务涉及描述、叙述、议论和辩论等内容，面试官将根据应试者的能力水平给予不同的测验任务，从难度上层级递进，以反复评估其水平等级，从而给出准确的评价。此阶段包括估计、摸底、定位、探顶四个环节。估计是指通过热身阶段的交流对应试者的水平做出粗略估计，将其归入初、中、高三个等级中的某一个。然后从所估计的水平等级的下一个等级开始对应试者进行考查，即进入摸底阶段。摸底的目的是为了了解应试者的基本能力和确定应试者的能力下限。摸底工作结束后，面试官将进一步评估应试者的水平等级，并以这个水平等级为基准来进行下一个环节。摸底的下一个环节是定位，在这个环节中面试官让应试者完成与其水平相符的测验任务，以检验对应试者水平等级的评判。最后一个环节是探顶。所谓探顶就是要了解应试者可能具有的最高水平，即确定其能力上限。在这个环节中，面试官会加大提问的难度，让应试者完成比其基本水平要高一等级的测验任务。在探顶环节结束后，面试官对应试者的基本水平和能力范围都有了比较全面的了解。

结束阶段的目的是为了友好地完成整个面试程序，恢复应试者的自信心，同时也可以进一步核对应试者的水平等级。在这个阶段，面试官会根据应试者的能力水平与之进行交流，问题的难度与应试者的水平相符或略低于其水平。通过这一阶段，应试者的自信心将得到恢复。

整个考试大约用时 10 分钟，低水平者用时短一些，高水平者用时长一些。

四、分数体系与等级描述

C. TEST 口语考试将不再设立分等级的独立的考试，所有应试者均统一报名参加同一考试。为配合 C. TEST 客观卷的证书等级，C. TEST 口语考试水平等级将与客观卷证书等级相挂钩，具体表示为：

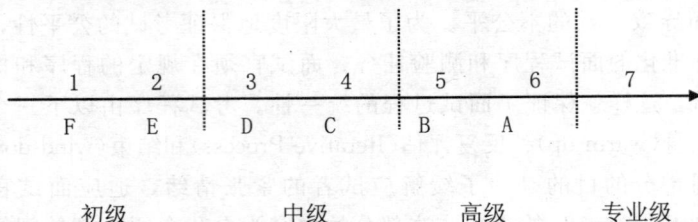

图 8-1 C. TEST 口语考试水平等级与客观卷证书等级挂钩图

也就是说，参加面试得 1 分者将获得 C. TEST 口语考试 F 级证书，得 2 分者将获得 E 级证书，依次类推。各等级的具体语言水平表现可以简单地概括如下：

F 级——能够做简单的自我介绍和进行最简单的交流，交流局限于生活和工作中最简单和最熟悉的话题。在交流中使用的词语十分有限，表达以词、短语为主，有时能说简单的句子，没有成段表达能力。

E 级——能够完成简单的自我介绍，并且能够就熟悉的话题进行交流，例如个人信息、日常活动等。在交流中使用的词语、句式有限，能够成句表达，但成段表达能力差。

D 级——能够完成与日常生活、工作有关的简单交际；能成句表达，句中使用的词汇、句式有一定变化。有一定的成段表达能力，但只能完成描述、叙述或说明性的任务，很难完成议论性的任务。

C 级——能对一些常规话题，如日常工作、娱乐、兴趣爱好等进行交谈；能够成功地完成描述、叙述或说明性的任务；能够进行简单的议论性交谈。

B 级——能完成一般的交际任务，交谈的话题比较广泛；能够完成一般的议论性的任务，例如工作、现状、社会、个人兴趣等具体话题，但对某些抽象的话题或正式场合的交际表现出不适应；成段表达能力比较强。

A 级——能详细并准确地进行描述、叙述或说明；能支持自己的观点和假设；能讨论一些抽象的话题，但多数情况下还是适合讨论具体的话题；在交流中能运用交际策略弥补在词汇语法上的不足。成段表达能力强。

专业级：表达上接近母语者。能够积极有效地参与在正式或非正式情景下的话题讨论，话题涉及工作生活和专业兴趣等各方面；能解释和反对某种观点，并用较长篇幅有效地支持某种假设；能自如地讨论具体和抽象的话题；能处理好在语言上不熟悉的情况；发音准确、自然，语言表达上具有准确性和得体性。

五、C. TEST 口语考试的特点

C. TEST 口语考试作为目前国内唯一一个测试母语非汉语者的汉语水平的面试型口语考试，既吸取了国内外其他口语考试一些好的做法，同时也具有自己的特点，我们把这些特点归纳如下：

(一)实用性

实用性首先体现在考试的目的上，C. TEST 口语考试注重考查应试者在实际生活和工作中使用汉语进行口头交际的能力，尤其侧重考查应试者在商务、贸易、文化、教育等国际交流环境下运用汉语口语的能力。其次体现在考试内容上，C. TEST 口语考试的测验任务都是依据现实需要设计而成的，包括叙述、讨论、解释等一系列与日常工作密切相关的任务。同时，考试场景真实自然，C. TEST 口语考试的场景是模拟工作环境设立的，为应试者带来身临其境的感觉，有利于营造真实自然的交谈环境，更有利于应试者发挥真实的口语水平。

(二)交际性

C. TEST 口语考试采用面试的测验组织形式，整个考试过程体现了双向互动的交际原则。考试没有朗读、重复句子等单向性测验任务，面试过程由应试者和面试官的双向交流共同完成，互动性很强，突出了对口头交际能力的考查。考试的每个环节都包括测验任务与互动问答两个维度。测验任务即特定的交际任务，应试者需要完成交际任务并在此基础上与面试官进行对话或讨论。面试官根据应试者完成任务的情况与互动问答的表现来综合打分。

(三)科学性

科学性的第一个方面在于考试组织科学、合理。C. TEST 口语考试由两名面试官对同一名应试者进行考查与评价。这两名面试官一名担任主面试官，一名担任副面试官。为了消除面试官的疲劳效应，每隔一段时间主、副面试官调换角色，以保证考试的信度和效度。面试官的培训严格、有效。北京语言大学汉语水平考试中心将制定详细的面试官培训

手册和考核标准，对面试官进行科学培训和严格考核，以确保面试的有效性。

评估过程科学、严谨是科学性的第二个方面。面试官对应试者的评价为"反复评估"，包括估计、摸底、定位、探顶四个环节。面试官必须在这四个环节上对应试者进行一系列的评估后，才能最终确定应试者的水平等级。

科学性还体现在对考试过程和结果的严格监控。北京语言大学汉语水平考试中心将对 C. TEST 口语考试进行全程录像，并且对两名面试官给出的分数进行监控，如有 2 个等级以上的出入，将会根据现场的录像聘请专家进行复评。另外，我中心将对所有获得专业级的应试者的表现进行复评，复评通过后，我中心将为其颁发代表专业级水平的荣誉证书。

(四)标准化

其一是考试程序标准化。考试程序由热身、反复评估和结束三个阶段组成，面试官对每个应试者的面试都必须包括这三个阶段。其二是评分过程标准化。北京语言大学汉语水平考试中心制定了详细的 C. TEST 口语考试评分标准和面试评估手册。面试官必须按照评分标准和面试评估手册对应试者在面试中各个环节的表现进行记录与评估。

第二节　面试型口语测验的试题编写

一、试卷的作用与特点

口语面试的试卷是面试官在面试过程中的参考依据，而不是唯一和全部的面试内容。编写试卷的目的有两个：其一是规范面试程序，面试官按照试卷所提供的题目内容展开面试，避免了面试程序上的疏漏和随意性；其二是测验任务相对统一，有利于提高评分的可靠性。面试官对不同的应试者施以同样的测验任务，以便于更好地区分应试者之间的表现差异。

口语面试的试卷与客观性试卷不同，与半直接式的口语考试（录音考试）也不同。它具有开放性和互动性的特点。开放性是指试卷的所有试题都是开放式的题目，没有封闭式试题的所谓标准答案。互动性是指试卷与面试官的互动以及试卷与应试者的互动。面试的过程由许多细小的环节组成，试卷不可能包括所有这些小环节，面试官需要根据实际情况增加或改变题目内容。应试者的社会经济背景各不相同，面试官需要根据应试者的实际情况选择合适的试卷与测验任务，做到因人而异。

二、命题的基本原则

口语面试的试卷在编制过程中要考虑以下几个方面的问题。

(一)话题的选择

话题的选择要做到合理、适用和统一。

合理，首先是要有良好的内容倾向，即话题所涉及的内容、观点没有可能在政治、宗教信仰、民族、性、毒品等方面在应试者群体或亚群体中引起敏感反应。

其次是要兼顾公平性，在除了专业级以外的话题选择上要尽量做到：

(1)避免涉及只有某个特定民族或文化背景的人所熟悉的场所、人物或事件；

(2)避免直接表示或暗示对任何一种文化或民族习惯的评价；

(3)避免涉及只有特定人群才有的知识；

(4)避免过于专业化的情景和内容。

最后，合理的话题还应当是信息量大的话题，这主要是指话题的可谈性。我们知道阅读材料有一个可读性的问题，同样，口语表达的话题也有一个可谈性的问题。我们所选取的话题应当给应试者提供一个可以充分表达的舞台。这样的话题有比较丰富的隐含信息量，使面试官可以多层次、多角度进行开掘，比较容易借题发挥。

适用性是指话题要体现测验的用途和理念，这是保证测验效度的重要原则。比如，C. TEST 口语考试评价的是应试者在商务、贸易、文化、教育等国际交流环境中的汉语口语交际能力，因此在话题选择上要尽量体现这些方面的内容。

统一性是指同一份试卷的话题范围要保持统一。也就是说在面试的各个环节和各个水平层次上，话题的范围要基本一致，不能有较大的转换与跳跃。这样的做法有利于话题的推进和对应试者水平的正确评估。也就是说，每一套试卷都应该只有一个核心话题。

(二)问题的编写

在同一话题内，我们需要一些相关问题来推进面试的进程。好的问题是话题能够顺利展开的关键。编写问题时我们要做到：(1)紧扣话题内容；(2)由易到难逐步推进，问题不能是同样难度和同一层次的；(3)多角度挖掘，一个话题有不同的侧面，编写问题应努力从不同的角度进行挖掘，这样可以防止应试者在同一角度或自己比较熟悉的角度上过度发挥。

(三)语言的使用

在语言使用上要做到规范化和口语化。

规范性包括语言的正确性、得体性和通用性。所谓正确性是指语言应当是规范的现代汉语，不能出现语法、用词、文字书写和标点符号上的错误。同时，所使用的语言(包括在语音、词汇、语法以及各种表达等方面)应该是标准的汉语普通话，而非任何一种汉语方言。汉语作为第二语言的能力测验是以现代汉语普通话为标准的，因此要避免出现地域方言词、社会方言词和行业方言词。

得体性是指在语言使用上的合理性和可接收性。

通用性指的是语言风格应该是一般性和通用性的，避免出现带有特殊语言风格的语句和特殊的技术术语或者专业术语。

口语化是口语考试试卷的特殊要求，面试的过程是面试官与应试者的口语交流过程，这一过程要尽量做到真实、自然，因此在语言使用上要贴近口语。

需要说明的是，以上诸条在考查高水平学习者的面试中应该灵活掌握。

三、不同测验任务的命题原则

我们借助 C. TEST 口语面试的样题来讨论不同测验任务的命题原则。

(一)热身阶段的试题编写原则

先来看一下例题：

热身 阶段
参考题目：
面试官：你好！欢迎你参加今天的C. TEST口语考试！请坐！ 　　　　首先，请你用1分钟的时间介绍一下你自己，包括你叫什么 　　　　名字、你是哪国人、你的专业是什么？
面试官：你在哪儿学的汉语？学了多长时间了？
面试官：你觉得学汉语容易吗？你认为哪方面比较难？
面试官：你的爱好是什么？周末最喜欢做什么？
面试官：好，下面正式开始口语考试。

热身阶段的试题主要是让考生尽快进入考试的状态，同时，考官应通过提问尽快掌握考生说话的兴趣点以及背景信息(比如说，是否有工作经历)。因此这一阶段的试题应该有以下几个特点：

(1)难度较低；

(2)探索应试者的背景材料；

(3)逐步过渡到试卷的话题范围。

(二)初级测验任务(看图说话并回答问题)的编写原则

例题：

初级测验任务（看图说话并回答问题）

参考题目：

面试官：请你看一下这幅图，然后说一下它画的是什么内容？现在你先用
1分钟时间认真看看这幅图。好，下面请你说说图画的内容。

应试者：……

面试官：（若考生水平较低，可依据图画细节提问）
屋子里有人吗？
这是一间教室，是吗？
桌子上放的都是吃的，是吗？
桌子上都摆放了什么东西？
墙上挂的什么？
这两个人是什么关系？
这两个人在做什么？

应试者：……

面试官：好，你是学生吗？

面试官：平时一般在什么地方学习（或工作）？

面试官：能简单描述一下你的房间（或办公室）吗？

看图说话并回答问题　（2分钟）

编写这一部分试题时应该注意以下几点：

(1)图画内容应尽量与试卷的主话题挂钩；

(2)图画要有丰富的信息量，使应试者有话可说；

(3)图画简洁明了，重点突出，易于理解，画中尽量不涉及汉字；

(4)问题针对图画内容并结合应试者自身的情况；

(5)问题安排由易到难，体现内容上的连贯性；

(6)图画可以在网络、画报等媒介上找，也可以自行设计并以文字
表述，再由绘画人员统一画图。

(三)中级测验任务(叙述性话题)的编写原则

例题：

中级测验任务（叙述性话题）
参考题目： 面试官：有人说，良好的人际关系是舒心工作安心生活的必要条件，你同意这种说法吗？ 面试官：那你认为人与人相处最重要的是什么？ 面试官：能简单说说原因吗？ 面试官：在这方面你做得怎么样？ 面试官：好，很好。在平时的工作学习中，难免会出现一些小矛盾，你是怎样解决这些矛盾的？ 面试官：好，看来你的人际关系很不错！这种良好的人际关系对你的生活工作有什么影响呢？ 面试官：你认为在工作中，良好的合作沟通能力与专业技术水平哪个更重要呢？

中级阶段考查较为复杂的叙述性表达，简单的议论性表达及交流，主要的目的是测评对叙述性话题进行成段表达的能力以及简单的议论能力。编写这一阶段的考查题目时要注意以下几点：

(1)话题内容以叙述性主题为主，可涉及简单的议论性话题；

(2)话题内容贴近日常生活和工作，角度新颖；

(3)话题包含丰富的隐含信息，使应试者有话可说；

(4)对话题进行充分地挖掘，从多角度设置问题，为面试官提供多种选择；

(5)问题编写应体现难度梯次，便于面试官根据实际情况参照问题逐步推进面试进程。

(四)高级测验任务(议论性话题)的编写原则

例题：

高级测验任务（议论性话题）
参考题目： 面试官：宝洁公司在招聘管理人员的时候，大部分部门对所招的大学生都没有特殊的专业要求，很多员工现在所从事的工作和自己所学的专业关联很小，在专业方面要求的淡化，必然要在基本素质方面寻求平衡，一直以来，宝洁公司都以人力资源部的测评系统来衡量人才的综合素质。对宝洁公司的这种招聘原则，你有什么看法吗？

> 方案一：若考生找不到答题点，可依据以下问题提问。
>   面试官：好，你有过找工作的经历吗？
>   面试官：在你的国家找工作的压力大吗？
>   面试官：那么，你认为综合素质都包括哪些方面呢？
>   面试官：好，你认为公司这种招聘原则对大学生综合素质的提
>   高有帮助吗？
>   面试官：为什么？
>
> 方案二：若考生很快找到答题点，可依据以下问题提问。
>   面试官：好，你认为综合素质都包括哪些方面呢？
>   面试官：好，你觉得如何提高大学生的综合素质呢？
>   面试官：你对目前大学对学生综合素质的培养满意吗？
>   面试官：为什么？

考查对议论性话题进行成段表达的能力，考查解决问题、讨论问题和阐述观点的能力。

（1）话题内容以议论性主题为主，可涉及较复杂的议论话题；

（2）话题包含丰富的信息量，话题范围力求广泛；

（3）话题的背景资料应简洁明了（类似材料作文），使应试者获得充分和明确的背景信息，帮助应试者展开成段的议论性表达，充分阐述观点和理由；

（4）问题的设置力求将应试者的回答引向深入，如使用"你的看法呢？""为什么？"等提问或追问方式；

（5）根据考生可能出现的状况（比如是否能够马上找到答题点）来设计不同的方案，以达到引导出考生的有效表达的目的。

（五）专业级测验任务的编写原则

例题：

专业级测验任务（专题讨论）

参考题目：面试官：如果你是领导，你会怎样做让下属认为你是公平的？
    面试官：比如在分配工作时，你会将全部工作基本平均地分配
       给每一名员工吗？
如果应试者认同：
面试官：这样如果有的员工做得快就会被其他员工孤立，快的员工就产生
   懈怠感，结果大家都慢慢地做，影响工作效率怎么办？
如果应试者反对：
面试官：这样会不会越勤奋的员工就会得到越多的工作，也就越辛苦。时
   间长了，就会承受不住了，慢慢地懈怠了呢？

> 面试官：再比如有一个进修的机会。有两个员工都想去，他们的工作表现
> 　　　　没有差别。一个平时跟你关系不错，另一个关系一般。你会让谁
> 　　　　去？
> 如果应试者让第一个去：
> 面试官：这样会不会让其他员工认为你偏心？
> 如果应试者让第二个去：
> 面试官：反正他们表现一样，让谁去都可以，为什么不让跟你关系好的去？
> 　　　　而且你不让他去会不会影响你们的关系？

这部分试题考查复杂的抽象的议论性表达、交流和辩论以及考查阐述观点和进行辩论的能力。编写试题时要注意以下几点：

（1）话题为复杂和抽象的议论性内容、以讨论和辩论性话题为主；

（2）话题内容要有深度，具有明确的观点和立论，启发应试者进行辩论；

（3）问题可采取步步紧逼的策略，充分挖掘应试者的能力水平，做到"探到顶"；

（4）编写问题时充分考虑应试者可能给出的反应，站在应试者的对立面设置问题，引导应试者展开辩论。

(六)结束阶段的试题编写原则

例题：

结束阶段
参考题目： 面试官：你对自己现在的生活满意吗？ 面试官：你下班（放学）以后一般会选择什么方式放松自己？ 面试官：你近期有什么计划吗？比如进修、旅游。 面试官：谢谢你来参加这次考试，祝你工作顺利（学习进步）！

编写结束阶段的试题时应该注意以下几点：

（1）话题内容难度较低或接近应试者水平；

（2）话题内容应与试卷的主话题挂钩，同时也应选择较为轻松的话题内容；

（3）通过该阶段的交流恢复应试者的自信，使面试在友好的气氛中结束。

四、小结

汉语面试型口语考试在国内可以说是刚刚起步，为了确保考试的质量，我们采取了几项重要的措施：编写面试参考试卷、制定规范的面试

程序、加强面试引导技术的研讨以及制定可行的评分细则与筛选标杆样本。编写高质量的试卷是面试成功的第一步，作为面试官与应试者交流的参考资料，试卷起到了桥梁的作用。口语面试试卷要求编写者在全面了解面试过程的基础上，以掌控面试全程的高度来编写各个级别的测验任务，做到任务目标明确、阶段特点突出、难度梯次分布合理。整套试卷应该是在某一个话题范围内的动态的、逐步推进的话题与问题相结合的完整过程。因此，在试卷编制过程中，一套试卷宜由一名命题员完成，以避免思维的分割与跳越。这一点与编制客观卷是不同的。

第三节　面试引导技术

在口语面试中，面试官要根据测验目的和试卷来引导考生回答问题或展开讨论，这里就涉及面试引导技术。从某种意义上说，引导技术是面试官培训中最重要的技术环节。

面试官对应试者进行引导的根本目的是获得一个用以测量应试者口语水平的言语样本，并使测量有效。对所引导的言语样本，评价的标准是充分和典型。充分是指言语样本的量要足够评分者对被试的水平进行判断，典型是指言语样本能够代表被试的真实水平，以确保评价的材料是被试的典型能力水平。

为了保证测试的有效性，面试官对话题以及提问方式的选择必须充分体现测试目的。其次，对各种类型、各个等级的题目都必须具有"尺度"概念，明确地界定"顶"与"底"。面试官在面试过程中对应试者实行有效引导所要考虑的主要因素包括：应试者的个体特性（年龄、性别、社会地位、背景知识）、口语水平、提问的方式与目的、题目的选择与展开、面试官的面试行为和实施策略等。

一、口语面试引导技术的基本原则

（一）以交谈和会话的方式推进面试

口语面试中，面试官应该尽可能地与应试者进行自然的语言交流，这种交流是有针对性地对不同水平的应试者提出不同的测验任务，引导出他们在不同测验任务上的言语表现，并以尽量自然和友好的方式达到测验目的。

（二）选择恰当的开始方式

口语面试在开始阶段的谈话效果往往是有限的，需要面试官与应试者的良好合作。面试官需要以友好的态度、恰当的交流方式快速确定应试者的身份甚至初步判断其水平，成功地引导应试者进入表达状态。

当然，为了使应试者能够完全进入会话情境中，命题时应当设计一些针对不同水平、性别、年龄、文化教育背景以及社会经济地位的应试者的启动话题。比如，对于年长的初中级语言水平的家庭妇女，可以使用邻里关系、烹饪、社区活动等作为启动话题；对于有一定社会经济地位的中高级水平的中年男子，可以使用环境保护、城市规划等作为启动话题。

(三)保持对信息的持续敏感或者表现出对交流的兴趣

保持对所交谈的话题信息的敏感或者表现出对交谈的兴趣是维持交流顺利进行的基本原则。这种敏感或兴趣通常可以以如下方式表现出来：

(1)对先前谈到的话题的回顾，比如"就是说……""你的意思是……""你刚才提到……""我们刚才讨论了……"等衔接方式。

(2)要求应试者作出进一步的陈述或论证，比如"也就是说……对吗""你能不能……""那么你知道……吗"等。

(3)要求应试者对话题或者与话题有关的一些方面从不同角度进行陈述或论证，比如"如果……你会……""假如……"等。

(四)注意倾听应试者的谈话

口语面试并没有一个固定的试卷或者问题表，只有面试官与应试者之间交流互动的中心议题(谈话主题)。面试官必须仔细倾听应试者谈话的主旨、形式以及他在谈话中所表现出来的对评价其口语水平有意义的各个方面。面试官必须把注意力放在倾听应试者说了什么，从而考虑进入对下一个等级的考查的时机和方向，而不是放在一个孤立的问题表上。

(五)引导技术的基本原则中"应做"和"不应做"的方面

在引导过程中，有些言语和行为是适当的，它们会帮助面试官很好地推进面试过程，我们称作"应做"的言语和行为。而另外一些行为可能会导致交流受阻，我们称作"不应做"的言语和行为。面试官应当贯彻"应做"的原则而尽量避免"不应做"的言语和行为。下面的两份表格详细说明了引导技术的基本原则中"应做"和"不应做"的方面。

表 8-1　引导技术的基本原则中"应做"的方面

引导技术的基本原则中"应做"的方面
①做出少量的口头的或非口头的鼓励
②对应试者说的内容表现出兴趣
③通过不断提问来追踪话题
④只使用一种语言
⑤有耐心，要培养等待的技巧
⑥用正常的语速说话
⑦避免敏感性话题（涉及政治、宗教信仰、民族、性、毒品等方面）
⑧问的每一个问题都是有特定目的的
⑨有证据证明"底"和"顶"
⑩有证据证明话题已停止
⑪在不同水平之间增加或降低话题的难度
⑫仔细聆听
⑬用激发性的话题引导应试者讲话
⑭能力水平变动时，话题不要变
⑮话题变换时，能力水平不要变

表 8-2　引导技术的基本原则中"不应做"的方面

引导技术的基本原则中"不应做"的方面
①纠正应试者或者纠正信息
②上课
③谈论面试官自己的经历
④打断应试者，除非万不得已
⑤说出面试的进程
⑥在话题间换来换去
⑦弃用一个话题（除非其所提供的证据已全部发现）
⑧用话语评价应试者的语言表达
⑨让应试者控制面试的进程
⑩使用一系列的是非提问或选择提问
⑪在面试中做记录

二、面试引导技术中对话题内容的选择与展开

(一)话题的选择

1. 选择话题的技术

选择合适的话题内容对有效引导出一个可以评价的考生言语样本至关重要。在选择话题时要注意以下 9 个方面的技术。

(1)在选择话题时不要完全依靠问题表，而是要发现应试者愿意表达的话题或引导应试者提出感兴趣的话题，展开谈话与讨论。

(2)面试官在选择话题时，要确保选择的话题不会使应试者不舒服，要符合他(她)的年龄与身份，要避免涉及敏感性话题和个人隐私。

(3)选择话题要结合面试的需要，即需要应试者完成什么样的任务：比如谈论感兴趣的话题，提出支持观点的论据，完整详细地叙述一个故事或者制定一个行程表或计划表等，同时也要考虑面试过程中可能会遇到的各种问题。

(4)当对同一个水平等级的不同应试者进行面试时，话题的内容要有差别，面试官要对此作充分的准备。

(5)同一内容的话题并不只能针对某一水平等级的考生，而可以适用于各个水平等级，即有的话题具有跨等级性，如谈谈对自己工作的看法。

(6)为了确保能够测量出所有水平的应试者，面试官应当准备充足类型的话题。特别是对于处于能力全距两端的考生，面试官要格外留意。

(7)面试官要确保所选择的话题是在应试者知识水平与理解能力范围内的，即确保应试者有足够的认知能力与知识背景与你展开谈话与讨论。

(8)能力水平变动时，话题不要变。从低水平等级过渡到高水平等级时，要保持话题的基本一致，不要跳跃，如从叙述性的任务(谈谈你的日常工作)到议论性的任务(稳定的工作和具有挑战性的工作，哪一个你更喜欢，为什么)。

(9)反复评估过程中，话题变化时，能力水平不要变。当估计应试者处于某一等级时，需要对其进行反复测评。这个时候面试官需要变化话题来确认其是否具备了某一水平等级所要求的能力。

2. 选择话题的策略中"应做"和"不应做"的方面

在话题的选择中，有些行为是面试官应当贯彻的，而另一些行为是不应当去执行的，我们分列了选择话题的策略中"应做"和"不应做"的方面。

表 8-3　选择话题的策略中"应做"和"不应做"的方面

选择话题的策略中"应做"的方面
①开始一个新话题时，应对话题内容有足够的认知度，以保证内容在时代上、境遇上适合应试者。 ②在选取讨论的话题时要谨慎。 ③追问一个话题时，面试官要具备提高话题难度的能力，因此也要对话题内容有足够的认知度。 ④要处理好一定数量的不同的话题，以保证应试者能通过这些话题表现出足够稳定的语言运用水平。

选择话题的策略中"不应做"的方面
①让应试者感到不舒服的问题（如年龄、遗产、家庭、婚姻状况、宗教信仰等）慎问。 ②让应试者只回答其感兴趣的、熟悉的话题，并且只根据应试者在这些话题上的表现给他们打分（避免"特别温室效应 hothouse specials"）。

(二)话题的展开

1. 展开和挖掘话题的引导技术

成功的引导须在一个水平内部充分挖掘话题，同时也要求话题在不同水平之间有难度上的变化。整个面试过程中需要避免在话题之间或水平之间反复跳跃。

(1)口语面试中，有经验的面试官应当把面试首先当做一系列的话题，而不是一系列的问题。每一个话题被依次展开成一系列的问题，直到引导出可以成功测量出应试者口语水平的言语样本。

(2)挖掘一个话题意味着在一个等级中把它的价值像"挤奶"一样全部挤压出来，意味着穷尽所有的论证。但是，同一个话题不是只适用于一个能力水平。一旦一个话题在某一水平上已充分挖掘，那么它就应该提升难度，可以通过改变话题的功能，将其用于更高水平的反复探查过程中。

(3)在提高话题的难度时要螺旋式地渐进地上升，而不是毫无过渡地直接拉升。

2. 话题展开中"应做"和"不应做"的方面

(1)不同水平等级中话题的展开

表 8-4　话题展开时应采取的策略

水平	"应做"
初级水平	通过简单的提问迅速了解面试这个人的背景、兴趣爱好等特征，找到他（她）的兴奋点。
中级水平	提出开放性的话题，直到应试者用目的语已经无话可说为止（应试者已经说出了所有他所能说的）。
高级水平	获得应试者对过去、现在或将来的一段完整的叙述（或描述）。要引导出一些必要的细节来证明应试者具备成段表达的能力。
专业级水平（近似母语者）	引导出支持论点的论据（而非简单的论点陈述），对论点提出质疑，进而提出与该论点相关的假设。

（2）在提升话题难度时应采取的策略

表 8-5　提升话题难度时应采取的策略

水平	"应做"
初级水平→中级水平	在一定语境下提出一些开放性的话题。
中级水平→高级水平	要求应试者对同一话题做出详细的、完整的叙述或描述，即说出成段的表达。
高级水平→专业级水平	可针对成段表达中的某一细节提出反对意见，或做出假设性提问，要求应试者充分说明、详尽阐述。

三、面试引导技术与策略中对提问方式的选择

提问方式的选择对于有效引导出一个可评价（测量）的言语样本具有十分重要的作用。恰当的提问能够提高我们评价考生口语水平的工作效率。

(一)选择提问方式的引导技术

（1）要根据应试者的水平选择提问方式。对水平较低的应试者通常采用是非式提问、选择式提问以及对某个具体事件或信息的提问；而对水平较高的应试者更适用的提问方式是语调式提问，要求对某个信息或观点进一步说明和论述，以及假设式提问等。

（2）选择提问方式还取决于两个要素：第一，某个问题在整个面试中所起到的作用；第二，面试官想通过提问达到什么目的。

（二）提问方式中"应做"和"不应做"的方面

表 8-6　提问应采取的策略

提问方式	例子	目的	"应做"	"不应做"
是非式提问	你出国旅游过吗？ 你常运动吗？	●确定兴趣所在 ●建立自信 ●开始一个新话题 ●开始追问一个话题	●后面应接着问一些开放式的问题	●有太多的、连续的是非提问，让应试者感觉到像在接受审问
选择式提问	你喜欢在家吃饭还是在饭店吃饭？ 你觉得这种做法会使情况变得更好还是更糟？	●确定话题 ●面对低水平应试者更容易交谈 ●界定话题的范围，并使应试者的注意力集中到核心事件上	●后面应接着问一些开放式的问题	
对事实和信息的提问	你哥哥现在在哪儿？ 你认为最能体现自己优点的是什么？	●确定激发性的话题 ●开始一些新话题 ●找到一些感兴趣的话题 ●鼓励应试者说出比面试官更多的话	●后面应接着问一些开放式的问题	●让应试者感觉像是在接受审问 ●只检查应试者的知识架构
语调式提问	你不喜欢你的老板？ 你觉得很失望？	●使低水平的应试者更容易理解 ●将话题引导至正面的一方 ●列举出面试官的兴趣所在并鼓励应试者多说一些信息		
带疑问句尾的陈述	这是一份不错的工作，是吗？ 谁都免不了会失败，对不对？	●引导出应试者的观点 ●再度确认应试者提及的信息 ●使一种观点成立 ●引导支持性的论点	●在低水平时必须有技巧地使用	

续表

提问方式	例子	目的	"应做"	"不应做"
要求或礼貌性要求	请说一下你的爱好。能再详细说说你上周末的经历吗？	●在各等级都可用于获得大量的信息 ●能弱化面试官的作用，从而鼓励应试者多参与	●若得不到想要的证据时，应直接提问	
开场白式提问	你刚才提到你有两个好朋友，能再多说点关于他们的事吗？现在电脑越来越普及了，我想知道你对这件事的看法。	●为话题的进一步深入提供语境 ●使要集中讨论的重点、想要了解的细节更明确		●开场白过于冗长，使应试者困惑
假定式提问	如果所有的人都不再相互信任，这个世界会发生什么？	●找到应试者的能力水平，让应试者推测可能的结果	●让应试者说出扩展性的话语来支持自己的观点	

四、针对不同水平的口语面试的引导技术和策略

口语面试的面试官必须致力于积极的测试行为，面试的引导目标是鼓励应试者表现出最好的口头表达水平。只有具备了对应试者的水平进行比较准确的定位这个前提，面试官的面试行为、面试引导技术、策略等因素才能有效地发挥作用。下面我们就以 C. TEST 口语面试为例，针对初级、中级、高级、专业级四个等级水平的面试引导技术和策略以及"应做"和"不应做"的方面分别进行说明。

(一)不同水平的面试引导技术

1. 初级水平

(1)缓慢地引入，鼓励的方式。

(2)尽可能地模仿自然谈话的形式。

(3)选择合适的提问方式，以是非问句开始逐渐过渡到选择式提问和对某个事件或信息的提问。

（4）找出让应试者感兴趣、基本能够表达的话题并成功与之展开谈论。

（5）按照信息的上下文关系来安排问题。

（6）直到应试者有明显的失败、终止、长时间停顿或者确实达到了中级水平的底线，再进入对中级水平的探查。

2. 中级水平

（1）在谈话中要表现出积极、主动、感兴趣的态度。

（2）选择合适的提问方式，以对某个事件或信息的开放式提问开始逐渐过渡到提出对某个事件或信息进一步陈述和说明的要求。

（3）找出让应试者感兴趣、愿意表达的话题并成功与之展开谈论。

（4）对开始时应试者会出现的错误与较多的自我更正保持足够的耐心与坚持。

（5）当应试者表现出缺乏自信心时，避免恐吓、威胁的态度和方式。

（6）直到应试者有明显的失败、终止、长时间停顿或者确实达到了高级水平的底线，再进入对高级水平的探查。

3. 高级水平

（1）行为朴实、简单，坚持只用汉语一种语言，保持清楚的观点。

（2）在这一级别上要较多地追问细节、深入讨论，但要礼貌、自然，保持交流的顺畅与愉快。

（3）在这个级别上要通过较多类型的题目反复验证，面试时间要保证足够长。

（4）不要被应试者任何迂回的说法与拖沓的陈述所蒙蔽，要明确这不是标准的语言。

（5）当应试者有明显的失败或者证实应试者达到了专业级的底线，再将一个已经展开的高级水平的话题上升到更高一级——专业级上，以探"顶"。

4. 专业级

（1）对于专业级的应试者，面试官可以使用自己更自然的语言（例如带一点方音的普通话），使用更正式的说话方式（例如一些礼貌语言和书面语言）。

（2）减少迁就的行为，采用更正式的行为方式。

（3）既然是充分的讨论甚至辩论，面试官要有礼貌地面对任何问题，这样应试者才会有足够的信心展开讨论并且提出支持自己论点的论据。

（4）面试中要求应试者做更多的解释、论证以及结论以便获得专业水平所要求的更深入的论述。

（5）虽然我们要求广泛深入地讨论，但是应当尽量采用成系列的或者围绕一个主题的话题，一步步深入推进，直至讨论穷尽。

(二)不同水平的引导策略中"应做"和"不应做"的方面

下面我们以表格的形式总结在初级、中级、高级和专业级各个水平等级的面试过程中的应该执行和不应该执行的行为和引导技术。

表 8-7　各水平等级面试引导行为与策略

水平	行为		策略
	"应做"	"不应做"	
初级水平	●多一点情感的交流。 ●多一点鼓励。 ●努力使应试者参与对话。	●语速过慢或夸张地说明。 ●采取过于紧逼的方式，吓倒应试者。 ●过于关注语言使用的形式（语体和正确性）。 ●重复或纠正应试者的回答。 ●说出修饰性的词语或总结性的意见。 ●整个面试时间过短。	"应做"： ●努力建立模拟的对话场景。 ●在有语境的情况下提出问题。 ●在话题被证明停止前，或者在确立了高级水平的新的底限前，在中级水平上反复探查。
中级水平	●表现得饶有兴趣，并参与到会话中。 ●（应试者可能会不断纠正自己，或不断重新开始）应有耐心和稳定性。	●问一些面试官已经知道答案的问题。 ●过度使用是非式的提问方式，并且频繁地更换话题。 ●检查应试者所掌握的知识、信息是不是正确。 ●让被试自己控制整个面试的进程。	"应做"： ●确定一些应试者感兴趣的不同的话题。 ●通过不同的话题寻找可以证明应试者具备中级水平的证据。 ●在中级水平上不断挖掘一些话题。 ●首先确定一个熟悉的话题。 ●再接着问一些开放式的问题（可以用"为什么"，"怎么样"，"请你告诉我"，"接着怎么样"等），直到在中级水平上，这一话题挖掘穷尽。 ●提升话题的难度以达到高级水平。 ●在高级水平上探查，直到话题被证明已停止。

续表

水平	行为		策略
	"应做"	"不应做"	
高级 水平	●表现自然简单，说明清晰，只使用汉语。 ●当引导应试者叙述和描述时，要比较集中地、礼貌地追问一些细节。		"应做"： ●通过不同的话题寻找可以证明应试者具备高级水平的证据。 ●可通过下判断来追问一个话题，直到话题被完全挖掘。 ●让应试者通过一些非标准的语言来曲折地表达自己的意思。 ●可通过比较的方法引导应试者说出丰富的描述性话语。 ●在高级水平上充分挖掘一些话题。 ●对于某一确定的话题要充分挖掘，这样才能引导出高级水平要求的成段表达和连贯表达，并要求应试者从头至尾详细叙述一件事。 ●首先，再次谈论之前的面试中已经提及的话题或经历。 ●接着，要求应试者去描述该话题或经历中的环境、过程及事件，并要求应试者对同一话题进行分类说明、举例说明或扩展说明。 ●然后，让应试者集中谈论一个特定事件，让他们从头至尾将事件的环境、过程叙述出来。不要只满足于一些肤浅的描述。 ●如果话题已经挖掘充分，将其难度从高级水平提升到专业级水平。 ●在话题被证明停止前，或者在确立了专业级水平的新的底限前，在高级水平上反复探查。

续表

水平	行为		策略
	"应做"	"不应做"	
专业级水平	●将自己的语言提升到专业级水平,可以使用正式一些的话语。 ●不表现得过于友好,行为方式更正式一些。 ●礼貌地提出反对意见,以鼓励应试者提供结构完整的论据来支持他们的观点。		"应做": ●要求应试者做出更多的解释、阐述详尽的细节和结果,让应试者说出符合专业级水平的更长的语篇。 ●在专业级的水平上不断提问,将讨论也维持在专业级的水平上。 ●从大量的语境(正式的或非正式的)和内容中得到证明应试者具有专业级水平的证据。 ●使用开场白式的提问使话题集中在有争议的或核心的事件上。 ●用提问使应试者将视角从个人小事扩大到整个社会和全世界。 ●用成系列的问题(triple punch)来展开能体现专业级语言运用能力的话题。 ●首先,提出在高级水平上已经详细阐述(叙述或描述)了的话题,并提升它的难度(这种难度的提升可以通过从具体到抽象来实现)。 ●接着,提出反对观点。 ●然后,从支持其观点的扩展性话语中提出一个假设性问题。假设性问题的提出要求应试者对多种可能的结果做出详尽阐述。

第四节　面试官培训

一、面试官

在面试型口语考试中,面试官是考试的执行者和控制者。他(她)要负责整个面试的进程,包括:

（1）了解考生的背景资料和个人爱好；

（2）根据试卷（或任务表）和考生特点来选择话题；

（3）展开话题，与考生交流与互动；

（4）根据考生的表现来提升或降低难度；

（5）评分。

那么，在汉语面试型口语考试中，什么样的人能够担当面试官呢？一名合格的面试官至少具备以下两项素质：

（1）普通话标准。面试过程中，面试官必须使用汉语普通话与考生交流，因而能说一口流利的普通话是面试官的必备条件之一；

（2）熟悉汉语学习者的语言行为特点或具有比较丰富的对外汉语教学经验。具有这样背景的人员能够比较顺利地掌握与考生交流的技巧，并且能够较好地判断考生的语言水平。

二、为什么要进行面试官培训

我们知道，口语面试中，面试官承担着最重要的角色，考试的成败在很大程度上取决于面试官的职业素质。对于任何一个面试型口语考试，面试官培训都是重要环节。这种培训的意义在于：

第一，统一评分过程和评分方法。早在 1968 年 Wilkinson 就指出，面试型的口语考试都必须进行考官培训，因为只有通过培训才能将评分过程统一起来。Weigle(1994)进行过有关面试官培训效果的研究，结果表明，培训能够在很大程度上减少评分的随机误差。

第二，解释评分量表，使面试官对评分量表有统一的认识。Barnwell(1989)做过一个评分员间评分一致性的实证研究，研究的两组评分员中，一组是经过培训的 OPI 面试官，熟知 ACTFL 量表及其制定原则，而另一组是 14 位普通的母语者，仅在评分前接受过短暂的培训。研究发现，OPI 面试官对 4 份 OPI 考生的录音的评分完全一致，而与母语者评分员的评分很不一致。这说明面试官培训在很大程度上影响了面试官对评分量表的理解和把握。

三、培训的基本内容

面试官培训是面试型口语考试的关键环节，建立一支高素质的稳定的面试官队伍是口语面试成功的保证。面试官培训主要包括以下内容：

(一)了解测验概况

面试官培训的第一项内容首先是了解测验的基本情况，包括：

（1）测验的目的（或用途）。测验的目的与测验效度相关，因此面试官必须要明确测验的基本目的，比如分班、诊断学习缺陷、企业人才招聘或考查基本口语水平。

（2）测验的目标团体，测验的目标团体也就是哪些人适合参加测验。测验目标团体的描写要素包括年龄、性别、语言水平、母语背景。受教育程度、职业背景等。

（3）测验的设计理念，测验的设计理念通常包括测验研发时所依据的测量理论和语言能力理论。比如测验是建立在经典测量理论的基础上还是建立在概化理论之上，对口语能力的理论构想和操作性定义是怎样的。

（二）熟悉试卷与命题原则

面试型口语考试有的配备试卷，有的没有试卷。如果考试时有供面试官参考的试卷，那么面试官就需要对试卷的结构和内容有充分的了解。除此之外，我们还主张在培训时告知面试官试题的命题原则。命题原则通常是与测验效度相联系的，充分体现测验的操作性定义。因而面试官了解命题原则就能更好地把握试卷的考查目的。

（三）评分培训

评分培训是任何主观性测验都要经历的阶段。一项口语测验，只要涉及主观评分，那么评分员的素质就将在很大程度上影响到测验的结果。在评分培训中我们进行以下几项工作：

（1）介绍评分方法

在第六章中我们详细介绍了口语考试的各种评分方法。面试型口语考试一般采用主观等级评分，即总体等级评分或分项等级评分，这两种评分方法在评分信度上没有明显区别，但总体等级评分更经济，效率更高，因而 C. TEST 口语面试采用总体等级评分。

（2）评分标准

评分标准是面试官进行评分时的依据，包括参数和等级两项内容，参数是指评分时要考虑的方面，比如话题的内容、语言表达的流利性、准确性、词汇的丰富性等。等级是指分数等级，每一项考试都有自己的分数等级，比如 C. TEST 口语面试共有 4 个等级（7 个小级别）。准确区分这些等级，面试官就需要把握住各个等级的区别性特征。

在 C. TEST 口语面试面试官培训时我们首先向面试官交代以下几项评分原则：

①C. TEST 口试属于对语言运用能力的评价，原则上采取整体评价的标准。整体评价指的是对考生运用汉语进行口头交际的能力，即考生能用汉语做什么的总评价。

②C. TEST 的口试对考生应试表现的整体评价基于对所有最重要的

决定考生表现的特定因素的充分了解。这种了解主要应归结于以下三个方面：

  a. 对语境和话题内容的适应能力

  b. 交际效果与互动能力

  c. 语言形式的运用能力

  ③C. TEST 将目标考生的口语水平分为高级、中级和初级三个水平，并假设：

  a. 每个水平都有一组区别性特征可以将其与其他水平显著区别开来；

  b. 将考生口语能力评为任一水平意味着在考生大部分的应试表现中持续地观察到该水平的区别性特征。

  c. 对考生口语能力的整体评价主要包含对某一水平区别性特征的概括性描述和在考生表现中观察到的该特征的持续时间的要求。

  ④为了精确标识考生口语能力，C. TEST 口试每个水平都包含两个小级，A、B级用于细分高级水平的考生，C、D用于中级，而E、F用于初级，共A、B、C、D、E、F六个小级。同一水平小级之间的区别基本表现为量或程度上的差异，主要包含两个方面：

  a. 该水平区别性特征在考生应试表现中体现的程度：A、C、E分别为高、中、低三个水平的上限，说明该水平的区别性特征表现得充分或突出；B、D、F则分别为三个水平的下限，说明这种区别性特征的表现基本符合要求。

  b. 尝试更高水平表现的成功率。主要表现为考生表现中可以观察到的更高水平区别性特征所体现的程度：C、E说明表现了一些、但不全面或持续过程有限，B、D、F说明表现得很少甚至基本没有表现。

  面试官在吃透了上述评分原则后，我们再介绍详细的评分标准，这样更有利于面试官将这些评分标准内化为自己可以掌握的信息。

  （3）标杆卷演示

  标杆卷是指代表某个语言水平等级的典型言语样本。标杆卷的作用在评分培训中不容忽视。面试官在接受评分标准培训后获得了对评分的理性认识，标杆卷演示的作用则是让面试官获得对评分的感性认识。比如，在 C. TEST 口语面试中，C级（4分）的标杆卷应该代表典型的中级口语水平，面试官在观看C级标杆卷录像时，我们会同时加以点评，分析该言语样本的特点，特别是区别性特征，这样面试官就会对什么样的表现是中级口语水平有更加清楚的认识。

（4）试评

评分培训的最后一个环节。这个环节的主要目的是对受训的面试官进行考核。考核合格的人员才能进入面试官备选队伍。

在这个环节中，我们让面试官依照评分标准来给言语样本评分，在试评之后，我们给出专家组的评分结果。面试官可以根据专家的评分结果来分析自己评分的宽严度。

（四）面试官引导技术

面试官培训与一般的口语测验评分员培训的最大区别就在于引导技术的培训。普通的口语测验评分员通常也需要进行系统的评分培训，但不需要掌握引导技术，而面试官是测验的实际执行者，必须熟练掌握面试引导技术。在引导技术培训中，我们分两步进行。第一步介绍引导技术与策略的基本原则，第二步是样本点评。在样本点评中，我们请资深面试官对各个水平等级的面试录像样本进行点评，点评的主要内容是面试官的引导技术。通过样本点评，接受培训的面试官就对面试过程中的引导技术与策略有了感性认识。

（五）试测

评分阶段考核合格的面试官还需要进一步的考核，这就是试测。在试测阶段，我们请面试官对被试进行口语面试，面试的全过程将被录像，录像结果送给专家评审。专家对面试官的引导技术和评分结果进行综合考评，合格者颁发面试官证书。

参考文献

外文文献：

1. Aitken, K. G. 1979. Problems and Alternatives in Proficiency Testing. *English Teaching Forum*, 17(3).

2. ALTE. 2004. *Can-do Statements-The ALTE Can Do Project*. www. alte. org.

3. American Council on Teaching of Foreign Languages. 1986. *ACTFL Proficiency Guidelines*. ACTFL Inc.

4. American Council on Teaching of Foreign Languages. 1999. *ACTFL Oral Proficiency Interview Tester Training Manual*. ACTFL Inc.

5. American Psychological Association. 1985. *Standards for Educational and Psychological Testing*. Washington DC: American Psychological Association.

6. Arbuckle, J. L. & Wothke, W. 1999. *Amos 4. 0 User's Guide*. Chicago: Small Waters Corporation.

7. Austin, J. L. 1962. *How to Do Things with Words*. Oxford: Clarendon Press.

8. Bachman, L. F. 1990. *Fundamental Considerations in Language Testing*. Oxford: Oxford University Press.

9. Bachman, L. F. & Palmer, A. S. 1996. *Language Testing in Practice*. Oxford: Oxford University Press.

10. Bachman, L. F. & Cohen, A. D. 1998. *Interface Between Second Language and Language Testing Research*. Cambridge: Cambridge University Press.

11. Baker, D. 1989. *Language Testing : A Critical Survey and Practical Guide*. London: Edward Arnold.

12. Boldt, R. F. & Oltman, P. 1993. Multimethod Construct Validation of the Test of Spoken English. *TOEFL Research Report NO.* 46. Princeton, New Jersey: Educational Testing Service.

13. Brown，J. D. 1996. *Testing in Language Programs*. Upper Saddle River: Prentice Hall Regents.

14. Brumfit，C. 1984. *Communicative Methodology in Language Teaching : The Role of Fluency and Accuracy*. Cambridge: Cambridge University Press.

15. BULATS. 2004. *ALTE Levels : Interpretation of Scores*. www. bulats. org.

16. Bygate，M. 1987. *Speaking*. Oxford: Oxford University Press.

17. Campbell，D. T. & Fiske，D. W. 1959. Convergent and Discriminate Validation by the Multitrait-multimethod Matrix. *Psychological Bulletin* (56).

18. Candlin，C. 1987. Towards Task-based Language Learning. In Candlin, C. & Murphy，D. ed. *Language Learning Tasks*. Englewood Cliffs，N. J. : Prentice Hall.

19. Carroll，J. 1961. Fundamental Consideration in Testing for English language Proficiency of Foreign Students. In Allen & Campbell ed. : *Teaching English as a Second Language*. New York: McGraw-Hill Book Company.

20. Chang，Y. F. 1990. Discourse Topics and Interlanguage Variation. In Robinson，P. ed. *Representation and Process: Proceedings of the 3rd Pacific Second Language Research Forum*(1).

21. Clapham，C. 1996. *The Development of IELTS: A Study of the Effect of Background Knowledge on Reading Comprehension*. Cambridge: Cambridge University Press.

22. Clark，J. L. D. & Swinton，S. S. 1979. An Exploration of Speaking Proficiency Measures in the *TOEFL Context. TOEFL Research Report NO.* 4. Princeton，New Jersey: Educational Testing Service.

23. College Board. 2003. *New SAT 2005: For Colleges: How Scores Will Change*. NY: New York College Board. com，Inc. www. collegeboard. com.

24. Council Europe. 2004. *Common European Framework* Cambridge: Cambridge University Press.

25. Cook，G. & Seidlhofer，B. 1995. *Principle & Practice in Applied Linguistics*. Oxford: Oxford University Press.

26. Cronbach. L. J. & Meehl. P. E. 1955. Construct Validity in Psychological Tests. *Education Measurement* (1).

27. Cronbach, L J. 1984. Essentials of Psychological Testing (4th Edition) New York: Harper & Row Publishers.

28. Cronbach, L. J. 1990. *Essentials of Psychological Testing.* New York: Harper & Row Publishers.

29. Davies, A. 1978. Language Testing, Language Teaching and Linguistics. *Abstracts*(11).

30. Davis A. , Brown A. , Elder C. , Hill K. , Lumley T. , McNamara T.. 1999. *Dictionary of Language Testing.* University of Cambridge Local Examinations Syndicate.

31. Ellis, R. 1984. Formulaic Speech in Early Classroom Second Language Development. In Handscomber et al. ed. *On TESLL'83: The Question of Control.* Washington, D. C. : TESOL.

32. Ellis, R. 1994. *The Study of Second Language Acquisition.* Oxford: Oxford University Press.

33. ETS. 1999. *TOEIC Technical Manual.* Princeton, NJ: Educational Testing Service. www. ets. org.

34. ETS. 2003. *Score Band Descriptors.* Princeton, NJ: Educational Testing Service. www. ets. org/toefl.

35. Foster, P. & Skehan, P. 1996. The Influence of Planning on Performance in Task-based Learning. *Studies in Second Language Acquisition*(18).

36. Fulcher, G. 2003. *Testing Second Language Speaking.* Longman.

37. Gaies, S. J. 1980. T-Unit Analysis in Second Language Research: Application, Problems and Limitations. *TESOL Quarterly*(14).

38. Gardner, R. 1998. Between Speaking and Listening: the Vocalisation of Understanding. *Applied Linguistics*(19).

39. Heaton, B. 1975. *Writing English Language Tests.* Longman.

40. Hakuta, K. 1976. A Case Study of a Japanese Child Learning English as a Second *Language. Language Learning*(26).

41. Halleck, G. B. 1995. Assessing Oral Proficiency: A Comparison of Holistic and Objective Measures. *Modern Language Journal*(79).

42. Halliday, M. A. K. 1976. The Form of a Functional Grammar. In

G. Kress ed. *Halliday: System and Function in Language*. Oxford: Oxford University Press.

43. Halpern, D. F. 1986. *Sex Differences in Cognitive Abilities*. New Jersey: Hillsdale.

44. Harris, D. 1969. *Testing English as a Second Language*. McGraw-Hill Book Company.

45. Henning, G. 1983. Oral Proficiency Testing: Comparative Validities of Interview, Imitation and Completion Methods. *Language Learning* (33).

46. Henning, G. 1987. *A Guide to Language Testing: Development, Evaluation, Research*. Cambridge: Newbury House Publishers.

47. Hughes, A. 1989. *Testing for Language Teachers*. Cambridge: Cambridge University Press.

48. Hyde, J. S. & Linn, M. C. 1988. *Gender Difference in Verbal Ability: A Meta-analysis*. Psychological Bulletin.

49. Krashen, S. & Scarcella, R. 1978. On Routines and Patterns in Second Language Acquisition and Performance. *Language Learning* (28).

50. Lado, R. 1961. *Language Testing: The Construction and Use of Foreign Language Tests*. Michigan: McGraw-Hill Book Company.

51. Lee, Y. W. 2006. Dependability of Scores for a New ESL Speaking Assessment Consisting of Integrated and Independent Tasks. *Language Testing* (23).

52. Lennon, P. 1990. Investigating Fluency in EFL: A Quantitative Approach. *Language Learning* (40).

53. Littlewood, W. 1981. *Communicative Language Teaching*. Cambridge: Cambridge University Press.

54. Long, M. 1990. Maturational Constraints on Language Development. *Studies in Second Language Acquisition* (12).

55. Lumley, T. & O. Sullivan, B. 2005. The Effect of Test-taker Gender, Audience and Topic on Task Performance in Tape-mediated Assessment of Speaking. *Language Testing* (22).

56. Luoma, S. 2004. *Assessing Speaking*. Cambridge: Cambridge University Press.

57. Lyons, J. 1968. *Introduction to Theoretical Linguistics*. Cambridge: Cambridge University Press.

58. Mackey, W. F. 1965. *Language Teaching Analysis*. London: Longman.

59. Madsen, H. S. 1983. *Techniques in Testing*. Oxford: Oxford University Press.

60. Ordinate Corporation. 1998. *Phone Pass: Test of English Speech by Telephone*. Palo Alto: Ordinate Corporation.

61. Messick, S. 1989. Meaning and Values in Test Validation: the Science and Ethics of Assessment. *Educational Researcher* (18).

62. Morley, J. 1991. The Pronunciation Component in Teaching English to Speakers of Other Language. *TESOL Quarterly* (25).

63. Oller, J. W. 1979. *Language Tests at School*. London: Longman.

64. O'Loughlin, K. 2002. The Impact of Gender in Oral Proficiency Testing. *Language Testing* (19).

65. Perkins, K. 1980. Using Objective Methods of Attained Writing Proficiency to Discriminate among Holistic Evaluation. *TESOL Quarterly* (14).

66. Perkins, K. 1983. On the Use of Composition Scoring Techniques, Objective Measures and Objective Tests to Evaluate ESL Writing Ability. *TESOL Quarterly* (7).

67. Richards, Platt. 1992. *Dictionary of Language Teaching and Applied Linguistics*. London: Longman.

68. Rivers, W. &. Temperley, R. S. 1978. *A Pratical Guide to the Teaching of English*. Oxford: Oxford University Press.

69. Robinson, P. 2001. Task Complexity, Task Difficulty and Task Production: Exploring Tnteractions in a Componential Framework. Applied Linguistics(22).

70. Sang, F. et al. 1986. Models of Second Language Competence: A Structural Equation Approach. *Language Testing* (31).

71. Singleton, D. 1989. *Language Acquisition: the Age Factor*. Clevedon, Avon: Multilingual Matters.

72. Skehan, P. 1996. A Framework for the Implementation of Task Based Instruction. *Applied Linguistics* (17).

73. Skehan，P. 1998. *A Cognitive Approach to Language Learning*. Oxford：Oxford University Press.

74. Shohamy，E. ，Gordon，C. ，Kenyon，D. ，and Stansfield，C. 1989. The Development and Validation of a Semi-direct Test for Assessing Oral Proficiency in Hebrew. *Bulletin of Higher Hebrew Education*(4).

75. Shohamy，E. 1994. The Validity of Direct Versus Semi-direct Oral Tests. *Language Testing*(11).

76. Spolsky，B. 1995. *Measure Words*. Shanghai：Shanghai Foreign Language Education Press.

77. Stansfield，C. W. ﹠ Kenyon，D. M. 1992. The Development and Validation of a Simulated Oral Proficiency Interview. *The Modern Language Journal*(76).

78. TOEIC. 1996. *TOEIC Can-Do Guide：Linking TOEIC Scores to Activities Performed Using English*. The Chauncey Group International. www. toeic. com.

79. TOEIC. 1999. *TOEIC Technical Manual*. The Chauncey Group International. www. toeic. com.

80. Towell R. Hawkins R. ﹠ Bazergui，N. 1996. The Development of Fluency in Advanced Learners of French. *Applied linguistics*(17).

81. Underhill，N. 1987. *Testing Spoken English：A Handbook of Oral Testing Techniques*. Cambridge：Cambridge University Press.

82. Wood，R. 1993. *Assessment and Testing：A Survey of Research*. Cambridge：Cambridge University Press.

83. Wigglesworth，G. 1997. An Investigation of Planning Time and Proficiency Level on Oral Test Discourse. *Language Testing*(14).

84. Wong-Fillmore，L. 1976. The Second Time Around：Cognitive and Social Strategies in Second Language Acquisition. Unpublished PhD thesis. Stanford University.

中文文献：

1. 曹贤文，吴淮南．2002．留学生的几个个体差异变量与学习成就的相关分析．暨南大学华文学院学报(3).

2. 常晓宇．2001．效度理论的变迁．北京语言大学硕士论文．

3. 陈社育，余嘉元．2001．经典真分数理论与概化理论信度评析．心理学动态(3)．

4. 冯小钉．2003．短期留学生学习动机的调查分析．云南师范大学学报(2)．

5. 国家对外汉语教学领导小组办公室汉语水平考试部．1992．汉语水平词汇及汉字等级大纲．北京：北京语言学院出版社．

6. 国家对外汉语教学领导小组办公室汉语水平考试部．1996．汉语水平等级标准与语法等级大纲．北京：高等教育出版社．

7. 郭树军．1997．汉语水平考试(HSK)项目内部结构效度检验．汉语水平测试研究．北京：北京语言文化大学出版社．

8. 何莲珍，王敏．2003．任务复杂性、任务难度及语言水平对中国学生语言表达准确度的影响．现代外语(2)．

9. 付克．1986．中国外语教育史．上海：上海外语教育出版社．

10. 侯杰泰．1994．为何需要结构方程模式及如何建立潜伏变量．教育研究学报(1)．

11. 侯杰泰，温忠麟，成子娟．2004．结构方程模型及其应用．北京：教育科学出版社．

12. 教育部考试中心．2003．全国英语等级考试大纲．北京：高等教育出版社．

13. 江新．2003．不同母语背景的外国学生汉字知音和知义之间关系的研究．语言教学与研究(6)．

14. 金艳，郭杰克．2002．大学英语四、六级考试非面试型口语考试效度研究．外语界(5)．

15. 金泉元，戴树萱，刘长江，赵富春，吴鼎民．2004．CET－4 通过者口语能力及相关因素调查研究．国外外语教学(2)．

16. 姜勇．1999．验证性因素分析及其在心理与教育研究中的应用．外国教育研究(3)．

17. 李良佑，刘犁．1988．中国英语教育史．上海：上海外语教育出版社．

18. 李筱菊．1997．语言测试科学与艺术．长沙：湖南教育出版社．

19. 刘晓雨．2001．对外汉语口语教学研究综述．语言教学与研究(2)．

20. 刘珣．2000．对外汉语教育学引论．北京：北京语言文化大学出版社．

21. 刘远我，张厚粲．1998．概化理论在作文评分中的应用研究．心理学报(2)．

22. 孙德金．2002．外国留学生汉语"得"字补语句习得情况考察．语言教学与研究(6)．

23. 汤闻励．2005．动机因素影响英语口语学习的调查与分析．外语教学(2)．

24. 文秋芳．1999．英语口语测试与教学．上海：上海外语教育出版社．

25. 文秋芳，王立非(主编)．2004．英语口语研究与测试．西安：陕西师范大学出版社．

26. 温忠麟，侯杰泰，马什赫伯特．2004．结构方程模型检验：拟合指数与卡方准则．心理学报(2)．

27. 王佶旻．2002．三类口语考试题型的评分研究．世界汉语教学(4)．

28. 王佶旻．2005．语言能力自我评价的效度研究．语言教学与研究(5)．

29. 王孝玲．1989．教育测量．上海：华东师范大学出版社．

30. 王媛媛．2004.HSK[高等]口语考试两种评分方法的效度比较研究．北京语言大学硕士论文．

31. 肖德法，向平．2005．性别与 PETS 口试成绩研究．山东外语教学(1)．

32. 谢小庆，王丽．1989．因素分析．北京：中国社会科学出版社．

33. 徐强．1992．英语测试的理论与命题实践．合肥：安徽教育出版社．

34. 严芳．2002．用多元概化理论(MGT)分析国家公务员录用面试中的评分者信度．华东师范大学硕士论文．

35. 杨志明，张雷．2003．测评的概化理论及其应用．北京：教育科学出版社．

36. 余文青．2000．留学生使用"把"字句的调查报告．汉语学习(5)．

37. 张厚粲，徐建平．2003．心理与教育统计学．北京：北京师范大学出版社．

38. 张凯．1997．汉语水平考试结构效度初探．汉语水平测试研究．北京：北京语言文化大学出版社．

39. 张凯．2004．语言测验理论与实践．北京：北京语言文化大学出版社．

40. 张建平．1993．一种新的统计方法和研究思路——结构方程建模述评．心理学报(1)．

41. 张文彤．2002.SPSS11 统计分析教程．北京：北京希望电子出版社．

42. 郑日昌．1987．心理测量．长沙：湖南教育出版社．

43. 郑日昌，蔡永红，周益群．1999．心理测量学．北京：人民教育出版社.

44. 朱锦岚．2005．从 HSK(高等)成绩看言语技能的发展．汉语学习(2)．

45. 朱智贤．1989．心理学大辞典．北京：北京师范大学出版社．

后　记

　　草长莺飞的二月天，书稿终于完成了最后的修改，交付出版社编辑出版。从 15 年前读研究生起，我就对口语测试研究产生兴趣，毕业之后也一直在继续这方面的学习和研究，这本书就是在此基础上撰写而成的。2010 年秋，本书的初稿基本完成。次年 3 月，我为硕士研究生开设了"口语测试理论与实践"课程，采用探究式学习的方式授课，希望课堂成为师生互动的平台。在与学生们的交流中，我发现了初稿中许多不完善的地方，同时学生们的提问也给了我很多灵感，使我能够更好地修改和完善书稿。

　　在本书即将出版之际，我要感谢的人很多，他们在我十几年的工作和学习中给予我无私的帮助与关爱，使我获益良多。

　　首先感谢在学术道路上为我传道、授业、解惑的老师们。郭树军老师是我的硕士研究生导师。1997 年，当我怀揣梦想来到北京语言大学读研究生时，对"语言测试"一无所知，只听说这个专业不好念，要学心理学、统计学等许多功课，不免产生胆怯之心。在三年的求学过程中，郭老师以他的机智、幽默和热情使我逐渐走入语言测试的学术殿堂，进而对这个学科产生了浓厚的兴趣，并将之作为毕生奋斗的事业。与郭老师同在一个办公室的张凯老师虽不是我的导师，但常常把我当做"可教之孺子"加以教诲。我也非常享受与张老师的交流，因为他是一位学识渊博、有社会责任感的学者。在我工作之后，张老师仍旧继续着对我的帮扶与提携，他给予我的无私帮助令人感动。除了郭老师和张老师以外，在北语读研期间，刘珣老师、王建勤老师和陈宏老师等诸多师长都给过我学术上的鼓励与帮助。

2003 年我进入北京师范大学攻读心理学博士，师从董奇教授。董老师兼有学者和社会活动家的气质，他的睿智、豁达和勤勉让人敬佩。我从董老师那里不仅学到了心理学的知识和方法，也领悟到了许多做人、做事和做学问的道理。

从 2000 年起，我一直在北语汉考中心工作。在我心里，汉考中心不仅仅意味着一个工作单位，她是我的家。我的每一点进步都离不开中心的领导和同事们的帮助、关心和包容。中心历任和现任的几位领导崔希亮教授、孙德金教授和张旺熹教授都对我十分支持，没有他们的鼓励和支持，我很难取得成绩。

我还要感谢我的好友兼同事聂丹博士，她为我提供了书中需要的部分口语语料。感谢北师大出版社的杨帆女士为本书的编辑出版所付出的辛勤劳动。感谢我的研究生耿岳同学帮我完成书稿的校对工作。

本书的出版得到了教育部人文社会科学重点研究基地重大项目"汉语作为第二语言的能力标准"的资助，也是该项目的成果之一。同时特别感谢北京语言大学青年基金（06QN03）和青年自主科研支持计划"11JBT01"（中央高校基本科研业务费专项资金）在本书实证研究过程中给予的经费支持。

最后，我要感谢家人的支持和鼓励。我的母亲和公公婆婆给予我生活上的关心与照顾，我的先生给予我精神上的鼓励与无私的爱，我可爱的女儿给我带来无尽的欢乐！

王佶旻

2012 年 4 月

于北京语言大学